RENCONTRES
357

Série *Littérature générale et comparée*
dirigée par Véronique Gély
26

Représentations de la guerre d'indépendance algérienne

Ouvrage publié avec le soutien de la Faculté des arts et lettres
de San Diego State University (Californie, USA)

Représentations

de la guerre d'indépendance algérienne

Sous la direction de Maya Boutaghou,
avec la collaboration d'Anne Donadey

PARIS
CLASSIQUES GARNIER
2019

Maya Boutaghou, Associate Professor à l'université de Virginie, est l'auteure d'*Occidentalismes, romans historiques postcoloniaux et identités nationales* (Paris, 2016) et l'éditeur du numéro spécial de *L'Esprit créateur* sur l'héritage international de la guerre d'indépendance algérienne (2014). Elle a publié de nombreux articles et participé à des ouvrages collectifs.

ISBN 978-2-406-07947-7 (livre broché)
ISBN 978-2-406-07948-4 (livre relié)
ISSN 2103-5636

INTRODUCTION

REPRÉSENTATIONS[1] DE LA GUERRE D'INDÉPENDANCE ALGÉRIENNE
Pour une approche théorique

La guerre d'indépendance algérienne forme un événement[2] en ce qu'elle invite la production de représentations ouvertes à une tentative de sémiose infinie[3]. Si elle constitue un complexe stimulant la

1 Les titres suivants renvoient à la question de la représentation de la guerre d'indépendance algérienne (bien entendu cette liste ne tient pas compte de publications d'articles isolés abordant la problématique) : A. Bedjaoui, *Cinéma et guerre de libération : Algérie, des batailles d'images*, Alger, Chihab Éditions, 2014 ; P. Dine, *Images of the Algerian War, French Fiction and Film, 1954-1962*, New York, Oxford University Press, 1994 ; *La Guerre d'Algérie dans la mémoire et l'imaginaire*, édit. Anny Dayan Rosenman, Lucette Valensi, Saint-Denis, Bouchène, 2004 ; le chapitre de Amy L. Hubbell, « Unspoken Algeria : Transmitting Traumatic Memories of the Algerian War », in *The Unspeakable : Representations of Trauma in Francophone Literature and Art*, édit. Amy L. Hubbell et Nevine El Nossery, Newcastle upon Tyne, Cambridge Scholars Publishing, 2013 ; le numéro spécial « The Legacy of the Algerian War of Independence in Algeria, in France, and Beyond », édit. M. Boutaghou, *L'Esprit créateur* 54/4, 2014. Je signale également un volume qui est très peu cité, *Trente ans après, Nouvelles de la guerre d'Algérie*, Paris, Le Monde-Éditions et Nouvelles-Nouvelles, 1992, en particulier les deux contributions bibliographiques, celle de Christiane Achour, « La guerre de libération nationale dans les fictions algériennes », p. 145-168, et celle de Michel Breton et Jean-Louis Gérard, « La guerre d'Algérie au miroir de la fiction française », p. 169-189. Tout comme il est important de signaler l'existence d'une importante bibliographie des productions en langue arabe, publiée par la bibliothèque nationale algérienne, Mahmoud Bouayed (édit.), *Bibliographie de la guerre de liberation de l'algérie -1-, La guerre de libération dans la littérature et l'audiovisuel, Production en langue arabe*, Alger, ENAL, 1984.

2 Sur la notion d'événement en rapport avec la guerre algérienne, je renvoie aux publications suivantes : A. Donadey, « 'Une certaine Idée de la France': The Algeria Syndrome and Struggles over 'French Identity' », in *Identity Papers, Contested Nationhood in Twentieth-Century France*, édits. S. Ungar and T. Conley (Minneapolis, University of Minnesota Press, 1996), p. 215-231 ; R. Bensmaïa, « The War that Hunts France », in *L'Esprit créateur* 54/4, 2014, p. 6-14. Voir sur l'héritage de la guerre algérienne, l'ensemble du numéro spécial *L'Esprit créateur* 54/4, 2014.

3 Je reprends la notion telle que développée d'abord par C. S. Pierce puis Umberto Ecco dans *Lector in Fabula* (1979) d'un point de vue narratologique. Dans mon usage actuel,

production de récits fictionnels ou non, de représentations picturales ou filmiques[4], elle indique par là même son essentielle irrésolution, comme sa transcendance. La résonance internationale de l'événement ainsi que son avènement au moment de l'accès facilité à un mode de diffusion de l'information par la télévision, en fait l'un des premiers événements dont l'impact impliquait une internationalisation de fait. La réflexion autour du terme « représentation », invite à rejouer, dans un mode fictionnel ou autre (documentaire), l'événement ou l'ensemble des événements. Toutes ces désignations aux multiples résonances idéologiques portent les failles mémorielles de la guerre algérienne d'indépendance, montrant l'existence de groupes déformés par la force binaire de toute guerre anticoloniale qui dénonce un système hiérarchique fondé sur une division des espaces comme des privilèges. La construction de paires d'opposés à plusieurs niveaux demeure le *modus operandi* du système colonial français qui colore les mémoires et les postmémoires[5]. De la béance de ces failles émerge la nécessité de la représentation et peut-être le désir de résolution par le récit, inhérent à toute représentation historique, non pas seulement au sens galvaudé d'une résolution thérapeutique, mais plutôt au sens de la nécessaire formation de récits refondateurs plus exacts pour décrire ce qui apparaissait, avant ces récits, comme un mensonge collectif, écran empêchant la formulation du conflit dans son inhérente ambiguïté. L'introduction présente va mettre en avant une série d'hypothèses que les textes rassemblés ici soutiennent par la diversité de leurs objets

---

la sémiose infinie se situe du côté de l'interprétation. La production de textes et de représentations renvoie à l'idée de saturation de l'événement. Son passage à la représentation transforme le fait historique – jamais totalement représentable – en texte à interpréter. La représentation transforme l'événement historique essentiellement par le biais de la mise en récit qui oblige à la fabrique de l'interprétation empêchée par les tensions historiques. Une question se pose : la représentation d'un fait historique peut-elle échapper au récit ?

4 Je renvoie à la bibliographie extrêmement détaillée de S. Denis, *Le Cinéma et la guerre d'Algérie, La propagande à l'écran, des origines du conflit à la proclamation de l'indépendance* (1945-1962), Alger, Éditions Sedia, 2013.

5 Ce terme est défini par M. Hirsch dans l'article « Postmémoire », in *Témoigner entre histoire et mémoire* 118, Septembre 2014, p. 205 : « [Le terme postmémoire] décrit la relation que la "génération d'après" entretient avec le trauma culturel, collectif et personnel vécu par ceux qui l'ont précédée, il concerne ainsi des expériences dont cette génération d'après ne se "souvient" que par le biais d'histoires, d'images et de comportements parmi lesquels elle a grandi. Mais ces expériences lui ont été transmises de façon si profonde et affective qu'elles *semblent* constituer sa propre mémoire. Le rapport de la postmémoire avec le passé est en vérité assuré par la médiation non pas de souvenirs, mais de projections, de créations et d'investissements imaginatifs. »

d'étude. Elle se base sur l'essentielle incomplétude et dislocation des mémoires pourvoyeuses de récits historiques, et sur le besoin de représentations aptes à saisir la cartographie de la mémoire, pour la disposer dans l'économie d'une reconstruction communautaire afin d'éviter sa disparition[6]. Tout en étayant cette introduction d'exemples dont l'analyse sera développée dans le volume, j'aborderai des considérations générales –inspirées par la qualité de l'ensemble des contributions – sur la question de l'historiographie de la guerre algérienne, et celle de la représentation d'une mémoire traumatique.

REPRÉSENTATIONS DE LA GUERRE ALGÉRIENNE
Des usages de la fiction et du récit

Comme le montre Emi Koide, la présence spectrale de la « guerre d'Algérie » dans le documentaire de Chris Marker, *Le Joli mai* réalisé en 1962 juste après la signature des accords d'Évian, témoigne de l'impossibilité de représenter la totalité de l'événement[7], illusion commode lorsque le conflit est localisé et non pas disloqué comme ce fut le cas pour cette guerre qui s'est située à la fois en Algérie, en France et sur un plan international[8]. En effet, la dimension médiatique

6 Voir H. Arendt, *Penser l'événement* (Paris, Belin, 1989), le passage cité ci-dessous renvoie à la crise de la souveraineté de l'État à laquelle l'Europe d'après la seconde guerre mondiale fait face, p. 43 : « la vérité est que l'État national, qui avait été le symbole même de la souveraineté du peuple, ne représentait plus le peuple, incapable qu'il était désormais de lui assurer la sécurité intérieure et extérieure. Soit que l'Europe fût devenue trop petite pour cette forme d'organisation, soit que les peuples européens eussent débordé l'organisation de leurs États nationaux, la vérité est que ces peuples ne se comportaient plus comme des nations, et qu'ils avaient cessé d'être accessibles aux sentiments nationaux. » Il s'agit là de l'idéologie qui dominait l'Europe de l'après-guerre. L'analogie ne doit pas s'étendre, elle ne concerne ici que la perte du sentiment national au sortir de la guerre d'Algérie. Ce sentiment de perte peut justifier la nécessité répétée, obsessionnelle, du récit et de la représentation en tant qu'elle permet l'espace d'un déploiement des « investissements imaginatifs » pour reprendre l'expression de M. Hirsch.

7 Voir F. Jameson, « War and Representation », *PMLA* 124.5, 2009, p. 1534 : « Only the events are generated, and they never stop; the writer never stops. » J'interprète ce passage comme une sorte de saturation textuelle de l'événement historique.

8 Comme le montre la grève générale lancée par le FLN à partir du 28 janvier 1957 pour attirer l'attention des Nations Unies à New York.

et transcontinentale du conflit algérien, en ce sens similaire à la guerre d'Indochine, nous place d'emblée dans un récit historique morcelé, dans la mesure où la circulation des populations d'une rive à l'autre multiplie les espaces contaminés et fait circuler les représentations et les discours. *Harb al tahrir al watani* ou « la guerre algérienne d'indépendance » n'est pas *strictu sensu* « la guerre d'Algérie », les deux langues vivant le conflit, l'arabe et le français, en donnent deux versions différentes, composent deux économies du désastre qu'en vérité seule la plasticité de la représentation fictionnelle pourra rendre dans sa complexité : qu'elle soit théâtrale comme dans l'approche de Souria Grandi qui explore les productions théâtrales algériennes liées à la mémoire du conflit ou romanesque et cinématographique comme en rendent compte les synthèses historiques offertes par Marion Kühn et Elisabetta Bevilacqua dans leurs contributions sur le cinéma et le roman représentant la guerre d'indépendance algérienne.

Quand Boualem Sansal écrit *Le Village de l'Allemand* (2008), le rapport entre les mémoires et leurs récits rend compte, esthétiquement, des emboîtements des moments historiques et de la construction en collage d'une mémoire collective multidirectionnelle. De même l'expression « au temps de l'occupation » dite par un Algérien ou par un Français ne recouvre pas la même période historique, ne s'adresse pas à la même mémoire collective, confusion à laquelle s'ajoute le fait qu'aujourd'hui l'Algérien écrit sa mémoire aussi en français.

Ainsi toute réflexion sur la représentation de la guerre algérienne implique un glissement progressif entre les différentes modalités de représentations historiques, plus ou moins proches d'une sorte de pacte de sincérité imposé par le caractère télique du discours historique qu'une perspective « multidirectionnelle » déconstruit : le récit de témoignage ou de fiction historique, en tant qu'outil, aide à la fabrication de cette cartographie de l'intime qui implique de nouveaux territoires de sens, impossibles à produire à partir des discours officiels. En effet, la comparaison des récits fait émerger les zones de sens. Ce n'est donc que par la confrontation des mémoires différenciées par le récit que sont rendus possibles les dévoilements traumatiques.

Le mot est lâché : traumatisme. La représentation, en particulier fictionnelle, rend compte de la configuration des mémoires, de leurs entrelacements, de leurs frontières ; elle permet de saisir les chevauchements avec d'autres récits ainsi que la possibilité d'autres analogies. Elle permet au sens propre une spatialisation de la mémoire témoignant de l'impossible linéarité imposée par un récit historique officiel ; la complexité des expériences mémorielles ne peut être représentée que dans un espace non linéaire. C'est donc leur disposition en constellation qui permet de saisir la complexité des mémoires en résonance, d'une rive à l'autre comme d'un camp à l'autre. La spatialisation mémorielle permet une approche « multidimensionnelle » de la guerre, elle devient possible au sein de formes de représentations échappant à la clause de vérité du récit historique, comme tente de le réaliser la poésie de Frank Venaille, explorée par Martine Créac'h dans ce volume. Dès lors peut-on aussi s'interroger sur le besoin de représentations, et en particulier de représentations fictionnelles. Ce volume est à bon escient intitulé « Représentations de la guerre d'indépendance algérienne », en partant de cet énoncé, il nous faut distinguer ce que permet la représentation fictionnelle à la différence de la représentation non-fictionnelle. Bien entendu, le témoignage va également se placer sous la responsabilité du récit d'histoire avec la garantie de sa sincérité. De même, dans la mesure où le récit abonde, qu'il soit autobiographique, historique ou fictif, c'est également la fonction « récit » qui doit susciter la réflexion, au même titre que celle de « représentation » ou de « fiction ». Nous avons volontairement décidé de les mêler dans ce volume, car la fabrique des représentations – historiques ou fictionnelles – répond au même besoin de reconstruction de récits communautaires. Le terme « représentation » nous protège de la loi des grands genres pour inclure les modalités de récits autres que fictionnels comme le récit de témoignage et le film documentaire qui véhiculent une légitimité que les genres fictionnels n'ont pas. Pourtant dans le parcours des représentations de la guerre algérienne, il semble que la fiction ait toujours trouvé sa place.

Pour prolonger cette réflexion sur l'usage de la fiction, elle permettrait ce que Boualem Sansal propose déjà dans *Le Village de l'Allemand* : la possibilité brute de comparer, de nommer l'autre, de le fantasmer, de transgresser le politiquement correct du discours de la bien-*pensance* historique[9].

9 Je pense notamment aux films suivants qui communiquent l'extrême distance culturelle qui pouvait *parfois* exister entre les deux camps : *Avoir vingt ans dans les Aurès* (René Vautier, 1972), *Le Vent des Aurès* (Mohammed Lakhdar-Hamina, 1986), *L'Ennemi intime* (Florent Emilio-Siri, 2007).

Il semble facile de répondre à la question du récit en posant que tout événement historique est fondamentalement informé, dans sa représentation, par la notion de récit : la mise en ordre des événements demeure le mode de compréhension de l'histoire. En d'autres termes, tout événement historique souffre de sa nécessaire mise en récit. Cela dit, n'est-ce pas un désir de remise dans un autre ordre que semblent aussi permettre les représentations de la guerre algérienne ? Les représentations – visuelles, musicales ou textuelles, fictionnelles ou historiques – auraient pour effet de bouleverser la dictature de l'ordre du récit historique comme tente de le faire sur le plan poétique l'œuvre de Venaille, explorée par Martine Créac'h dans ce volume.

Reste à se poser la question de la représentation de l'événement historique et de sa fictionalisation[10]. On peut d'emblée affirmer que toute décision de « représentation » est un risque de « fictionalisation ». Deux exemples permettront de saisir les limites de ce procédé : *Le Village de l'Allemand* et *La Bataille d'Alger.* Dans un cas extrême, comme le roman de B. Sansal, la fictionalisation tranforme une mise en ordre temporelle des événements en une mise en ordre mémorielle, l'ordre de la mémoire et celui du rêve diffèrent, offrent d'autres parcours d'interprétation que nous retrouvons développés dans les approches de Pascale Perraudin au sujet du roman de Laurent Mauvignier, *Des Hommes*, et de Corbin Treacy autour du roman de Maïssa Bey, *Entendez-vous dans les montagnes*[11]… Bien qu'il n'en soit pas directement question dans ce volume, le film de Gillo Pontecorvo représente dès la fin de la guerre (1966), à partir d'une reconstitution très proche de la réalité, la bataille d'Alger qui a lieu entre 1956 et 1957. Situé entre le documentaire fictionalisé et la fiction, il illustre formellement l'ambiguïté de la représentation de faits historique. La réception du film n'est pas sans poser problème. Ce n'est qu'en 2004 qu'il peut enfin être projeté en salle en France. Le film exemplifie l'impossibilité de la distance critique que demande la représentation, la plus historique soit elle. En effet, cette distance critique nécessaire à la réception de la représentation fictionnelle met du temps à s'installer, surtout dans le cas de *La Bataille d'Alger* qui garde

10 Ces questions théoriques sont développées plus en détails dans M. Boutaghou, *Occidentalismes, Roman historiques postcoloniaux et identités nationales au dix-neuvième siècle*, Paris, Champion, 2016.

11 L. Mauvignier, *Des Hommes*, Paris, Minuit, 2009 ; M. Bey, *Entendez-vous dans les montagnes…*, La Tour-d'Aigues, L'Aube, 2010.

un rapport ambigu à la réalité historique. Bien que ce soit aussi une fiction, comme le montre en particulier la dramatisation de la scène des femmes guerrières – en particulier, la scène où l'on voit le reflet dans le miroir des différentes protagonistes ainsi que leur préparation avant les attentats est une représentation intime de la guerre que seule la fiction peut pénétrer sans affecter la pertinence historique – pourtant le film se rapproche étonnamment du documentaire en raison des choix esthétiques du réalisateur. Le processus de fictionalisation de l'histoire, comme le passage douloureux de l'expérience traumatique au récit de fiction est délicat. De manière légitime, la représentation du fait historique qui, dans le cas de la guerre algérienne, est traumatique, rend difficile la distanciation nécessaire pour laisser libre cours à la représentation fictionnelle. Est-ce à dire que Walter Scott avait raison dans son calcul des « soixante ans » nécessaires entre les événements et leur représentation dans la forme du roman historique ? Cette distance temporelle reflète une distance générationnelle entre les événements et leur représentation. De plus, la représentation du conflit comme sa mise en ordre par le récit implique toujours la nécessité de s'interroger sur la vérité historique qu'une mise en fiction dérange. Dans le cas de la guerre algérienne, l'absence de procès pour dénoncer de nombreux crimes restés inexpliquables livre la mémoire du conflit aux ressentiments de divers groupes ayant souffert de la binarité essentielle au discours de la nation, toujours étayé par l'Histoire nationale[12]. La fiction devient alors suspecte dès qu'elle s'approche de faits historiques traumatiques : on la veut proche d'une factualité qu'elle ne peut que transformer, comme l'implique tout processus d'esthétisation et de représentation. Ainsi que le rendent visible les contributions de Lia Brozgal et Philippe Brand sur le « 17 octobre 1961 », l'approche par le biais d'épisodes courts de l'histoire permet une lecture à cadrages multiples d'une période qui souffre particulièrement d'absence de sépulture. Le questionnement se situe alors sur le plan de la représentation. Étonnamment, il se produit une préservation presque sacrée de la scène de l'événement, une focalisation sur un épisode de la longue fresque où se croisent les trajectoires

12 H. Rousso, *Le Syndrome de Vichy (1944-198…)*, Paris, Seuil, 1987, p. 11 : « Débutant à la fin des années 1970 une recherche sur l'histoire du régime de Vichy, et bien que sachant à l'évidence le sujet encore brûlant, je pensais la distance suffisante pour jouer du scalpel en toute innocence. Mais le cadavre était encore chaud : l'heure n'était pas au médecin légiste mais bien plutôt au médecin tout court, voire au psychanalyste. »

narratives à un moment donné. « La bataille d'Alger » et « le 17 octobre 1961 » constituent ainsi des unités formant des îlots de sens au sein de cette longue fresque. Les trois termes « représentation/récit/fiction » mis en conversation, sans hiérarchisation, interviennent dans le processus de fabrication d'imaginaires tant individuels que collectifs, destinés à former une communauté qui attend sa définition : qu'elle soit nationale, culturelle ou mémorielle. La représentation est nécessaire, elle résulte de toute expérience traumatique : se pourrait-il qu'elle assujetisse la fiction et le récit comme deux outils aux fonctions différenciées ? Théoriquement, il y a une distinction forte entre, d'une part « fiction » comme mode/ modalité de représentation, et, d'autre part, « récit » qui renvoie à la mise en ordre narrative de la représentation d'événements historiques. Tout en étant distincts et simultanés dans leur manifestation, le discours de l'Histoire comme la mémoire historique ordonnent, dans les deux sens du terme, le récit.

DISLOCATION DES MÉMOIRES

L'expression « guerre civile[13] » revient souvent tel un énoncé définitionnel pour qualifier la guerre algérienne d'indépendance. La nature des liens entre la France et l'Algérie rend le récit nécessaire, car finalement il s'agit d'un « roman familial » au sens freudien du terme[14]. Les liens indéfectibles noués et dénoués brutalement, situent les histoires liées à la guerre algérienne dans une lignée de récits universels en raison de son caractère profondément œdipien et tragique. Il ne faut pas voir dans cette définition une sorte de réduction du traumatisme au simple objet « récit », ni même la tentative d'oublier la douleur de ce dernier. C'est à la fois en raison de sa configuration traumatique et de la multiplicité des liens, des rencontres, des vies entrelacées que les récits affluent. Si le

13 B. Stora, « Cicatriser l'Algérie, entretien avec Benjamin Stora », in *Oublier nos crimes, l'amnésie nationale : une spécificité française*, Paris, Éditions Autrement, 2002, p. 203.

14 J. Laplanche et J.-B. Pontalis, *Vocabulaire de la psychanalyse*, Paris, P.U.F., 2007, p. 427 : « Expression créée par Freud pour désigner des fantasmes par lesquels le sujet modifie imaginairement ses liens avec ses parents. » Selon les premiers écrits de Freud à ce sujet, le sujet se « forge une famille, invente à cette occasion une sorte de roman. »

récit naît de la rencontre, on peut dire sans méconnaître l'Histoire de la période coloniale que l'Algérie fut le lieu de multiples rencontres, de multiples liaisons, de multiples récits de familles de part et d'autre de la Méditerranée. Son caractère de guerre « entre voisins » en fait l'événement à l'origine des dislocations des mémoires que la représentation (qu'il s'agisse de récits ou autres) relocalise dans l'espace et le temps, tout en rationalisant leurs investissements affectifs.

Dans *Le Livre, mémoire de l'histoire*, Benjamin Stora commente une photographie de « bidasses[15] » qui permet de se souvenir comment ces images ont circulé. Elles sont allées dans les familles ; elles sont la suite des photographies tant étudiées par Malek Alloula dans le *Harem colonial*. Les cartes postales d'un sous-érotisme orientaliste se sont alors transformées en photographies de soldats qui reproduisent aussi d'autres photographies vues dans les albums de famille, celles du voyage en colonie (en Égypte, en Indochine, en Algérie). Les photographies sont d'ailleurs plus celles d'un voyage en terre orientale que celles d'un état de guerre. Dans le récit de Laurent Mauvignier, *Des Hommes* (2009), comme le précise l'étude de Pascale Perraudin, la photo du soldat parti en Algérie hante le personnage principal. La photographie de « bidasses » a pour suite nécessaire l'enterrement silencieux des *Roseaux sauvages* (1994) de Téchiné[16]. Les photographies, les lettres et les cartes postales d'Algérie servent de traces mémorielles, au sens de *tecmeria*[17]. Elles circulent vite, elles s'interprètent, elles font parler de l'Algérie. Est-ce original ? Est-on dans une constante culturelle ? Probablement celle de la fondamentale circulation de l'image, comme de son interprétation tronquée, en raison de son déplacement facile. Ces images de l'Algérie circulent sans la complexité des enjeux qui les ont vu naître, elles sont par essence décontextualisées :

> Pour la plupart des jeunes soldats, et ils s'en souviennent encore, aller en Algérie constituait une première expérience de tourisme hors de leur village, de leur quartier, de leur ville. Les témoignages mentionnent cette découverte d'un pays resplendissant, plein de la beauté dépouillée des rivages méditerranéens. La senteur entêtante des asphodèles de Camus[18].

---

15 B. Stora, *Le Livre, mémoire de l'histoire*, Paris, Le Préau des collines, 2005, p. 43.

16 *Ibid.*

17 Je renvoie à la question de la trace mémorielle associée au concept de « lieux de mémoire » développé par P. Nora, dans *Présent, nation, mémoire*, Paris, Gallimard, 2011.

18 B. Stora, *Le Livre…*, *op. cit.*, p. 43.

La plupart des soldats partis en guerre quittent la France pour la première fois, s'éloignent de leur environnement familier pour découvrir un paysage, une culture, un peuple qu'ils doivent combattre violemment. Par la suite, le retour en France des populations pieds-noires, des soldats d'Algérie, mais aussi, en raison de l'essence même de la relation entre la France et l'Algérie, le déplacement en France de la population des « indigènes musulmans » devenus citoyens de seconde zone, alimentent le besoin de représentation. L'ennemi combattu dans les montagnes des Aurès et de Kabylie demeure un voisin proche. L'absence de procès en France comme en Algérie, condamne les acteurs de la guerre à résoudre par la représentation l'ambiguïté de la guerre pour mettre en scène le procès qui n'a pas eu lieu. En effet, il se cache derrière tout entêtement à la représentation d'un traumatisme de l'histoire une nécessité symbolique de réparation. Pire, l'Algérie a connu une deuxième tragédie qu'il nous faut pouvoir reconnaître comme une guerre civile ; la décennie noire qui a vu s'opposer des Algériens entre eux reste encore sans procès, en proie à une éternelle représentation.

Dans toutes les justes comparaisons établies dans les études de ce volume, deux reviennent, qui paraissent centrales : la Shoah (que plusieurs auteurs abordent de manière comparative, Corbin Treacy, Jenny Kosniowski et Philippe Brand) et la guerre d'Indochine également mentionnée (par Emi Koide et Marion Kühn). L'aspect multidirectionnel de l'étude repose sur l'importance de saisir des trajectoires événementielles qui se jouxtent, mais ne se recoupent pas selon les groupes d'acteurs en cause, les communautés impliquées dans le conflit. Plusieurs raisons font de cette guerre un véritable nœud de mémoire[19].

L'Algérie était, depuis des siècles, multiculturelle et multiconfessionnelle, ce qui implique la présence de populations d'origines et de langues diverses sur ce qui deviendra d'abord un territoire français, puis la nation algérienne. Le travail mené par Zeynep Çelik montre comment, au fur et à mesure de l'affirmation de la présence française sur le sol nord africain – alors sous l'emprise ottomane – la division entre les communautés s'est accentuée[20]. Ce travail éclaire les fondements des

19 Voir M. Rothberg, « Introduction : Between Memory and Memory : From Lieux de mémoire to Nœuds de mémoire », *Yale French Studies* 118 & 119, 2010, p. 3-12.

20 Le décret Crémieux en octobre 1870 en est l'un des symboles forts.

enjeux communautaires surtout à partir de l'analyse d'un multiculturalisme urbain, celui d'Alger à l'époque ottomane.

Si cette guerre continue à se raconter, c'est précisément en raison de la complexité des communautés impliquées camouflées sous le couvert d'une opposition binaire. En d'autres termes, le binarisme nécessaire à la guerre anticoloniale peut difficilement absorber la multiplicité des groupes et de leurs intérêts. Ces groupes aux intérêts divergents se sont reformés dans l'épisode de l'après-guerre d'Algérie avec la population pied-noire au sein de laquelle se greffe la population juive indigène d'Afrique du Nord par exemple.

Paradoxalement, la notion de palimpseste[21] aide à y voir plus clair dans la mesure où elle rappelle que nous lisons, aujourd'hui, ces événements avec en tête des frontières nationales fortement établies en Algérie, une identité nationale unifiée par un discours arabo-musulman ayant étouffé de la mémoire active des Algériens la dimension d'un territoire pluriethnique, pluriculturel et multilingue organisé en palimpseste. Cette figure culturelle complexe a été effacée par des récits comme *L'Étranger* de Camus qui réduit de manière certainement critique l'autre à une présence sans nom. La réduction de la complexité culturelle à l'un, monstrueusement différent, car illisible dans son originalité culturelle, conditionne la réinstallation des communautés diverses déplacées par le conflit. Enfin, l'Algérie post-indépendante a vite fait d'effacer de la mémoire de ses enfants, son passé multiconfessionnel pour le reléguer à héritage de la période coloniale, alors qu'il remonte à l'Histoire ancienne d'un territoire au bord de la Méditerranée, nécessairement pluriel. Pour prendre un autre exemple, la population d'origine maltaise en Algérie n'était pas uniquement le résultat de la colonie de peuplement, mais également l'héritage d'une histoire plus ancienne des diasporas. Alger sous domination turque abritait des Maltais avant que ces derniers n'acquissent aussi en tant que pieds-noirs le statut d'Européens qui les plaçait au-dessus des musulmans. De plus, la lecture de ces événements

---

21 Ce concept est associé à la réflexion autour des langues d'Assia Djebar. Il a été utilisé par A. Donadey dans « The Multilingual Strategies of Postcolonial Literature: Assia Djebar's Algerian Palimpsest », *World Literature Today* 74/1, 2000, p. 27–36, et plus récemment par M. Boutaghou dans « Le style en arabesque d'Assia Djebar », *French Studies*, 67/2, 2013, p. 216-231. Iain Chambers utilise cette métaphore dans « Off the Map : A Mediterranean Journey », *Comparative Literature Studies* 45/4, 2005, p. 312–27, pour désigner la rencontre des cultures en Méditerranée.

reste totalement informée par une écriture de l'histoire qui souffre d'une périodisation rendant impossible une forme de continuité et de complexité de l'interprétation culturelle. Dans l'établissement de la domination française, dans le choix des populations à déplacer, dans la restructuration des alliances suite au décret Crémieux, il y a une redistribution des intérêts des communautés autour de signes identitaires forts : se repose ainsi à nouveau la question des juifs algériens mêlés à la guerre d'Algérie, au contraire des juifs algériens qui se sont rangés du côté français ; de même en ce qui concerne les musulmans qui ont pris les armes contre leurs coreligionnaires, de même que les prêtres ouvriers qui ont pris le parti du FLN. Alors que le conflit se situe en France, la Fédération française du FLN coordonne le début des événements de la guerre d'Algérie, ainsi que ceux du 17 octobre 1961. Il reste que ce dernier événement est marquant pour les musulmans vivant en France depuis plusieurs générations, alors qu'il demeure parfois inconnu aux Algériens restés en Algérie. La guerre des mémoires, pour reprendre un titre de B. Stora, implique un désir de spatialisation, voire de localisation des événements, empêché par la dislocation des porteurs de ces mêmes mémoires. Le cloisonnement entre les communautés ne se fait donc pas en fonction de frontières, comme dans une invasion, mais au sein même d'un territoire séparé par une mer. La nécessité de la représentation et du récit naît de l'ensemble d'éléments structurant en profondeur ce conflit : l'entrecroisement des mémoires dû à la complexité des communautés impliquées dans le conflit, mais aussi la délocalisation du conflit et des mémoires porteuses des récits. L'histoire est alors souvent dite d'ailleurs.

ÉMERGENCE DE DEUX NOUVEAUX TERRITOIRES

On voit bien que l'aspect pluridimensionnel spatial, comme l'indique le terme « territoire », confessionnel, et linguistico-culturel, se résoud surtout par l'usage de la représentation qui réinforme le récit. La nature spatiale et identitaire du conflit impose que ce dernier se rejoue sans cesse dans l'arène de la représentation, de préférence non ouvertement historique, dans la mesure où le récit historique demeure un organe orienté, cloisonné par la raison d'État, et là en l'occurrence celle de deux États. L'ironie de cette histoire douloureuse est la proximité idéologique de la France coloniale et de l'Algérie post-indépendante. Toutes deux ont imposé des identités culturelles et nationales issues d'un binarisme rendant nécessaire la gouvernance autoritaire d'un territoire aussi divers que divisé. En effet, il ne s'agit pas seulement d'une guerre qui a eu lieu sur deux territoires séparés par une mer et un gouffre culturel ; cette guerre a résulté d'une longue histoire commune et du même territoire qui se verra divisé à la fin du conflit pour voir émerger deux nouvelles entités. Le contour des territoires se redéfinira à la fin de la guerre algérienne, imposant une nouvelle lecture de la nation avec un redécoupage de ses limites. Il y a donc besoin de récits – comme dans une émergence nationale – pour consolider la formation de ces nouvelles nations, l'Algérie indépendante qui s'approprie un territoire hérité de frontières coloniales et la France tronquée. Par la même occasion, il devient important de construire des récits fondateurs pour (re)former d'un côté comme de l'autre les contours des deux communautés nationales. L'Algérie, entité en pleine construction à l'époque de la colonisation française, doit retrouver ses récits fondateurs, alors que la France doit faire le deuil d'une partie d'elle-même et absorber au sein du récit national les communautés déplacées. De manière assez évidente, seul le récit non ouvertement historique peut mettre en scène des situations taboues comme celles décrites dans les articles de Corbin Treacy et Jenny Kosniowski sur *Entendez-vous dans les montagnes...*de Maïssa Bey où l'impensé idéologique a recouvert de sa main de fer la possibilité d'une complexité réduite à la banalité du binarisme d'une mémoire collective fabriquée de toutes pièces à force de silences et d'amnésie historique. Comme dans *Le Liseur*, la liaison entre une ancienne nazie et un jeune Allemand fait ressortir de leur ombre ces histoires de crimes. La *relation* vient colorer l'aspect pluridimensionnel évoqué ci-dessus. Les relations se construisent depuis la circulation des cartes postales touristiques jusqu'à la photographie envoyée par les appelés d'Algérie. Peut-être que plus que tout autre conflit qui a secoué le XXe siècle, la guerre algérienne d'indépendance, et ses nombreux noms, illustre deux manies de la construction de l'identité nationale : le recouvrement d'une grande complexité politique et culturelle par le voile d'une opposition franche entre deux groupes ou deux territoires lissés par le discours d'une mythologie nationale à réaliser, et la nécessité de maintenir ce voile de silence – par l'usage de l'Histoire nationale comme organe de la raison d'État – en vue de « la cohésion nationale ». La maladie du nationalisme s'est répandue en même temps que la conquête du territoire algérien avec la présence occidentale au sein de l'Empire ottoman. Elle a vite fait se confondre, au cœur de l'Algérie indépendante et de la France postcoloniale, l'unité nationale avec l'homogénéité de l'identité culturelle.

Pour finir, il nous faut signaler une profonde inégalité entre les publications critiques en français et celles en arabe. Cette disproportion, qui est aussi une question de visibilité de la critique et de la littérature, marque une tendance à la lecture, à l'interprétation des images et des représentations du côté du lectorat francophone. Cette réalité d'une littérature plus lue et qui circule plus que son autre, sa sœur en arabe, confine les questionnements à une tradition critique francophone et anglophone. Cette inégalité va à l'encontre de la nécessité profonde d'une perception du conflit et de ses représentations d'une manière translinguistique et transculturelle. Pourtant la critique disponible sur la question est essentiellement produite en français et en anglais, ce qui déplace les enjeux d'une mémoire nationale vers d'autres cadres de réflexion. Les études, les travaux et les représentations produites servent-elles vraiment le public le plus concerné par la question ? La guerre algérienne est extraite de son contexte, et retourne rarement l'alimenter en termes d'idées et de complexité du discours. La mémoire de cette guerre telle qu'elle apparaît dans les représentations se devrait d'être en dialogue plurilingue, à bon escient, en arabe, en français et en tamazight.

Maya Boutaghou
University of Virginia

PREMIÈRE PARTIE

ENJEUX ET MÉMOIRES

HISTOIRE ET MÉMOIRE DE LA GUERRE DE LIBÉRATION DANS LE THÉÂTRE ALGÉRIEN

Dans le débat qui oppose l'histoire à la littérature, seul le récit est convoqué pour alimenter la controverse relative aux frontières fluctuantes qui séparent les deux disciplines. Romans, nouvelles, mémoires semblent être les dépositaires légitimes d'une histoire fictionnelle, voire factuelle. Factuelle car, à notre sens, le fait littéraire témoigne par lui-même de sa capacité à imposer ses propres vérités historiques et sociales.

Existe-t-il une communauté au monde dont la littérature ne soit pas née d'une blessure initiale ou d'un événement traumatique ? La littérature algérienne témoigne de cette impossible séparation entre fiction et histoire. Car ce sont des différentes brèches survenues dans l'histoire de son peuple et de ses blessures qu'elle va naître et se nourrir : la colonisation française et la guerre de libération, puis le terrorisme. Kateb Yacine (1929-1989), Assia Djebar (1936-2015), Mouloud Feraoun (1913-1962), Mouloud Mammeri (1917-1989), Mohammed Dib (1920-2003), ou plus récemment Yasmina Khadra (1955-) et Abdelkader Djemaï (1948-), sont des auteurs de renom connus pour leurs romans plus que pour les autres genres qui composent l'ensemble de leur œuvre. Le thème commun autour duquel tournent certains récits de ces auteurs est la guerre d'Algérie. Il est vrai que dans sa conception intime et solitaire, le récit permet de déconstruire l'histoire officielle, de nommer l'innommable et de relayer la parole post-traumatique de ceux laissés sans voix. Cela veut-il pour autant dire que seul le récit est capable de questionner l'histoire ?

LE MYTHE DE L'UNITÉ NATIONALE

Au lendemain de l'indépendance, l'Opéra d'Alger est nationalisé, pour ainsi devenir le Théâtre national algérien (TNA) en janvier 1963. Le nouveau théâtre aura pour principaux acteurs l'ensemble de la troupe artistique du Front de libération nationale[1] (FLN), avec à sa tête Mustapha Kateb. Selon le répertoire du TNA, entre 1963 et 1971, trente six pièces de théâtre ont été montées dont neuf ayant pour thème central le combat pour la liberté. Certaines de ces pièces avaient été rédigées durant la guerre, mettant ainsi l'accent sur la nécessité de se rassembler autour de la cause nationale. L'œuvre qui illustre le mieux cet esprit nationaliste est *Abnā' al-Qaṣaba* (*Les enfants de la Casbah*) de Abdelhalim Raïs. C'est là un des textes fondateurs du théâtre algérien ; la pièce est écrite en 1958 et mise en scène par Mustapha Kateb en 1963 au TNA dès sa nationalisation.

Les enfants de la Casbah s'ouvre sur Hamdan qui tente de régler sa radio sur les ondes de la station Ṣawt al-ʻarab[2] (La voix des arabes). Son fils aîné Toufik, brigadier dans la police française, l'exhorte à éteindre sa radio par crainte d'éventuelles représailles de l'armée française. Le fils cadet Omar, présenté comme un bon à rien qui passe son temps dans les bars à se saouler, ne manque pas de lancer des piques à son frère Toufik, concernant le traitement réservé aux militants algériens dans les commissariats et les prisons lorsque ces derniers se font arrêter. Hamid, le plus jeune des trois, rêve de pouvoir rejoindre les rangs du FLN afin de donner un sens honorable à sa vie, contrairement à Toufik qui a choisi de se mettre au service de l'ennemi. Le climat de suspicion qui règne devient très vite source de conflit entre les membres de la famille. Graduellement, on découvre que Toufik n'est pas celui que l'on croit. Il s'agit de l'homme le plus recherché par l'armée coloniale. Les militants l'appellent Si Hicham,

1 La troupe artistique du FLN a été créée en février 1958 en Tunisie. Ce mouvement culturel avait pour but d'accompagner la lutte armée à travers l'éveil des consciences dans l'espoir de rallier un maximum d'individus à la cause algérienne.

2 Ṣawt al-ʻarab est une station de radio égyptienne d'État à diffusion internationale créée en juillet 1953. Elle fut connue lors de la guerre de libération pour ses encouragements aux combattants algériens en relayant leurs prouesses sur le terrain.

c'est l'un des cerveaux de la résistance en zone urbaine. Son identité secrète lui permet d'échapper aux autorités françaises. Le vrai visage de Toufik dévoilé, on apprend qu'Omar est un résistant infiltré qui partageait des verres avec des dignitaires français afin de récolter des informations. Il meurt en martyr à la fin de la pièce. Quant à Hamid, il finit par rejoindre le maquis. Meriem, la belle-fille, qui aurait aimé pouvoir participer à la Révolution suite à la visite d'une *musabbila* (agente de liaison), meurt elle aussi en martyre après avoir gravement blessé un officier qui tentait de la violer.

Raïs fait de la Casbah un lieu d'affrontement entre les différentes forces en action, mais également un lieu de rassemblement. Par le choix de ce lieu symbolique, c'est l'imaginaire collectif algérien qui est réactivé car il renvoie inévitablement à la Bataille d'Alger[3]. Les événements connus sous ce nom ont permis de renforcer les liens entre le FLN et la population autochtone en zone urbaine, et ce faisant de faire épouser à celle-ci la cause nationaliste. La pièce, écrite en 1958, interpelle le peuple et l'appelle à se cristalliser autour du FLN en l'identifiant comme seule organisation nationaliste légitime. À première vue, tout semblait séparer et diviser la fratrie. Mais en fin de compte, ils se retrouvent tous réunis autour d'une seule et même cause : arracher l'indépendance du pays aux colonisateurs en rejoignant les rangs du FLN. C'est le mythe de l'unité nationale qui y est célébré.

Les fausses dissensions existantes se retrouvent balayées par l'adhésion de tous les personnages au même combat sous la même bannière, reproduisant ainsi le discours idéologique de l'époque (et d'aujourd'hui), selon lequel tout le peuple algérien s'était soumis aux ordres du FLN. Dans son témoignage *Qu'elle était belle la révolution !* (2002), Ali Boudjedir affirme :

> Il y avait deux choses que le colonialisme ignorait : d'une part il n'y avait pas seulement un petit nombre de Djounouds qui prenait part au combat libérateur, mais derrière ceux-ci il y avait tout le peuple. Moi-même à dix ans j'ai participé aux manifestations de décembre 1960.
>
> [...] il y avait un seul pays et un seul peuple constitué de citoyens, ayant les mêmes droits et les mêmes devoirs et qu'à ce titre ils devaient tous s'unir pour

3 La Bataille d'Alger : elle a opposé la Xe division parachutiste de l'armée française aux indépendantistes du FLN de janvier à octobre 1957. Bien que la bataille s'achève par la victoire militaire de l'armée française, laquelle a fait un usage massif de la torture, elle demeure un échec sur le plan politique.

> montrer aux responsables du FLN-ALN qu'ils étaient tous, de Tamanghast à la mer et de la Calle à Maghnia, enfants, femmes, hommes, vieux, derrière la révolution et prêts à exécuter ses ordres.
>
> [...] La fraternité régnait au sein de toute la société et on apprit à devenir un peuple uni derrière des hommes résolus[4].

Boudjedir adopte la devise du journal *El Moudjahid* – « Le FLN, guide unique de la Révolution algérienne » – et nous livre une version unidimensionnelle de l'histoire. Nous ne doutons pas du fait qu'une grande partie de la population algérienne ait épousé le combat et les idéaux du FLN, mais il nous semble plus difficile d'accepter l'histoire officielle sans la questionner. La version des « vainqueurs » veut qu'il n'y ait pas de partisans de « l'Algérie française » parmi les populations autochtones, qu'il n'y ait pas d'autres partis nationalistes, et que le Front de libération soit né en novembre 1954, incarnant à lui seul les espoirs de tout un peuple. Cependant, dans *La Gangrène et l'oubli*[5], Benjamin Stora remet en question cette version de la paternité du nationalisme algérien. Il retrace son histoire et la fait remonter à 1926 avec la création de l'Étoile nord-africaine dans les milieux de l'immigration ouvrière en France :

> Les acteurs du 1er novembre ne sont pourtant pas des « justiciers » surgis de nulle part. [...] ils appartiennent tous à un courant politique apparu trente ans auparavant : l'Étoile nord-africaine (ENA), créé en 1926, qui donnera naissance au Parti du peuple algérien (PPA) en 1937, puis au Mouvement pour le triomphe des libertés démocratiques (MTLD) en 1946. En fait, la notion de « chefs historiques » (ceux qui ont eu l'audace d'entreprendre, les premiers, le combat armé contre la 'citadelle coloniale') servira à effacer les traces originelles du nationalisme algérien ; son lieu de naissance véritable, Paris[6].

C'est au père fondateur de L'Étoile nord-africaine, Messali Hadj, que revient l'apparition des premiers mouvements indépendantistes. Les divergences d'opinion qui l'opposaient à certains membres de son parti, donneront naissance à deux mouvances : le FLN en novembre 1954, et le Mouvement national algérien (MNA) en décembre de la même année, avec à sa tête Messali. La guerre fratricide entre messalistes et

4 A. Boudjedir, *Qu'elle était belle la révolution*, Alger, Houma, 2002, p. 13-75.

5 B. Stora, *La Gangrène et l'oubli : la mémoire de la guerre d'Algérie*, Paris, La Découverte, 1991.

6 *Id.*, *ibid.*, p. 122.

frontistes fera près de 100 000 morts[7]. Considéré comme un traître et bafoué par les tenants de l'histoire officielle, Messali est complètement évincé des manuels scolaires et des livres d'histoire[8]. Avec son ouvrage *Aux origines du FLN* qui restera longtemps interdit en Algérie, en 1975, Mohammed Harbi déconstruit l'histoire officielle et « prend le contre-pied des récits unanimistes ou épiques, et montre la crise profonde qui secouait le mouvement indépendantiste algérien à la veille de novembre 1954[9] ». Ce n'est qu'en 2002 que Messali sera réhabilité par le Président Abdelaziz Bouteflika.

Cette occultation volontaire de pans entiers de l'histoire de l'Algérie, sous l'impulsion des gouvernements successifs, aura pour conséquence le bannissement de grandes figures historiques ainsi que d'événements majeurs de la création littéraire et artistique. *Ce que le jour doit à la nuit* (2008) de Yasmina Khadra est l'une des rares œuvres qui retrace les dernières années de l'Algérie coloniale en mentionnant avec admiration le nom de Messali Hadj, le décrivant comme « figure de proue du nationalisme algérien[10]. » D'ailleurs, dans le roman, Mahi, le pharmacien et oncle de Younes, sera arrêté et torturé par la police française à cause de ses tendances messalistes. Mahi n'a rien du héros nationaliste qui résiste à toutes les épreuves. La rumeur veut qu'il soit passé aux aveux dès les premiers interrogatoires, ce qu'il nie jusqu'à la fin de sa vie. Mais le Toufik de Raïs dans *Les Enfants de la Casbah* n'est pas le Mahi de Khadra. C'est le symbole du *leader* frontiste courageux et capable de supporter toutes les atrocités au nom de la cause nationale. Raïs ne cherche pas à déconstruire le discours officiel, au contraire, il le renforce. Lorsque le doute planait dans l'esprit de chacun des membres de la famille de Toufik sur sa collaboration avec l'ennemi, à aucun moment des mots assassins tels que « traître » ou « collabo » ne sont prononcés, car il aurait pu être l'un des chefs historiques du FLN. Selon Raïs, parmi les révolutionnaires, il n'y a

7 L'épisode le plus connu est celui de Melouza en mai 1957, où ont péri plus de 300 villageois sous les armes du FLN pour avoir donné asile aux maquisards du MNA.

8 Messali Hadj ne sera pas le seul à être évincé. Des chefs historiques tels que Ferhat Abbas, Hocine Aït-Ahmed et Mohamed Boudiaf le seront également pour avoir prôné le pluralisme politique.

9 B. Stora, « Repères sur l'historiographie algérienne de la guerre », in *Apprendre à enseigner la guerre d'Algérie et le Maghreb contemporain*, édit. D. Borne, J.-L. Nembrini, et J.-P. Rioux, Buc, CRDP de l'Académie de Versailles, 2002, p. 17.

10 Y. Khadra, *Ce que le jour doit à la nuit*, Paris, Julliard, 2008, p. 115.

ni traîtres, ni lâches, ni froussards, ni même d'individus d'une autre tendance politique. Dans cette unité nationale présumée, le parti unique trouve une légitimation de son exercice du pouvoir sans partage. Admettre l'existence de factions quelles qu'elles soient provoquerait l'effondrement du mythe fondateur sur lequel repose l'édification de la nouvelle nation.

Hocine Bouzaher, qui a participé à la guerre d'indépendance en tant que membre du FLN, dénigre les pièces de théâtre et les thèmes d'avant 1954. Pour lui, le théâtre se doit d'être avant tout militant. Il considère que le théâtre algérien doit son existence à la Révolution. À travers sa pièce *Des voix dans la Casbah*[11] (1960), il glorifie avec ferveur ce même mythe fondateur. Sa pièce y rajoute une dimension supplémentaire : le peuple se doit de rester éternellement reconnaissant envers ceux tombés au combat, donc envers le FLN, puisque tous les martyrs célébrés appartiennent à une seule et même tendance politique :

> Premier acteur : [...] Salut, fils de martyrs. Soyez fidèles à leurs mémoires, c'est là que réside notre véritable force. Le jour s'est levé sur notre pays. Les martyrs sont morts à l'aube. Le soleil n'a pas été capturé
> [...]
> Le militant : Sois courageux ! Tu es un homme et nous sommes tes frères[12].

L'appel de Bouzaher a été entendu puisque neuf fêtes nationales sont consacrées à honorer la mémoire des *moudjahidines* et des martyrs tombés sur le champ de bataille. Entretenir cette mémoire sacrificielle par la commémoration et les vastes campagnes de propagande à chaque occasion a permis au FLN de légitimer sa prise de pouvoir, sous l'impulsion des militaires, pendant plus de cinq décennies.

11 Le recueil de pièces et de poèmes dans lequel elle figure porte le même titre. Il a été saisi par les autorités françaises au moment de sa parution. Cette pièce est l'occasion pour Bouzaher de revenir sur des scènes de tortures perpétrées par l'armée française. Il s'agit de l'affaire des caves à vin. Plusieurs dizaines d'Algériens y sont morts asphyxiés. Stora revient sur ces épisodes de l'histoire dans *La Gangrène et l'oubli*, p. 33.

12 H. Bouzaher, *Des voix dans la Casbah*, Paris, Maspero, 1960, p. 33 et p. 55.

MÉMOIRE ET CONTROVERSE
Une langue peu à peu déliée

Cependant, tous les « fils d'Adam » ne sont pas nés avec le même courage. Contrairement à Toufik qui a résisté aux pires tortures, le personnage anonyme de *Mujarrad nifāyāt* (*Rien que des ordures*) n'a pas eu cette force. Ce texte de l'irakien Qāsim Maṭrūd a été mis en scène en 2013 par Bachir Ben Salem, jeune metteur en scène algérien. Originellement, il est question d'un monodrame, mais Ben Salem a préféré personnifier les tourments du protagoniste en créant un second personnage qui n'est autre que son *alter ego*. La pièce s'ouvre sur deux individus (qui ne forment en réalité qu'une seule et même personne) sortant chacun d'un sac poubelle. Conçu de manière cyclique, le spectacle s'achève de la même manière : les deux individus sortent de leurs sacs respectifs après s'y être mis dans l'espoir d'être ramassés par le camion-poubelle. Toutes les semaines c'est le même rituel qui se répète. Après chaque tentative de suicide avortée, le personnage s'enveloppe dans un sac près des ordures en attendant que le camion l'emporte. Ce qui n'arrivera jamais. L'action est accompagnée de l'écho d'une voix assourdissante : « Lâche ! Sois un homme au moins une fois dans ta vie ! Où se trouve le reste des *fellagas* ? Avoue[13] ! » Ce prologue quelque peu obscur, est suivi d'une contextualisation spatio-temporelle de l'espace dramatique. La guerre de libération algérienne est signifiée par la projection d'images d'archives sur un écran, ceux d'événements tirés d'un documentaire. On s'aperçoit que le personnage central est un journaliste à qui il plaisait de relayer et de raconter les prouesses des militants indépendantistes des différentes époques. Leur vouant une admiration incommensurable, il s'identifie à leur courage et se rêve en valeureux chevalier : il produit des récits ayant pour objectif d'éveiller les consciences afin d'inciter un maximum de personnes à épouser la cause nationale. Jusqu'au jour où tout bascule. Le protagoniste participe à l'exécution de ses frères les *moudjahidines*, ceux qu'il admirait tant. Parmi eux se trouve son frère biologique, un *leader* du FLN.

13 Nous traduisons. Qāsim Maṭrūd, *Mujarrad nifāyāt* (*Rien que des ordures*) est un spectacle créé en juin 2013 par Bachir Ben Salem. Captation inédite. Archives du Théâtre régional de Sidi Bel Abbes.

L'action de la pièce ne tourne pas essentiellement autour des horreurs de la guerre d'Algérie, même si de toute évidence la torture exercée par l'armée coloniale y est centrale. Il est avant tout question d'une pièce humaniste qui tente de comprendre le processus psychologique qui a entraîné la chute d'un personnage qui aurait pu prétendre à l'héroïsme mais qui se transforme en traître malgré lui : « Meurt le héros [...] chaque fois que la torture s'intensifie[14] ». Comme pour justifier ses actes, le protagoniste revient sur les sévices physiques et psychologiques qu'il subit dans les salles de tortures. Dans sa mise en scène, Ben Salem a fait en sorte que l'action soit portée sur un objet représentant le sujet torturé et non sur ce dernier directement. L'espace scénique est plongé dans une lumière rouge accompagnée d'une musique frénétique afin de mettre en évidence l'escalade de la violence et la cruauté des officiers français jusqu'au renoncement du prisonnier :

> Trois jours ... Trois jours ... Trois jours ... Trois jours ... Trois jours ... Trois jours ... Trois jours ... Trois jours ... Trois jours dans cet état. Ils traînent mon corps vers sa dernière demeure. Oui, sa dernière demeure.
> [...]
>
> *Son tortionnaire le réveille en lui urinant dessus.*
>
> J'ai eu très peur [...] Toutes les histoires et les légendes héroïques sont mortes. *Pleurs.* Ils ont vaincu ma virilité ... Ils ont vaincu ma virilité.
> [...]
> La balle est-elle chaude ou froide ? J'ai peur, je n'ai pas le courage d'affronter les difficultés. Je ne suis qu'un homme ordinaire ... Je ne suis qu'un homme ordinaire[15].

Après l'avoir torturé pendant trois jours sans interruption, on lui annonce qu'il a été condamné à mort pour avoir refusé de révéler la position des résistants. Quelques jours plus tard, il apprend que sa condamnation à mort vient d'être levée à condition d'accepter une « petite mission ». Son instinct de survie le pousse à y consentir avant même de savoir en quoi elle consiste. Face à la mort, le prisonnier se transforme en traître et en assassin :

---

14 *Mujarrad nifāyāt*, nous traduisons.

15 *Mujarrad nifāyāt*. Nous traduisons et transcrivons à partir de la captation en notre possession.

> J'ai accepté de tirer sur les autres pour me protéger.
> [...]
> Je suis un lâche et un traître.
> [...]
> J'ai dénoncé mon frère et leur ai transmis sa position et celle de tous les *moudjahidines*[16].

Sous la contrainte, ce personnage anonyme se transforme en collaborateur qui essaie d'en finir avec la vie sans jamais y parvenir.

Ben Salem, le metteur en scène, appartient à cette génération de jeunes Agériens complètement désabusés. Il tente de comprendre les mécanismes qui mènent un être humain à commettre l'impardonnable sans pour autant le juger ou le condamner. Il prend de grands risques à évoquer un sujet aussi sensible. D'ailleurs, il nous semble que c'est la seule création théâtrale intégralement consacrée au thème de la traîtrise en Algérie. Le discours officiel veut que tous les *moudjahidines*, voire que tout le peuple algérien, aient eu le courage de Toufik dans *Les enfants de la Casbah.* C'est en outre ce qu'affirme Bendjedir dans son texte de propagande à un moment où le FLN était en perte de crédibilité tout en demeurant au pouvoir :

> Et comme ils [les légionnaires français] ne pouvaient mettre la main sur aucun révolutionnaire, ils mirent au point des procédés de torture sophistiqués. Mais aucun homme et aucune femme ne cédèrent à la torture et les entêtements des tortionnaires étaient vains[17].

L'urgence de dire la vérité et de dénoncer les falsifications historiques d'un côté comme de l'autre, puisque la France a continué à nier l'existence d'une guerre sur le sol algérien et le recours à la torture jusqu'à très récemment, donne naissance à des créations artistiques qui prennent le contre-pied des soi-disant dites « vérités » historiques. Il est bien évidemment plus aisé pour les générations d'après octobre 1988 d'évoquer des sujets censurés par le parti unique, que pour celles ayant écrit au lendemain de l'indépendance. *Rouge l'aube* (1969) d'Assia Djebar et de Walid Garn en est un exemple. Cette pièce reprend les atrocités de la guerre tout en célébrant le courage des hommes du 1er novembre et en rendant hommage à d'autres catégories de personnes qui ont participé

---

16 *Mujarrad.*
17 A. Boudjedir, *Des voix dans la Casbah*, Paris, Maspero, 1960, p. 18-19.

à la lutte : les femmes, les villageois, les artistes et quelques sympathisants français. La logique de la guerre est la même pour tous dans sa cruauté la plus absolue. Mais pour Djebar, la cohésion nationale reste intacte bien qu'elle tente d'introduire une toute autre classe d'individus jusque là volontairement oubliée :

> les voisins, naturellement, ne parleront pas s'ils te voient, mais les indicateurs sont partout !
> [...]
> Te souviens-tu que nous y [douar Mihoub] sommes revenus quelques jours plus tard pour exécuter l'homme qui nous avait trahis.
> [...]
> [...] les flammes toutes blanches qui enveloppaient le douar ... Et les soldats qui riaient avaient des capes blanches. Ils pouvaient entendre les aboiements des chiens.
> [...]
> Un de chez nous, mais officier de police adjoint. Tortionnaire de ses frères. Je l'ai visé au cœur[18].

Djebar fait une entorse, aussi minime soit-elle, à l'histoire qui fut colportée dans les fictions (théâtre et récits) d'avant et d'après l'indépendance. Il n'y a pas vraiment de héros mais des « indigènes » qui ont choisi leur camp. L'indicateur et le traître ne semblent pas avoir été contraints de collaborer avec l'armée coloniale. L'officier de police n'est pas un agent infiltré du FLN mais le tortionnaire de ses frères partisans de l'Algérie française. Djebar fait référence à des soldats en capes blanches. Il s'agit très probablement d'autochtones vêtus d'habits traditionnels, des *gandouras* assez amples ou des *burnous* blancs. Les seuls individus à porter ce type d'accoutrement et qui obéissaient aux autorités françaises furent les *caïds*, les *aghas* et les *bachaghas*. Connus pour leur férocité envers leur propre peuple, ils étaient issus de familles de notables ayant prêté allégeance à la France. Certains *caïds* achetaient ce titre honorifique afin de pouvoir exercer une certaine autorité sur les habitants des douars dont ils furent responsables. Le corps des caïds était connu pour ses abus de pouvoir et sa corruption[19]. Quant aux titres d'*aghas* et de *bachagas*, il s'agissait de grades militaires octroyés en récompense à des officiers pour les loyaux

---

18 A. Djebar, *Rouge l'aube*, Alger, SNED, 1996, p. 33, 62, 69, 73.

19 Voir J.-C. Serna, « Caïd », in *L'Algérie et la France*, dictionnaire coordonné par J. Verdès-Leroux, Paris, Robert Laffont, 2009, p. 155.

services rendus à la République française lors de la première et/ou de la Seconde Guerre mondiale. L'histoire commune des deux pays retiendra le nom de l'un des plus fervents défenseurs de l'Algérie coloniale : le *bachagha* Boualam.

L'œuvre de Djebar a le mérite de convoquer des oubliés de l'histoire, même si cette évocation demeure sans réelle épaisseur. Ils apparaissent comme la résurgence d'un mauvais souvenir dans la mémoire de certains résistants qui de surcroît les ont éliminés, préservant ainsi l'unité nationale.

Indicateur, officier de police, collaborateur, *caïd*, *agha*, *bachagha*, traître, agent de l'administration française, réserviste, partisan de l'Algérie française, supplétif, français musulman, un seul vocable est resté pour désigner toutes ces catégories d'individus : harkis[20]. Terme devenu générique, englobant l'ensemble des rôles joués par des musulmans durant l'occupation française et dont l'existence renvoie à la préservation des intérêts des colons. Au-delà de tous les signifiés auxquels le terme harki renvoie, il a « historiquement concentré toutes les connotations péjoratives[21] ». Pour les Algériens, il est synonyme de traître, car bon nombre d'entre eux ont tué et torturé des militants et des civils, ou même participé à la destruction de villages entiers. Pour les Français, ce sont des parias et des collabos qui leur remémorent un passé assez récent. Pour le FLN, révéler leur existence menacerait l'unanimisme exacerbé prôné depuis le début de la guerre. Pour la France, ce sont des témoins gênants dont on aimerait bien se débarrasser :

> En Algérie, reconnaître l'histoire des supplétifs musulmans conduirait à relativiser « l'élan spontané et l'enthousiasme permanent suscités par le FLN » ; ce serait briser le mythe fondateur du « peuple uni » contre la colonisation. En France, admettre l'existence de ces acteurs d'un drame désormais retiré de l'affiche serait mettre en accusation le gouvernement du général de Gaulle qui n'a jamais voulu planifier leur départ[22].

Leur éviction de l'histoire officielle, sous l'impulsion du FLN, a fait que la seule évocation du terme harki fut proscrite. Revêtant un caractère tabou, son absence sera quasi totale des textes littéraires et des créations artistiques, à l'exception de l'œuvre de Kateb Yacine

20 Le terme *harki* vient du mot arabe *haraka* qui veut dire « mouvement ». Le premier groupe de *haraka* fut créé par l'ethnologue Jean Servier en octobre 1954.

21 T. Charbit, *Les Harkis*, Paris, La Découverte, 2006, p. 23.

22 B. Stora, *La Gangrène et l'oubli*, p. 207.

Mohamed prends ta valise (1971) dans laquelle l'auteur livre à la postérité une histoire bien différente de celle de Raïs. Il fait ouvertement tomber les masques sur des vérités qui aujourd'hui commencent à peine à trouver un écho.

KATEB YACINE ENTRE DÉNONCIATION ET RÉSURGENCE DES PROSCRITS

Méconnue du public algérien, *Mohamed prends ta valise* est souvent présenté en Europe comme étant la première expérience théâtrale dans l'histoire de l'immigration algérienne en France. Bien évidemment, les thèmes et les problèmes liés à l'immigration y sont bien présents, mais il est indéniable que c'est l'une des rares œuvres écrites et montées en Algérie à contredire l'histoire véhiculée par les manuels scolaires que contrôle le Ministère des Moudjahidine. Elle est composée en 1971, au retour de Kateb en Algérie. Cette période marque un tournant décisif dans sa vie artistique. Il est à la recherche d'une expression théâtrale typiquement algérienne : son écriture se fera désormais en arabe populaire et s'adressera à toutes les classes sociales sans distinction. Il monte la même année la troupe du « Théâtre de la mer » qui fut subventionnée par le Ministère du Travail. C'est avec cette troupe que commence l'aventure de *Mohamed prends ta valise.* La pièce a été jouée plus d'une centaine de fois en France, de même en Algérie, dans des lieux aussi bien insolites que conventionnels. Sans jamais avoir une forme fixe et définitive, son écriture évolue à chaque représentation. En 1981, suite à un différend opposant Kateb Yacine à l'ancien ministre de l'éducation Ahmed Taleb Ibrahimi, la pièce change de titre et s'intitule *al-ḵobz al-murr* (*Le Pain amer*). Ibrahimi accuse à tort Kateb d'exhorter, à travers cette pièce, le prophète de l'Islam, Mohamed, à quitter le territoire algérien. L'effet que provoque cette interprétation est immédiat : les mouvements islamistes qui commencent à prendre possession des mosquées menacent de brûler le TNA au cas où il serait permis à Kateb et à sa troupe de s'y produire. Elle est interdite dans tout Alger sous la menace islamiste mais elle continue d'être représentée dans d'autres villes d'Algérie avec la troupe « Action culturelle des travailleurs » qui a remplacé le « Théâtre de la mer[23] ».

La pièce s'ouvre sur des esclaves chargés de chaînes en train de ramer sous le fouet d'un négrier. Les siècles passent et l'histoire de l'Afrique et des peuples opprimés se répète, l'œuvre revêt un caractère universel : il ne s'agit plus de l'histoire de l'Algérie, mais de celle de tous les peuples qui ont été colonisés. Kateb met le *mufti*[24] et le missionnaire sur le même plan. Le ton est donné, l'auteur s'en prend aux faux-dévots hypocrites attirés par l'appât du gain. Bien qu'il soit question d'une farce, dans sa déconstruction de l'histoire, l'auteur fait apparaître des personnages qui ont été complètement rayés du discours des « vainqueurs » :

> BOUDINAR[25] : Vive vous !
> LE MUFTI : Vive l'Algérie française !
> LE CAÏD : Vive la France
> LE NÉGRIER : Les Arabes, silence !
> [...]
> Tu n'as plus faim ? Ah ! Ah ! Ah ! Savez-vous pourquoi le mufti ne mange pas de cochon ?
> BOUDINAR : Je ne sais pas.
> LE CAÏD : Pourquoi ?
> LE NÉGRIER : Parce qu'un cochon ne mange pas un autre cochon[26] !

Dans la version de l'histoire que nous livre Kateb, il y a bien des partisans de « l'Algérie française ». Les notables du *douar* où se déroule l'action le sont tous, au point que même leur accoutrement était aux couleurs de la France : « *Il* [Mohamed] *voit venir vers lui trois gandouras*[27]

23 Ces informations nous ont été révélées par Ahcène Assous, ancien membre de la troupe de Kateb et directeur actuel du théâtre régional de Sidi Bel Abbes, lors d'un entretien qu'il nous a accordé en mai 2014 à Alger.

24 Dans son acception habituelle, le terme désigne un juristeconsulte, généralement rattaché à une mosquée, chargé d'apporter des réponses à des questions d'ordre juridiques et religieuses, mais dans le cadre de cette pièce il est plus question des *marabouts* qui avaient une certaine autorité dans les villages.

25 Boudinar, un terme intraduisible composé de « bou- » qui veut dire « père de » et « dinar » qui est la monnaie algérienne. Kateb fait référence à l'affairiste sans scrupule.

26 Y. Kateb, *Mohamed prends ta valise, in Boucherie de l'espérance : œuvres théâtrales [Boucherie de l'espérance ou Palestine trahie ; Mohamed prends ta valise ; La Guerre de 2000 ans ou Le roi de l'Ouest ; Le Bourgeois sans-culotte ou Le spectre du parc Monceau]*, Paris, Seuil, 1999, p. 220-221.

27 La gandoura est un vêtement ample traditionnel. Les hommes en gandoura chez Kateb, ce sont les personnes influentes qui appartiennent aux instances religieuses et juridiques.

tricolores : Boudinar en bleu, le mufti en blanc, et le caïd en rouge[28] ». Il a le courage de les nommer sans ambiguïté. D'ailleurs, au 1er novembre 1960 le Front Algérie française (FAF) comptait un million d'adhérents dont quarante pour cent de musulmans. Tous y adhéraient pour des raisons différentes. Pour les notables, il était question de préserver leur autorité ainsi que leurs privilèges économiques. Kateb nomme l'innommable et introduit le personnage du harki. Son apparition dans une ville française n'est pas anodine. Il revient sur les tâches qui leur sont attribuées sur le sol français. Ils sont chargés de tabasser les immigrés algériens avec la complicité des agents de police. Comme le rappelle l'historien Jean-Jacques Jordi, les harkis de Paris ont été chargés « des pires besognes que ne voulait pas faire la police française[29] ». Ils avaient pour mission de liquider tout individu impliqué de près ou de loin avec les partis indépendantistes algériens. Les événements du 17 octobre 1961 resteront longtemps gravés dans les mémoires : « Pour la population algérienne immigrée, 1961 est l'année de tous les dangers [...] Les exactions des harkis se multiplient, les violences policières aussi[30] ».

Certains harkis étaient encore plus cruels que l'armée coloniale. On apprend dans le documentaire *La Blessure* (2010) d'Isabelle Clarke et Daniel Costelle, que durant l'été 1959 des membres du FLN avaient été capturés en Kabylie. À bout de force, ils ont été internés dans des camps où leurs conditions de vie avaient changé. Le confort auquel ils ne pouvaient prétendre dans les maquis les a fait changer de camp. La misère les a fait trahir leurs frères d'arme. « Des ralliés dont la férocité dépassait celle des militaires français. [...] Ils étaient devenus les pires ennemis du FLN[31] ». Les raisons qui ont poussés les harkis à s'enrôler dans l'armée française sont différentes d'un individu à l'autre. « J'ai de l'argent ! À la guerre, on nous paye bien[32] ! ». Le harki dans *Mohamed prends ta valise* a rejoint le camp adverse pour des raisons économiques. En effet, un contrat avec l'armée française leur assurait un salaire mensuel de 25 000 francs en 1957. Cependant, certains ont été enrôlés de force : dénoncer ou mourir étaient les seules possibilités qui s'offraient

28 Y. Kateb, *op. cit.*, p. 219.

29 I. Clarke et D. Costelle, *La Blessure : la tragédie des harkis*, documentaire, France télévision, 2010.

30 L. Amiri, *Les Fantômes du 17 octobre*, Paris, Mémoire-Générique, 2003, p. 11.

31 I. Clarke et D. Costelle, *La Blessure.*

32 Y. Kateb, *op. cit.*, p. 255.

à eux, tandis que d'autres avaient prêté allégeance à la France depuis plusieurs générations. À la fin de la guerre, on comptait près de 200 000 supplétifs. Ils furent abandonnés par la France à un sort fait de cris et de sang. La politique de la terre brûlée de l'OAS[33] a fait basculer le pays dans un climat de terreur ne laissant plus de place à l'application des accords d'Évian du 18 mars 1962 qui garantissaient la protection et la sécurité des Français et des Algériens ayant fait le choix de la France avant le jour du scrutin d'autodétermination.

À travers *Mohamed prends ta valise*, Kateb Yacine s'attaque à ceux que Benjamin Stora nomme « les ralliés de la vingt-cinquième heure » ou les « marsiens[34] ». À l'indépendance, le pouvoir est détenu par ceux qui ont vendu l'Algérie pendant et après la colonisation :

> *Coup de gong. Cris et youyous.*
> *1962 : indépendance.*
> *Les trois gandouras – Boudinar, le caïd, et le mufti –, habillés en bleu, blanc et rouge, entrent en scène. Ils changent leurs gandouras aux couleurs du drapeau algérien et se mêlent aux fêtes de l'indépendance.*
> [...]
> BOUDINAR *bouleversé* : Tu pars et tu m'abandonnes au milieu de ces rustres ?
> LE NÉGRIER : Voici les papiers et la terre. Je te la confie, à toi Boudinar. Gare au socialisme ! Nous avons conclu de nouveaux accords, tu dois les faire respecter.
> BOUDINAR : Ne t'en fais pas, je m'en occupe. Dès qu'ils seront fatigués de crier, je les enverrai travailler pour toi, comme d'habitude[35].

Le comique atténue la portée dénonciatrice de la scène. C'est la bourgeoisie nationale opportuniste qui est ciblée, ceux qui n'ont pas pris part au combat et qui n'ont pas cru qu'il arriverait un jour où la France serait contrainte de quitter le territoire algérien, mais qui ont tout de même pris part aux festivités. Ils se sont ralliés à la cause nationale à la dernière minute afin de préserver leurs privilèges. « Les papiers et la terre » sont laissés à Boudinar, en d'autres termes, à la classe des affairistes qui ne cherche qu'à s'enrichir. Le négrier (c'est-à-dire les autorités coloniales) aurait conclu de nouveaux accords avec les nouveaux dirigeants du pays avant de le quitter. De toute évidence, Kateb fait référence aux accords

33 OAS : Organisation de l'armée secrète, créée en février 1961 pour le maintien de l'Algérie française.

34 B. Stora, *La Gangrène et l'oubli…*, *op. cit.*, p. 202.

35 Y. Kateb, *op. cit.*, p. 266-267.

d'Évian qui prévoient le maintien des privilèges et des intérêts de la France sur les exploitations minières et les hydrocarbures.

Le combat pour la liberté et l'enthousiasme des premières années de l'indépendance n'ont pas permis au théâtre algérien de questionner et de déconstruire l'histoire et le discours des vainqueurs qui tentaient, par tous les moyens, de légitimer leur prise de pouvoir pendant et après la guerre de libération. En 1971 est créé le Centre national d'études historiques (CNEH) qui a pour mission d'étudier l'histoire de l'Algérie, du Maghreb et de l'Afrique. Afin de contrôler ses travaux, en 1974 est créé un Conseil consultatif composé de chercheurs mais également d'un représentant du Ministère des Moudjahidines, ainsi qu'un représentant du Ministère des affaires religieuses. Stora affirme que l'enseignement de l'histoire en Algérie a été « nationalisé » par le contrôle des bibliothèques et des librairies, et que la création du CNEH et de son Conseil n'avaient d'autre objectif que de limiter les recherches historiques qui n'étaient pas autorisées[36].

Lorsque l'histoire faillit à sa mission, c'est aux arts et à la littérature de faire parler ses silences, « ces terribles instants où elle ne dit plus rien, et qui sont justement ses moments les plus tragiques[37]. » Lorsqu'ils ne sont pas au service du pouvoir en place, c'est également aux arts et à la littérature de montrer le visage multidimensionnel de l'histoire. Dans une dynamique qui lui est propre, le théâtre détient le pouvoir cathartique nécessaire à l'écriture d'une histoire dépourvue de toute amertume. Par le réveil brutal de l'amnésie collective qu'il provoque, le théâtre ébranle les certitudes du public pour ensuite lui permettre de faire son deuil.

Souria Grandi
Université Paris Nanterre

36 Voir B. Stora, *La Gangrène et l'oubli*, p. 229.

37 Jules Michelet, cité par P. Nora, « Histoire et roman : où passent les frontières ? », *Le Débat* 3/165, 2011, p. 6-12.

ÉCRIRE CONTRE LE SILENCE ?

Représentations de la guerre d'Algérie dans le roman français au XXIe siècle[1]

Au début des années 2000, la « sensation d'absence » et l'impression d'amnésie qui ont longtemps caractérisé la mémoire française de la guerre d'Algérie se sont transformées en « une sorte de surabondance » obsessionnelle de remémoration[2]. Ce mouvement concerne aussi le roman en France qui s'empare de cette guerre de manière massive et diversifiée. Dans ce qui suit, il s'agira, dans un premier temps, de dresser un bref portrait de la représentation de la guerre d'Algérie dans le roman français depuis le début du siècle. Couvrant un large éventail de sujets, une partie des romans français actuels sur la guerre d'Algérie s'inscrit dans les mêmes champs thématiques que des publications antérieures, tandis que d'autres explorent des thèmes jusqu'ici moins présents. Afin de dégager les particularités de la production récente, un regard rétrospectif sera indispensable, car il permettra, en outre, d'évaluer le progrès des « effets de générations[3] » sur cette écriture de la guerre d'Algérie plus de 40 ans après les accords d'Évian :

> À une bataille de l'écrit, aux écritures « en situation » contemporaines du conflit, succèdent des œuvres qui, en évoquant des héritages contradictoires, prennent pour objet la mémoire culturelle et ses modes de transmission[4].

---

1 Cette recherche a été financée par le Conseil de recherches en sciences humaines (CRSH) du Canada.

2 Voir B. Stora, « La Mémoire retrouvée de la guerre d'Algérie », in *Devoir de mémoire, droit à l'oubli ?*, édit. T. Ferenczi, Bruxelles, Éditions Complexe, 2002, p. 73-83 (p. 73 pour les citations). L'article, qui analyse les raisons de ce retour à la guerre d'Algérie dans la France des années 2000, cite la multitude d'œuvres publiées et de films sortis sur ce sujet depuis le début du siècle afin d'appuyer l'hypothèse d'une « mise en scène de l'amnésie française autour de l'Algérie et de ce conflit ».

3 C. Milkovitch-Rioux, *Mémoire vive d'Algérie, Littératures de la guerre d'indépendance*, Paris, Buchet-Chastel/Libella, 2012, p. 15.

4 *Id.*, *ibid.*, p. 15.

Cet aperçu des principaux sujets permettra de se pencher, dans un deuxième temps, sur des tentatives d'aller au-delà des « éclats de mémoires éparses[5] ». À l'exemple de deux romans, *Le Couvre-feu d'octobre* de Lancelot Hamelin[6] et *Même pour ne pas vaincre* de Stéphane Chaumet[7], il s'agira d'analyser, dans quelle mesure la fiction arrive à sortir du cadre d'une mémoire spécifiquement française de la guerre d'Algérie. En effet, en véhiculant – aussi bien sur le plan thématique que narratif – l'entrelacs complexe des enjeux de ce conflit, ces deux romans conçoivent la possibilité d'une mémoire qui transcende les frontières.

FIGURES DE LA GUERRE D'ALGÉRIE DANS LE ROMAN FRANÇAIS APRÈS 2000

Le survol suivant se déploiera autour des principaux groupes représentés : les appelés (voire les soldats français), les harkis[8], le FLN (Front de Libération Nationale), les pieds-noirs, et l'OAS (Organisation Armée Secrète)[9]. Ne visant pas une analyse exhaustive de la représentation des différents groupes d'acteurs de la guerre d'Algérie dans le roman français actuel[10], ce parcours se sert plutôt des personnages comme points de cristallisation afin de dégager les enjeux principaux soulevés par leur mise en scène.

Le « roman des appelés » tel que le définit Catherine Milkovitch-Rioux[11], regroupe les romans écrits par d'anciens appelés. Des romans

5 J.-P. Rioux, « La Flamme et les Bûchers », in *La Guerre d'Algérie et les Français*, édit. J.-P. Rioux, Paris, Fayard, 1990, p. 503.

6 L. Hamelin, *Le Couvre-feu d'octobre*, Paris, Gallimard, 2012.

7 S. Chaumet, *Même pour ne pas vaincre*, Paris, Seuil, 2011.

8 Dans ce qui suit, le terme générique « harki » sera retenu pour faire référence aux ressortissants de la population algérienne qui se sont engagés dans l'armée française durant la guerre d'Algérie.

9 Omis dans cette énumération, la population algérienne civile (le plus grand collectif concerné par la guerre), ne se trouve le plus souvent qu'à l'arrière-plan des mises en fiction françaises de la guerre et sera traitée dans ses relations avec les autres groupes.

10 Une analyse plus complète devra se pencher sur la représentation des divers sous-groupes impliqués et souvent chevauchants, comme les femmes – militantes ou non –, les intellectuels, les communistes, les étudiants et les hommes politiques.

11 C. Milkovitch-Rioux, *op. cit.*, p. 112.

comme *La Citerne* de Marc Bressant[12], *Toubib* de Gilbert Schlogel[13] ou *L'Impossible Choix, Un kabyle pendant la guerre d'Algérie* de Jean Boulanger[14] se distinguent surtout par la richesse des détails dans la description du quotidien des soldats français et de leurs interactions avec la population locale, ce qui leur confère un caractère quasi documentaire malgré une intrigue plus ou moins fictive.

Bien que, d'un point de vue quantitatif, de telles « autobiographies déguisées[15] » ne dominent plus les publications, elles constituent toujours le « lieu par excellence d'une mémoire ambiguë et douloureuse[16] » dans leur forme actuelle. Ainsi, *La Citerne* met l'accent sur les états d'âme du lieutenant protagoniste face à la situation insupportable de la population civile, et dont le but principal est « d'être en mesure le moment venu de répondre aux questions de ses enfants[17] », tandis que le personnage principal de *L'Impossible Choix*, un déserteur, avoue que ses « enfants ne sauront jamais rien[18] » de son périple algérien qui lui a fait découvrir « la même sauvagerie[19] » dans les deux camps. Ce récit rétrospectif, qui s'inscrit, comme celui de Schlogel, dans la lignée des « romans des appelés » publiés depuis la guerre dans lesquels « la jeunesse et l'inexpérience des appelés sont sans cesse soulignés[20] », affirme sa valeur testimoniale par l'ajout de commentaires entre parenthèses qui indiquent l'authenticité de plusieurs épisodes et se montre très critique envers l'armée française, en s'insurgeant, par exemple, contre le manque d'encadrement psychologique des appelés devenus étrangers à eux-mêmes et à leurs familles après leur retour.

Le déchirement d'une famille sur fond de guerre distante est le sujet de plusieurs romans situés en France tel *Le Club des incorrigibles optimistes* de Jean-Michel Guenassia[21] ou *En vieillissant les hommes pleurent* de Jean-Luc Seigle[22], qui raconte le dur réveil d'une famille aux réalités de cette

12 M. Bressant, *La Citerne*, Paris, Éditions de Fallois, 2009.
13 G. Schlogel, *Toubib*, Paris, Fayard, 2002.
14 J. Boulanger, *L'Impossible choix : un kabyle pendant la guerre d'Algérie*, Paris, L'Harmattan, 2008.
15 B. Stora, *Le Livre, mémoire de l'histoire*, p. 39.
16 C. Milkovitch-Rioux, *op. cit.*, p. 113.
17 M. Bressant, *op. cit.*, p. 345.
18 J. Boulanger, *op. cit.*, p. 207.
19 Id., *ibid.*, p. 151.
20 C. Milkovitch-Rioux, *op. cit.*, p. 114.
21 J.-M. Guenassia, *Le Club des incorrigibles optimistes*, Paris, Albin Michel, 2009.
22 J.-L. Seigle, *En vieillissant les hommes pleurent*, Paris, Flammarion, 2012.

guerre sans nom dû à un documentaire télévisé. Si ce reportage s'avère, après coup, fictionnel, il réussit tout de même à dévoiler « le monstre de la vérité[23] ». Une telle réflexion sur la relation entre fiction et vérité historique est encore plus explicite dans un autre roman sur la famille d'un appelé, *Comme une ombre* de Michel Schneider[24], qui se présente comme la reconstitution d'un manuscrit trouvé et alterne deux récits : celui, homodiégétique, de l'enquête menée par Michel Forger, l'auteur fictif, sur son frère aîné, Bernard, qui s'est tué quelques années après son retour d'Algérie, et un récit hétérodiégétique dans lequel Michel semble s'imaginer des épisodes de la vie de ce frère. Offrant trois versions de la mort de Bernard, ce roman hautement autoréflexif soulève l'enjeu de l'insaisissabilité d'un proche aimé, mais aliéné par des expériences traumatisantes : « Mon échec à écrire le roman de mon frère est le sujet même de ce roman[25] ».

Les exactions commises par l'armée française, « ces moments de paroxysme et d'orgie de l'anéantissement où, dans le défoulement d'instincts réprimés en terme de paix, se manifestent la violation et l'outrage barbares[26] » et leurs conséquences physiques et surtout psychiques restent un enjeu presque omniprésent. Si Gilles Vincent construit une histoire de détective autour du suicide d'un appelé qui ne supporte pas d'avoir commis l'inavouable dans *Djebel*[27], *L'Art français de la guerre* d'Alexis Jenni[28] et *Où j'ai laissé mon âme* de Jérôme Ferrari[29] représentent des attitudes divergentes de militaires de carrière face à la torture. Ce faisant, Jenni se sert de cette configuration afin d'intégrer la guerre d'Algérie dans le récit d'une « guerre de vingt ans[30] » tout en dénonçant le mythe d'une torture pratiquée en tant que mesure d'urgence permettant d'éviter des victimes d'attentats[31], tandis que le récit de Ferrari dresse clairement un parallèle avec la Deuxième Guerre mondiale lorsque le capitaine, un ancien prisonnier, se fait traiter de « fasciste[32] » par un

23 *Id.*, *ibid.*, p. 230.
24 M. Schneider, *Comme une ombre*, Paris, Grasset, 2011.
25 *Id.*, *ibid.*, p. 324.
26 C. Milkovitch-Rioux, *op. cit.*, p. 105.
27 G. Vincent, *Djebel*, Boulogne, Timée, 2008.
28 A. Jenni, *L'Art français de la guerre*, Paris, Gallimard, 2011.
29 J. Ferrari, *Où j'ai laissé mon âme*, Arles, Actes Sud, 2010.
30 A. Jenni, *L'Art français de la guerre*, p. 45.
31 *Id.*, *ibid.*, p. 511.
32 J. Ferrari, *op. cit.*, p. 138.

prisonnier communiste, insulte intolérable qui le pousse à le torturer, « résigné à son infamie[33] » de victime devenue bourreau[34].

Par là, le roman de Ferrari se distancie du « topos [fréquent] de la victime innocente [qui] parcourt le récit de guerre et [dont] l'incohérence se cristallise autour de la notion de hasard[35] » dont Laurent Mauvignier explore les conséquences tragiques dans *Des hommes*[36], par exemple. Afin de mettre en évidence l'indicible de la mémoire d'un appelé responsable malgré lui d'un massacre de ses camarades, ce roman de mémoire a recours à un récit collectif de source indécidable qui révèle le nœud de culpabilité. L'enjeu du récit des expériences insupportables est déplacé dans *Une guerre sans fin* de Bertrand Leclair[37], un roman qui se penche sur les essais nucléaires effectués par la France dans le Sahara, un fait moins discuté qu'effleure brièvement aussi *La Citerne*[38]. De plus, les entrevues du protagoniste d'*Une Guerre sans fin* avec d'anciens appelés, dont l'un raconte « exactement la même chose [que l'autre], mais d'une manière tellement différente qu'il en donnait une tout autre mesure[39] », provoquent une réflexion sur le potentiel de manipulation d'un récit historique dû à son caractère narratif[40].

Une autre dimension du récit historique est abordée dans *Le Beau visage de l'ennemi* de Catherine Lépront[41], un roman qui explore les relations entre soldats français et Algériens dont la mémoire déforme *a posteriori* la complexité. C'est à l'exemple d'une « photo [qui] est [présentée comme] une concrétion de la haine, une sorte de congélation de la mémoire officielle[42] » que ce roman souligne explicitement le danger

33 *Id.*, *ibid.*, p. 142.

34 Un tel parcours d'un personnage d'ancien déporté ayant ensuite poursuivi une carrière de militaire en Indochine et en Algérie se trouve aussi dans *L'Aimé de juillet* de Francine de Martinoir (Arles, Actes Sud / Éditions Jacqueline Chambon, 2009). Milkovitch-Rioux (*op. cit.*, p. 292) souligne la référence fréquente à la Seconde Guerre mondiale « à la fois en point de comparaison et en contrepoint » dans la littérature française sur la guerre d'Algérie. De fait, le recours à l'exode du Congo dans *Le Silence des otages* (Paris, Cherche Midi, 2002) de Virginie Buisson ou à la guerre civile espagnole dans *Alger la noire* (Arles, Actes Sud, 2006) de Maurice Attia en tant que cadres de référence sont des exceptions.

35 C. Milkovitch-Rioux, *op. cit.*, p. 117.

36 L. Mauvignier, *Des Hommes*, Paris, Minuit, 2009.

37 B. Leclair, *Une Guerre sans fin*, Paris, Libella / Maren Sell Éditions, 2008.

38 M. Bressant, *op. cit.*, p. 221.

39 B. Leclair, *Une Guerre sans fin*, p. 83.

40 Voir à ce sujet P. Ricœur, *La Mémoire, l'histoire, l'oubli*, Paris, Seuil, p. 579.

41 C. Lépront, *Le Beau visage de l'ennemi*, Paris, Seuil, 2010.

42 *Id.*, *ibid.*, p. 200.

des abus de la mémoire qui résident dans le mécanisme de réinterpréter le passé selon les besoins actuels.

Alors que les appelés constituent souvent les protagonistes, non seulement dans le roman actuel français sur la guerre d'Algérie, les harkis occupent, dans la plupart des cas, une place plus marginale. Ce faisant, les soupçons des autres soldats par rapport à leur solidarité ainsi que leur abandon par l'armée française et le massacre qui s'ensuivit, sont les enjeux principaux de leur représentation[43]. Mais ce ne sont pas seulement les remords d'avoir abandonné « ceux qui avaient combattu avec nous » en Indochine comme les exprime un personnage de *Passé sous silence* d'Alice Ferney[44], qui sont abordés, mais aussi le conflit de loyauté suite à la politique d'autodétermination. De fait, le protagoniste de *Le Temps de rêver est bien court* de Bertrand Longuespé[45] se voit obligé de rassurer un harki quant à la loyauté de l'armée française sans y croire vraiment[46] et un personnage d'*Où j'ai laissé mon âme* critique vivement la classe politique française « qui avait renoncé à sa mémoire et honteusement détourné le regard pendant qu'on emmenait Belkacem et les siens à l'abattoir[47] ». Si une telle représentation individualisée essaie de rendre plus palpable l'horreur des règlements de compte survenus après la démobilisation et le désarmement, Arno Bertina fournit des éléments du contexte politique en faisant lire au protagoniste du *Dehors ou la Migration des truites*[48] un article de journal sur la directive secrète officielle stipulant l'expulsion des harkis que des militaires français avaient aidés à s'installer en Métropole. Cela donne lieu à une comparaison cynique de leur situation avec celle du pétrole algérien, beaucoup plus prisé en France[49].

Lorsque l'intrigue est située en tout ou en partie en France, la mise en scène des harkis diffère toutefois considérablement, car ici prime la représentation de la violence des « calots bleus », ces supplétifs de la police française qui « doivent prouver à chaque instant leur attachement à l'armée française. Par un excès de cruauté envers leurs frères » comme

43 Voir par exemple M. Bressant, *op. cit.*, p. 180, L. Mauvignier, *op. cit.*, p. 243 ou A. Jenni, *op. cit.*, p. 501.

44 A. Ferney, *Passé sous silence*, Arles, Actes Sud, 2010, p. 89.

45 B. Longuespé, *Le Temps de rêver est bien court*, Vincennes, Éditions Thierry Marchaise, 2012.

46 *Id.*, *ibid.*, p. 58.

47 J. Ferrari, *ibid.*, p. 114.

48 A. Bertina, *Le Dehors ou la migration des truites*, Arles, Actes Sud, 2001.

49 *Id.*, *ibid.*, p. 155.

l'exprime un personnage du *Couvre-feu d'octobre*[50]. Dans *Algérie ! Algérie !* Éric Michel[51] a recours au motif des frères ennemis afin d'opposer le cheminement d'Amar qui s'engage pour l'indépendance à celui de son frère cadet, Tahar qui, lui, choisit la France : « À Amar le maquis et à Tahar les harkis[52] ». Par la suite, le périple du personnage-harki convaincu du pouvoir supérieur de la France bien que dégoûté par les méthodes de l'armée[53] est décrit comme celui d'un « homme au visage double[54] » par le narrateur afin de souligner son dilemme intérieur.

Empruntant une posture rétrospective, *L'Averse* de Fabienne Jacob[55], l'un des rares romans à mettre en scène un protagoniste harki, plonge dans le passé de Tahar, qui « a attendu toute la vie pour dire son secret, mais la vie ne l'a pas attendu[56] ». De fait, un silence de la honte semblable à celui des appelés sous-tend le récit qui retrace la chaîne de cause à effet ayant motivé Tahar à s'engager pour la France jusqu'au meurtre de ses parents, assassinés sauvagement par le FLN, un événement traumatisant qu'aucune langue n'arrive à faire resurgir de l'enfouissement[57]. C'est finalement par le truchement de la voix impossible du fils muet que le secret de Tahar est livré, ce qui délivre, en même temps, son fils du poids du silence de son père[58].

Tandis que le personnage du fils incarnant le silence dans *L'Averse* correspond à une version quasi allégorique de ce que Marianne Hirsch appelle la « postmemory[59] », Stéphane Chaumet, auteur de *Même pour ne pas vaincre*, opte, quant à lui, pour une représentation plus réaliste d'un fils de harki à l'exemple de Karim, « modèle d'intégration[60] » autoproclamé. Lors d'une recherche dans le cadre du procès Papon, ce jeune avocat reconnaît son père sur une photo montrant des membres de la Force de police auxiliaire. Soulignant d'abord la honte de Karim qui apprend ensuite

50 L. Hamelin, *op. cit.*, p. 318.
51 É. Michel, *Algérie ! Algérie !*, Paris, Presses de la Renaissance, 2007.
52 *Id.*, *ibid.*, p. 67.
53 *Id.*, *ibid.*, p. 131.
54 *Id.*, *ibid.*, p. 442.
55 F. Jacob, *L'Averse*, Paris, Gallimard, 2012.
56 *Id.*, *ibid.*, p. 17.
57 F. Jacob, *L'Averse*, p. 97.
58 *Id.*, *ibid.*, p. 133.
59 Voir par exemple M. Hirsch, « The Generation of Postmemory », *Poetics Today* 29/1, 2008, p. 103-128.
60 S. Chaumet, *op. cit.*, p. 134.

que son père avait participé à la torture[61], le récit dessine une chaîne de cause à effet semblable à celle de *L'Averse.* De fait, confronté à son passé, le père révèle, photo à l'appui, le sort du grand-père de Karim, mutilé par le FLN pour le simple fait d'avoir fumé et « mort de honte[62] » ensuite.

Une pareille spirale de la violence est repérable dans plusieurs romans qui mettent en scène des excès commis par des combattants des deux côtés et dont la victime principale est la population locale. Ce faisant, la représentation de l'extrême horreur des exactions du FLN, souvent décrites en détail, s'oppose dans plusieurs cas à la mise en scène des chefs. Ainsi, le capitaine Degorce d'*Où j'ai laissé mon âme* ne peut que s'incliner devant le calme et la dignité de son prisonnier « Tahar le Pur » qu'il traite d'égal à égal[63]. Avec Chérif ben Mohamed Chebli, Éric Michel conçoit un personnage pareillement réservé et souverain qui évoque le même cliché du « fatalisme héroïque du musulman[64] ». À l'opposé de ces hommes qui se sacrifient sans broncher pour l'Algérie se situe Messaoud, le chef du réseau mis en scène dans *Le Porteur de cartable* d'Akli Tadjer[65], véritable caïd opportuniste qui conduit une voiture décapotable que le jeune protagoniste compare à celle des riches colons français en Algérie[66]. Si la représentation des personnages-chefs du FLN ne s'avère souvent pas très nuancée, les fictions sur la guerre d'Algérie publiées après 2000 s'emparent d'un sujet jusque-là négligé dans les représentations littéraires de la guerre, selon Benjamin Stora, à savoir la lutte sanglante entre le FLN et le MNA de Messali Hadj[67]. Mentionné en passant par le protagoniste du *Dehors ou la migration des truites*[68], ce « "fossé de sang" au sein de l'immigration[69] » est plus présent dans *Le Couvre-feu d'octobre* qui raconte une réunion clandestine du FLN organisée afin d'endiguer l'influence de cet ennemi de l'intérieur[70]. Comme *Algérie ! Algérie*[71] *!*, ce

61 *Id.*, *ibid.*, p. 145.
62 *Id.*, *ibid.*, p. 167.
63 J. Ferrari, *op. cit.*, p. 84.
64 A. Slama, « La Guerre d'Algérie en littérature ou la Comédie des Masques », in *La Guerre d'Algérie et les Français*, édit. J.-P. Rioux, p. 593.
65 A. Tadjer, *Le Porteur de cartable*, Le Mans, Libra Diffusio, 2003 [2002].
66 *Id.*, *ibid.*, p. 296.
67 Voir B. Stora, *Le Livre, mémoire de l'histoire*, p. 174.
68 A. Bertina, *Le Dehors ou la migration des truites*, p. 74.
69 B. Stora, *op. cit.*, p. 174.
70 L. Hamelin, *Le Couvre-feu d'octobre*, p. 123.
71 É. Michel, *Algérie ! Algérie !*, p. 164.

roman souligne l'opposition dans l'image du « parti de Messali, plus "démocratique" et véritablement prolétarien, face au FLN "totalitaire"[72] » dans l'opinion publique française et fait allusion à l'instrumentalisation de cette rivalité par les forces de l'ordre françaises[73].

À l'instar du *Porteur de cartable*, plusieurs romans évoquent la collecte de l'impôt du FLN auquel étaient assujettis les immigrants algériens en France, mais l'événement emblématique de la guerre d'Algérie en Métropole dans les fictions françaises actuelles est la répression sanglante de la manifestation du 17 octobre 1961 contre le couvre-feu imposé aux Algériens. Après des œuvres phares de Didier Daeninckx[74] et de Leïla Sebbar[75], le roman actuel s'est largement approprié cet événement symptomatique du silence public sur la guerre d'Algérie. Ce massacre « restera [...] longtemps dans l'angle mort de l'histoire française[76] », évincé de la mémoire collective par la manifestation réprimée du 8 février 1962 à la station de métro Charonne non seulement selon le narrateur du *Couvre-feu d'octobre*, mais aussi d'après l'historienne Raphaëlle Branche[77]. La « nuit noire » marque aussi le point de culmination de l'intrigue d'*Algérie ! Algérie !*, qui souligne, tout comme *Le Dehors ou la Migration des truites*[78], les représailles de la part du FLN afin de démontrer la situation intenable non seulement des immigrés d'origine algérienne, mais de tous les Maghrébins en France pendant la guerre, harcelés aussi bien par le FLN que par la police[79]. Bertina véhicule ce climat de mépris et de haine à l'exemple d'un couple mixte – Dora est Française et Kateb d'origine marocaine – dont la famille se désintègre après l'expérience traumatisante de la manifestation.

Un quatrième groupe fréquemment représenté dans le roman français sur la guerre d'Algérie est l'Organisation armée secrète (OAS) dont beaucoup de romans soulignent la violence démesurée pour défendre, coûte que coûte, une Algérie française. Ainsi, le narrateur des *Hommes* se remémore « les fous furieux de l'OAS qui traînaient dans les rues pour

72 L. Hamelin, *Le Couvre-feu d'octobre*, p. 123.
73 *Id.*, *ibid.*, p. 364.
74 D. Daeninckx, *Meurtres pour mémoire*, Paris, Gallimard, 1983.
75 L. Sebbar, *La Seine était rouge : Paris, octobre 1961*, Arles, Actes Sud, 2009 [1999].
76 L. Hamelin, *Le Couvre-feu d'octobre*, p. 289.
77 Voir R. Branche, *La Guerre d'Algérie : une histoire apaisée ?*, Paris, Seuil, 2005, p. 43.
78 Voir A. Bertina, *op. cit.*, p. 103.
79 Voir É. Michel, *op. cit.*, p. 436 et 463.

abattre tous les Européens qui voulaient partir[80] », tandis que le protagoniste d'*Alger la noire* résume de manière cynique la « politique de la terre brûlée[81] » par : « Dans un premier temps, on détruisait les biens, dans un second, les personnes[82] ». Comme Jenni, Michel aborde la haine particulière des défenseurs de l'Algérie française à l'égard du président de la République[83], un sujet exploité plus en détail dans le roman-clé *Passé sous silence* d'Alice Ferney, qui se penche sur l'histoire de l'attentat du Petit-Clamart et sur son instigateur « en forme de conte historique » comme le décrit la quatrième de couverture. Sans nommer l'Algérie, le roman alterne un récit adressé à un alter ego de Jean-Marie Bastien-Thiry et un récit hétérodiégetique mettant en scène un pendant fictionnel de Charles de Gaulle afin d'établir une opposition de valeurs entre deux personnages d'origine semblable. Soulignant le caractère inconstitutionnel du procès subséquent, *Passé sous silence* livre une version fictionalisée très critique de cet événement érigé en emblème de l'oubli des vaincus de l'Histoire.

En ce qui concerne la représentation des Français d'Algérie, communément appelés pieds-noirs, l'on peut finalement distinguer les mises en scène en Algérie qui se penchent principalement sur les relations avec d'autres collectifs et les représentations en France qui, elles, se concentrent sur l'expérience de l'exil.

Ainsi, la protagoniste du *Glacis* de Monique Rivet[84], une jeune institutrice fraîchement débarquée en Algérie, se rend vite compte de la « ségrégation des communautés[85] », symbolisée par la grande avenue éponyme qui sépare les quartiers européen et « indigène » de la ville telle une « frontière non officielle[86] ». Écrit pendant la guerre, mais publié seulement en 2012, ce roman dresse un portrait du climat généralisé de méfiance et de discrimination – une situation explosive de vies parallèles qu'un personnage de l'*Art français de la guerre* résume par : « On n'apprend pas impunément la liberté, l'égalité et la fraternité à des gens à qui on les refuse[87] ». De manière semblable, le protagoniste d'*Alger la noire*, un

80 L. Mauvignier, *Des Hommes*, p. 280.
81 M. Attia, *op. cit.*, p. 120.
82 *Id.*, *ibid.*
83 Voir A. Jenni, *op. cit.*, p. 562 et É. Michel, *op. cit.*, p. 384.
84 M. Rivet, *Le Glacis*, Paris, Éditions Métailié, 2012.
85 *Id.*, *ibid.*, p. 68.
86 *Id.*, *ibid.*, p. 129.
87 A. Jenni, *op. cit.*, p. 525.

commissaire de police d'origine espagnole, essaie de rester au-dessus de la mêlée. Tel un commentaire implicite ironique sur l'impossibilité de cette posture neutre, ce personnage déclenche plus tard malgré lui un massacre de manifestants[88]. Dans *Les Impurs*[89], Caroline Boidé a recours au *topos* du couple mixte impossible[90], celui entre un Juif et une Musulmane, afin de sonder de plus près la ségrégation entre ces deux communautés ainsi que la situation de la femme musulmane. David, le premier narrateur, s'écroule finalement devant la pression de sa famille et abandonne Malek, déjà répudiée par son père à cause de ses ambitions littéraires. Se voyant comme un être broyé par l'Histoire, David réfléchit plus particulièrement sur l'impact du décret Crémieux qui octroyait la citoyenneté française aux Juifs algériens : « Comment rester les amis de toujours pour les Arabes quand la France nous faisait porter de force le costume de colon[91] ? », une réflexion qui rejoint celle d'un personnage juif du *Couvre-feu d'octobre* qui affirme que « [n]ous avons été injustes de laisser s'établir une différence entre indigènes musulmans et indigènes israélites[92] ».

C'était notre terre de Mathieu Belezi[93] puise dans les extrêmes afin de représenter une famille de riches colons, les de Saint-André, à la fin de la guerre. La structure polyphonique permet d'opposer les opinions de la matriarche, convaincue de la supériorité des Français, et celle de son mari défunt, un coureur de jupons aussi alcoolique que violent, avec celle de leur fils, Antoine, un communiste « torturé et liquidé [par l'armée française] parce qu'il fabriquait les bombes de la révolution algérienne[94] ». Ayant montré le contraste entre deux expériences de l'exil à l'exemple des deux sœurs d'Antoine émigrées en France – Marie-Claire, une lesbienne, le vit comme une libération tandis que la solitude fait sombrer Claudia dans la nostalgie – le roman culmine dans une revanche allégorique des pieds-noirs lorsque les deux sœurs âgées et démentes attaquent leur femme de ménage d'origine algérienne en exigeant qu'elle « s'excuse [...] pour avoir jeté les de Saint-André à

88 Voir M. Attia, *op. cit.*, p. 368.

89 C. Boidé, *Les Impurs*, Paris, Serge Safran, 2011.

90 Voir à ce sujet L. Martini, « Amours en abyme. L'image du couple mixte dans quelques romans de la guerre d'Algérie », in *La Guerre d'Algérie dans la mémoire et l'imaginaire*, édit. A. Dayan Rosenman et L. Valensi, Saint-Denis, Bouchène, 2004, p. 277-293.

91 C. Boidé, *op. cit.*, p. 125.

92 L. Hamelin, *op. cit.*, p. 41.

93 M. Belezi, *C'était notre terre*, Paris, Albin Michel, 2008.

94 *Id.*, *ibid.*, p. 280.

la porte de l'Algérie[95] ». Certes exceptionnelle par sa virulence, cette représentation négative des pieds-noirs qui puise dans l'image du colon profiteur « au goût de la bestialité et de la violence » relevée par Alain Slama dans des écrits antérieurs[96], ne constitue pas un cas isolé dans la production littéraire actuelle. Ainsi, le protagoniste de *Le temps de rêver est bien court* se montre agacé face aux propos antisémites de sa petite-amie, une fille de colons[97], et la branche pied-noir de la famille du narrateur du *Club des incorrigibles optimistes* « ne levait pas le petit doigt, se croyait à l'hôtel[98] » après leur arrivée en France.

L'intégration difficile est toutefois mise en scène sous un angle différent dans *Le Dehors ou la Migration des truites* à l'exemple de Lorraine, une pied-noir, qui se voit confrontée aux préjugés contre ces « gens exubérants, riches et corrompus par une vie facile[99] ». L'expérience de l'exil atteint une forme pathologique dans *Algérie ! Algérie !* et dans *Le Porteur de cartable* lorsque des personnages de mères de famille sombrent dans la dépression après l'exode. Ces êtres fictifs ont, du coup, pris le relais de l'écriture de la « nostalgeria », des « récits sous la forme d'autobiographies romancées[100] » dont Stora détecte la vague dans les années 1980[101]. L'une des rares auteures à publier après 2000, Virginie Buisson, livre avec *Le silence des otages* le récit de mémoire autobiographique d'une Française ayant vécu en Algérie pendant la guerre. Malgré sa nostalgie de l'Algérie d'avant la guerre, la narratrice est surtout hantée par les souvenirs de la torture et des abus dont elle a été la témoin impuissante. En ce qui concerne la deuxième génération des pieds-noirs, l'autofiction *La Solitude de la fleur blanche* d'Annelise Roux[102] retrace la transmission de cette « identité de l'exil[103] » allant, de ce fait, à l'encontre de l'hypothèse de Michèle Baussant selon laquelle « la rupture de l'exil semble annoncer la fin de cette communauté, destinée à se diluer dans la société d'accueil[104] ».

95 *Id.*, *ibid.*, p. 475.
96 A. Slama, « La Guerre d'Algérie en littérature ou la Comédie des Masques », in *La Guerre d'Algérie et les Français*, p. 594.
97 B. Longuespé, *op. cit.*, p. 83.
98 J.-M. Guenassia, *op. cit.*, p. 448.
99 A. Bertina, *op. cit.*, p. 69.
100 B. Stora, *Le Livre…*, *op. cit.*, p. 101.
101 *Id.*, *ibid.*, p. 103.
102 A. Roux, *La Solitude de la fleur blanche*, Paris, Sabine Wespieser, 2009.
103 M. Baussant, « Pied-noir, une figure de l'exil », in *La Guerre d'Algérie dans la mémoire et l'imaginaire*, éd. A. Dayan Rosenman, L. Valensi, p. 110.
104 M. Baussant, « Pied-noir, une figure de l'exil », p. 116.

Le bref survol des principaux enjeux de la représentation de la guerre d'Algérie dans le roman français publié après 2000 ne peut qu'effleurer la multitude des sujets abordés. D'un point de vue thématique, il s'avère toutefois que beaucoup des romans présentés ne se limitent pas à scruter l'expérience d'un collectif précis, mais mettent l'accent sur les interactions entre les individus. D'autres tendances repérables sont la tentative d'explorer des sujets moins présents dans la mémoire collective et de situer la guerre d'Algérie dans le contexte plus large de la colonisation.

Ce faisant, des mises en scène des souvenirs douloureux et de leur transmission difficile juxtaposent des tentatives de faire revivre la guerre dans une immédiateté purement fictionnelle qui semble prendre le relais des « écritures "en situation" contemporaines du conflit[105] ». Ainsi, d'un point de vue formel, la production actuelle fait preuve d'une variété qui couvre les cinq formes du roman historique telles qu'Ansgar Nünning les a distinguées[106].

De fait, la richesse de détails et l'effet d'authenticité qui caractérise souvent le « roman des appelés » s'inscrit dans le courant du *roman historique documentaire*[107] qui vise à fournir un bilan moral et social d'un événement historique, un potentiel qui se base, dans le cas des exemples présentés, sur la dimension testimoniale des écrits.

Une vaste fresque historique comme *Algérie ! Algérie !*, qui mélange personnages fictifs et fictionalisés dans un récit linéaire esquissant une vision globale du conflit, correspond aussi bien au *roman historique réaliste*[108] que le portrait d'une époque que représente *Le Club des incorrigibles optimistes* ou bien des romans policiers comme *Alger la noire* ou *Djebel* qui ont recours au motif de l'enquête afin de transmettre des informations historiques au cœur d'une lecture divertissante.

Tandis que de tels romans puisent dans l'historiographie afin de donner un cadre réaliste à leur intrigue fictive, d'autres choisissent plutôt de s'opposer à une version officielle de l'histoire en concevant des mondes fictionnels alternatifs. Cette fonction subversive, qui caractérise le *roman historique révisionniste*[109] selon Nünning, est par exemple repérable

105 C. Milkovitch-Rioux, *op. cit.*, p. 15.

106 Voir A. Nünning, *Von historischer Fiktion zu historiographischer Metafiktion*, t. 1 : *Theorie, Typologie und Poetik des historischen Romans*, Wiesbaden, WVT, 1995.

107 Voir *id.*, *ibid.*, p. 259-262.

108 Voir *id.*, *ibid.*, p. 262-267.

109 Voir *id.*, *ibid.*, p. 268-274.

dans l'œuvre de Belezi qui dénonce les abus du régime colonial en se réclamant du « rôle [de l'écrivain] insurgé[110] ». Si ses mondes fictionnels constituent des récritures grotesques, voire satiriques, d'une époque, la visée « révisionniste » d'un roman comme *Passé sous silence* réside dans l'interprétation nouvelle d'un événement précis.

Empruntant tous les deux une posture rétrospective, le *roman méta-historique*[111] et la *métafiction historiographique*[112] se distinguent surtout par leur recours à des réflexions métahistoriographiques implicites ou explicites, une différence repérable, par exemple dans les enjeux divergents des *Hommes* et de *Comme une ombre.* Tandis que le roman de Mauvignier se sert d'une structure narrative complexe afin de mettre en scène l'impossibilité d'une mémoire (collective) de l'indicible, celui de Schneider mène une réflexion explicite sur l'impossibilité de mettre en mots une vie. Ces deux romans illustrent d'ailleurs une tendance à la complexité non seulement thématique, mais surtout narrative, du roman actuel de la guerre d'Algérie en France. Même si des romans à visée documentaire ou réaliste se caractérisent souvent par la lisibilité que Milkovitch-Rioux définit comme trait typique d'une littérature récente sur la guerre d'Algérie à vocation de témoignage fictionnel[113], la structure narrative complexe d'autres œuvres témoigne toutefois d'une volonté d'aller au-delà d'une transmission de faits et d'exploiter les moyens de la fiction afin de conférer un rôle actif au lecteur et de l'amener à réfléchir sur les multiples facettes de la guerre d'Algérie.

Cette tendance est particulièrement bien illustrée par *Le Couvre-feu d'octobre* de Lancelot Hamelin et *Même pour ne pas vaincre* de Stéphane Chaumet, deux premiers romans déjà brièvement évoqués, et dont la structure ambitieuse traduit la complexité des enjeux soulevés tout en suscitant une réflexion sur l'importance de l'écriture de cette guerre. Tandis qu'Hamelin use de la structure anachronique d'un récit fictif

---

110 J.-C. Lebrun, « Mathieu Belezi. Déchirer le voile de l'illusion coloniale », *L'Humanité*, 16. 04. 2009, URL : http://www.humanite.fr/node/415155 [15.04.2014]. Voir à ce sujet aussi le roman suivant de Mathieu Belezi, *Les Vieux Fous* (Paris, Flammarion, 2011) qui se lit comme une critique acerbe du régime colonial en Algérie.

111 Voir A. Nünning, *op. cit.*, p. 276-281.

112 Voir *id.*, *ibid.*, p. 282-291. Nünning emprunte ce terme à Linda Hutcheon, *A Poetics of Postmodernism : History, Theory, Fiction*, New York, Routledge, 1988.

113 C. Milkovitch-Rioux, *op. cit.*, p. 286. Les œuvres concernées sont souvent accompagnées d'une bibliographie (par exemple dans *Algérie ! Algérie !*) ou d'une chronologie (par exemple dans *Alger la noire*) qui mettent en évidence la dimension didactique de la démarche.

écrit à la fin de la guerre afin de faire décortiquer au lecteur la chaîne de décisions et de trahisons par laquelle le jeune protagoniste du *Couvre-feu d'octobre* s'est douloureusement empêtré dans un bourbier inextricable, Chaumet a recours à un récit ramifié qui juxtapose le poids oppressant de la mémoire des descendants des deux côtés de la Méditerranée avant de proposer un rapprochement timide.

LE COUVRE-FEU D'OCTOBRE
Migrations entre clivages et contradictions

Premier roman du dramaturge et metteur en scène Lancelot Hamelin, *Le Couvre-feu d'octobre* emprunte la forme d'une longue lettre d'Octavio à son amour de jeunesse, Judith, dans laquelle il passe en revue les difficiles décisions qu'il a prises en côtoyant différents groupes impliqués dans la guerre, proposant, de ce fait, un portrait complexe du climat social et politique de la France entre 1955 et 1962.

L'amour entre le jeune Octavio, Français d'Algérie d'origine espagnole, et Judith, issue d'une famille juive traditionaliste oranaise, sert d'abord à mettre en évidence les préjugés entre les communautés d'une population hétérogène communément regroupée sous l'appellation « pied-noir ». Le fait que Judith épouse finalement le frère aîné d'Octavio pendant que celui-ci poursuit ses études à Paris, et que ce frère jamais nommé s'engage dans les forces policières à Paris, introduit le motif des frères ennemis, car il scelle l'opposition entre « le flic cocorisant et l'étudiant cocommunisant[114] ». Ce dernier, Octavio, s'identifie de plus en plus au peuple algérien, ce qui le pousse entre autres à rompre avec son ami communiste, Denis. Celui-ci suit sans hésiter la ligne officielle du parti et part en Algérie en tant qu'appelé afin de défendre l'intégrité de la France, un revirement qu'Octavio illustre en opposant l'étude de Jacques Soustelle sur les Aztèques que Denis lui avait recommandée avec sa politique en Algérie : « Face à l'horreur que lui inspireront les méthodes [...] du FLN, Soustelle ne sera plus capable de ce regard surplombant qui déploie des analyses sociologisantes[115] ».

114 L. Hamelin, *Le Couvre-feu d'octobre*, p. 12.
115 *Id.*, *ibid.*, p. 265.

S'engageant ensuite au sein du FLN, Octavio y découvre dès la première réunion plusieurs clivages, telle la lutte pour « soustraire la communauté [algérienne] à la mystification[116] » ainsi que des opinions très divergentes sur les méthodes à adopter. Refusant de se faire appeler sous le drapeau, Octavio gagne la clandestinité en automne 1957, se cachant jusqu'en décembre 1960 dans le bidonville de Nanterre où il devient témoin de la vie insupportable des immigrés algériens en France, victimes aussi bien des conditions de vie misérables que de la brutalité de nombreuses rafles policières. Le contexte d'une de ces ratonnades – elle a été provoquée par un garçon exclu de la communauté pour avoir non seulement vivement critiqué les mœurs archaïques de la société algérienne et en particulier la situation des femmes, mais surtout pour avoir giflé son père, une victime de brutalité policière – esquisse un portrait noir de la nature d'une future nation algérienne. C'est finalement l'abrutissement croissant de son ami Nordine – ayant milité pour que le FLN soit « un modèle exemplaire d'humanisme et de sainteté et pas une aveugle machine de guerre[117] » lors de leur première rencontre, il lui parle trois ans plus tard avec indifférence de la mort de son enfant[118] – qui incite Octavio à commettre un acte de trahison : au lieu de transmettre les rapports de quatre cellules recueillis lors d'une rencontre clandestine, il les jette dans la Seine et se réfugie ensuite chez son frère, entre-temps devenu sympathisant de l'OAS. Là, Octavio, qui souffre d'un cancer, renoue avec Judith à laquelle il écrit sa longue lettre avant de mourir en mars 1962.

La lettre, dans laquelle Octavio raconte ses souvenirs et ses réflexions à Judith, ne suit pas un ordre chronologique, ce qui oblige le lecteur à remettre en ordre les pièces du puzzle. En même temps, plusieurs prolepses dressent des parallèles entre des actes isolés. Ainsi, pour Octavio, la décision de lancer dans la Seine les documents que Denis lui a confiés avant son départ pour l'Algérie est en rétrospective une « répétition du geste qui, quelques années plus tard, me ferait sacrifier au fleuve l'enveloppe du FLN[119] ». De tels liens transversaux font en sorte que son cheminement semble sous-tendu par la logique d'une spirale,

116 *Id.*, *ibid.*, p. 126.
117 *Id.*, *ibid.*, p. 133.
118 *Id.*, *ibid.*, p. 355.
119 *Id.*, *ibid.*, p. 117.

une image récurrente du récit. Si des syntagmes comme la spirale de la violence[120] ou celle « de doutes[121] » véhiculent une logique d'inexorable escalade, cette image multiforme devient une métaphore générale pour le chemin de la vie lorsque Octavio résume :

> La plupart d'entre nous, nous vivons sur le rebord extérieur d'une spirale. Nous ne voyons rien d'autre que le monde sans direction dans lequel nous tournoyons. Certains, parfois, basculent à l'intérieur. Ils peuvent alors voir le déroulement de la ligne et, surtout, dans quelle direction le mouvement les entraîne… Ce basculement à l'intérieur, grâce à la maladie, c'est ce qui m'est arrivé[122].

Ce basculement qui permet une autre perspective caractérise aussi son récit qui glisse parfois de la première à la troisième personne, transformant le narrateur-sujet en objet de la narration. Ce geste de distanciation voire de scission par rapport à ce « jeune homme[123] » qu'il regrette de ne pas avoir forcé « de se regarder en face et de laisser la guerre à ceux qui sont faits pour la faire[124] », traduit le cheminement intérieur dont il prend conscience en écrivant sa vie. Une autre incongruité narrative dans sa lettre est la présence d'un deuxième narrateur au « je ». De fait, le fils de l'hôte d'Octavio dans le bidonville prend la parole afin de dresser un portrait désolant des militants du FLN[125]. Tentative de se mettre dans la peau du garçon ou intrusion dans son discours, ce seul passage pris en compte par un narrateur autre qu'Octavio établit un parallèle entre ces deux traîtres qui ne supportent plus les contradictions du discours ambiant sans pouvoir s'extirper du bourbier dans lequel ils sont inextricablement empêtrés, l'un par son origine, l'autre par ses décisions successives.

Faisant le bilan de sa vie, la lettre d'Octavio oscille entre le passé et le présent de l'écriture, s'ancrant, de la sorte, dans l'ici et maintenant à partir duquel il s'approprie son passé. L'effet d'immédiateté de ce récit de mémoire est toutefois sapé par un important travail d'édition.

Ainsi, les entrées sont non seulement datées, mais aussi titrées et regroupées en huit parties et fréquemment précédées d'une citation d'acteurs

120 *Id.*, *ibid.*, p. 228.
121 *Id.*, *ibid.*, p. 348.
122 *Id.*, *ibid.*, p. 300.
123 *Id.*, *ibid.*, p. 368.
124 *Id.*, *ibid.*, p. 368.
125 *Id.*, *ibid.*, p. 317-322.

importants de la guerre qui lie la grande et la petite histoire. L'éditeur fictif introduit finalement un épilogue, une lettre non signée et écrite quarante ans plus tard, facilement attribuable au frère d'Octavio. Celui-ci lègue la lettre d'Octavio à son premier fils, racontant par là même la suite de l'histoire, en l'occurrence la mort de Judith en couches peu après une tentative de suicide et sa vie en tant que père monoparental, ce qui confère une complexité à ce personnage auparavant réduit au rôle du frère ennemi. De plus, la mise en scène de la lettre d'Octavio, qui passe de justification personnelle adressée à la femme aimée au statut de « manuscrit[126] » transmis à la postérité, dote ce document intime d'une valeur testimoniale et suscite des réflexions sur les différentes lectures possibles d'un même récit.

MÊME POUR NE PAS VAINCRE
Les pièces du puzzle ne se mettent pas en place

Le thème de la filiation est plus présent dans *Même pour ne pas vaincre* de Stéphane Chaumet, le premier roman du poète qui s'inscrit dans la lignée des « récits de filiation[127] » tels que les définit Dominique Viart, soit des récits motivés par un « défaut de transmission [de la mémoire] dont les écrivains [...] ou les narrateurs, s'éprouvent comme les victimes[128] ». C'est à l'exemple de trois personnages, respectivement neveu et fille d'appelé ainsi que fils de harki, que le roman de Chaumet se penche sur l'emprise de la mémoire absente de la génération suivante. Qui plus est, répondant à une logique d'enquête, ce roman rejoint le courant des « romans 'pour mémoire'[129] » tel que le définit Milkovitch-Rioux : « L'enquête littéraire semble [...] fonctionner sur la base d'une énigme à élucider, et à l'instar du polar, puzzle offert en pièces détachées, les personnages sont engagés dans une vaste entreprise d'élucidation[130] ». Grâce à une structure polyphonique qui intègre des enquêtes dans un

126 *Id.*, *ibid.*, p. 383.
127 D. Viart, « Le Silence des pères au principe du "récit de filiation" », *Études françaises* 45/3, p. 95-112.
128 *Id.*, *ibid.*, p. 97.
129 C. Milkovitch-Rioux, *op. cit.*, p. 278.
130 *Id.*, *ibid.*, p. 281.

concert de témoignages plus vaste, ce roman métahistorique joue toutefois avec les attentes du lecteur et suscite des réflexions sur les enjeux d'un récit historique nécessairement inachevé.

Ainsi, malgré l'incipit *in medias res* qui met en scène un soldat français en Algérie pendant le temps mort de l'attente au poste, le premier récit du roman s'avère être le récit de mémoire d'un ancien appelé dénommé Philippe Bougeard. Le lecteur comprend vite que son monologue divagant entre le passé et le présent se situe dans le sillage de deux visites du neveu d'un camarade de Philippe, Jean, qui vient de se suicider. Le neveu de Jean s'intéresse plus précisément au rapport qu'avait son oncle avec une certaine Sania. Philippe affirme ne pas la connaître, mais souligne aussi la non-fiabilité de sa mémoire : « entre les cauchemars et la réalité on finit par s'embourber dans un flou douteux, qui ronge ou arrange [la mémoire] selon l'instant[131] ».

La deuxième partie, « été 1997 », constitue une analepse en ce qu'elle rapporte le contexte des visites du neveu de Jean jamais nommé chez Philippe : le nouveau narrateur homodiégétique, le neveu, apprend le suicide de son oncle et se livre, avec sa cousine Sandra, à des spéculations sur « l'énigme de la lettre[132] » d'adieu sur laquelle figure le nom de Sania. Le lecteur accompagne alors leur enquête infructueuse entourant le mystère de cette femme avant que la première visite du neveu chez Philippe et le départ de Sandra pour Paris, où elle rencontre un avocat, Karim, ne closent ce récit. Quand ce Karim prend la parole au chapitre suivant, une logique de ramification devient apparente : un personnage secondaire du récit précédent prend chaque fois en charge la narration de celui d'après. De cette façon, Chaumet enchaîne les cas de figure d'une appropriation difficile de la mémoire proche ou lointaine sans se limiter à un collectif précis. Cet enchaînement d'une multitude « d'éclats de mémoires éparses[133] » dans des récits parallèles et croisés soulève plusieurs enjeux de la mise en mots de la mémoire.

Le récit de Karim, fils d'un ancien harki déjà mentionné, absorbe, par exemple, sans transition le témoignage d'un homme torturé par son père[134], prêtant ainsi sa voix aux victimes oubliées de la guerre. La

131 S. Chaumet, *op. cit.*, p. 10.
132 *Id.*, *ibid.*, p. 82.
133 J.-P. Rioux, *op. cit.*, p. 503.
134 S. Chaumet, *op. cit.*, p. 147-159.

chaîne de transmission de la mémoire est pourtant interrompue par la mort de ce narrateur lors d'un accident de voiture provoqué par Sandra. Dans le cas de Sandra, ce « suicide déguisé en accident[135] » dans lequel son cousin voit une répétition du geste de son père, indique le poids écrasant d'une mémoire absente qui ne passe pas. Dans le cas de Karim, la fin abrupte du récit souligne l'impossibilité pragmatique de sa posture narrative qui est d'autant plus affichée que la narration intercalée de la partie suivante est justifiée par la diégèse[136].

Ainsi, la situation d'énonciation impossible de Karim semble indiquer la transmission fragile de la mémoire qui disparaît avec ses porteurs. Plus tard, le récit d'une jeune Algérienne, Nisrine, sur le périple horrible d'abus et de mépris qui l'a menée à quitter l'Algérie d'aujourd'hui, soulève un autre enjeu, la question de la vérité subjective de la mémoire : « cette histoire de moi, je l'ai inventée [...] cette histoire tu peux quand même la prendre et l'écrire, elle est complètement vraie[137] ».

Cette incertitude caractérise aussi l'enquête principale du roman. En effet, lors d'un séjour en Algérie, une rencontre avec une jeune femme algérienne, Amina, relance la quête du neveu, car l'histoire de sa grand-mère, qui s'appelait aussi Sania, concorde avec les informations sur la femme mystérieuse dans la lettre d'adieu. Le récit de la fille de cette Sania, la tante d'Amina que le neveu rencontre plus tard à Paris, corrobore ensuite les faits, mais ce hasard auquel il se permet de croire ne pourra être prouvé que par une photo de son père. Lorsque la fille de Sania la lui apporte, une seule phrase, « Sur la photo, ce n'était pas mon oncle[138] », sonne finalement l'échec de l'enquête.

Cette non-conclusion est toutefois déjà annoncée par la structure foisonnante du roman, car les multiples histoires enchaînées dont l'enquêteur ne prend pas connaissance soulignent le caractère forcément limité de ses recherches. Sa quête de l'autre se transforme, finalement, en une quête de soi lorsqu'il décide d'interpréter autrement le hasard de la rencontre avec les deux Algériennes et de se tourner vers l'avenir. C'est la raison pour laquelle il récupère le passeport de sa cousine décédée à la fin de

135 *Id.*, *ibid.*, p. 192.
136 Le neveu de Jean s'y adresse dans une lettre à sa cousine décédée en évoquant parfois l'acte de l'écriture ; *id.*, *ibid.*, p. 211.
137 *Id.*, *ibid.*, p. 306.
138 *Id.*, *ibid.*, p. 341.

l'intrigue – le lecteur soupçonne que c'est pour le donner à Amina et ainsi donner suite à leur relation.

En jouant avec les attentes des lecteurs déçus que le mystère de Sania ne soit pas révélé, *Même pour ne pas vaincre* se braque contre le cadre figé d'un récit cohérent qui couronnerait la quête diégétique d'un roman d'enquête classique. Grâce à la vue d'ensemble sur une multitude de mémoires individuelles, le roman démontre que les pièces du puzzle d'un récit de vie ne peuvent pas tomber en place, parce qu'il ne s'agit pas de restituer une action bien délimitée, mais plutôt un entrelacs de vies complexes et insaisissables. La fin du roman qui laisse entrevoir un avenir commun pour le neveu de Jean et Amina se lit, dès lors, comme la tentative de ce que Benjamin Stora ne considérait pas encore possible dans les publications antérieures, à savoir la tentative de « résoudre ce conflit des mémoires, [de] cicatriser les ruptures anciennes, [de] créer du positif[139] », au moins sur le plan individuel.

Le défi principal de l'écriture romanesque actuelle sur la guerre d'Algérie en France n'est plus d'écrire contre le silence d'une guerre sans nom. Même si les écrivains-appelés continuent à livrer des témoignages fictionnels et que des auteurs comme Mathieu Belezi déplorent que les tentatives de « l'abord[er] de front[140] » soient trop rares, la guerre d'Algérie s'est indubitablement inscrite dans le champ littéraire des années 2000 en France, comme le montrent, par exemple, des prix littéraires récoltés par plusieurs des œuvres évoquées. Roman sur le contexte sociopolitique en France pendant la guerre d'Algérie, *Le Club des incorrigibles optimistes* de Jean-Michel Guenassia a, par exemple, reçu le Prix Goncourt des lycéens en 2009. En ce qui concerne les romans qui se penchent sur la mémoire de la guerre, *Des Hommes* de Laurent Mauvignier a été couronné du Prix des Libraires ainsi que du Prix Initiales en 2010, tandis qu'*Où j'ai laissé mon âme* a mérité le Prix Larbaud et le Prix France Télévisions en 2011, année dans laquelle *L'Art français de la guerre* a obtenu le prix Goncourt. Dans le contexte de ce succès critique, il importe toutefois de mentionner l'étude de Benjamin Stora sur les longs-métrages sur la guerre d'Algérie qui lui a fait préciser que « plus que l'*absence* de films sur la guerre d'Algérie, c'est la *rareté* des spectateurs qui pose véritablement

139 B. Stora, *La Mémoire des livres*, p. 37.
140 J.-C. Lebrun, « Mathieu Belezi. Déchirer le voile de l'illusion coloniale », in *L'Humanité.*

problème[141] ». Seule une analyse plus approfondie de la réception des œuvres pourra alors déterminer si la multitude de romans récents qui abordent – de front ou de biais – ce chapitre noir de l'histoire française contribue à un travail de mémoire collectif.

À l'exemple du *Couvre-feu d'octobre* et de *Même pour ne pas vaincre*, l'analyse a toutefois démontré le potentiel du roman actuel sur la guerre d'Algérie de soulever des réflexions sur une mémoire commune sans pour autant faire miroiter la possibilité d'une réconciliation facile. Attribuant un rôle actif au lecteur, ces romans essaient de relever le défi d'écrire contre les cloisons d'une « mémoire communautarisée[142] », afin de permettre un véritable « métissage des mémoires[143] ».

Marion KÜHN
CRILCQ, Université Laval

141 B. Stora, *Imaginaires de la guerre. Algérie – Viêt-nam, en France et aux États-Unis*, Paris, La Découverte, 1997, p. 193.

142 B. Stora, « La Mémoire retrouvée de la guerre d'Algérie », in *Devoir de mémoire, droit à l'oubli ?*, édit. T. Ferenczi, p. 82.

143 *Id.*, *ibid.*, p. 82.

DU RETOUR DU REFOULÉ AU CONFLIT DES MÉMOIRES

L'héritage de la guerre d'indépendance algérienne entre cinéma et littérature dans les années 2000

Le rêve a commencé un matin de novembre.
Un rêve ça coûte cher.
Un rêve ça se réveille.
Mais après, le soleil défonce les songes et les chimères,
et la réalité est encore plus belle[1].

Après avoir été longtemps refoulée, la mémoire de la guerre d'indépendance algérienne a commencé à réveiller les consciences françaises assez récemment, en particulier à partir des années 2000[2] : la reconnaissance, de la part de l'Assemblée nationale française, de l'expression de « guerre d'Algérie » (qui remplace celle d'« événements d'Algérie ») a lieu pour la première fois au mois de juin 1999 et elle marque le début d'une période où le sujet de l'histoire franco-algérienne revient officiellement à l'ordre du jour.

L'ouverture des archives militaires, les témoignages des victimes de la torture et les aveux des tortionnaires, la création d'une journée nationale consacrée aux Harkis et l'« année de l'Algérie » en France en 2003 ne sont que des exemples du bouillonnement qui se produit autour de la

1 M. Haddad, *La dernière impression*, in *Algérie, les romans de la guerre*, édit. G. Dugas, Paris, Omnibus, 2002, p. 190.

2 Par contre, le sujet a toujours été présent dans le milieu des historiens : il suffit de penser aux travaux de M. Harbi (*Aux origines du FLN*, Paris, Christian Bourgois, 1975), B. Stora (*Dictionnaire biographique des militants nationalistes algériens*, Paris, L'Harmattan, 1985), entre autres. À ce sujet, il est intéressant de consulter la bibliographie réalisée par B. Stora, « La fabrication de la mémoire par les livres : chronologie des principaux ouvrages sur la guerre d'Algérie parus entre 1955 et 2004 » in *Le Livre, mémoire de l'histoire*, p. 229.

question algérienne au tout début des années 2000. Le débat se ravive encore plus par la suite, après la promulgation de la loi française du 23 février 2005 qui souligne (dans l'alinéa 2 de l'article 4) « le rôle positif de la présence française outre-mer, notamment en Afrique du Nord » ; cet alinéa controversé a été ensuite supprimé. C'est justement autour de cette loi que les mémoires algériennes se sont davantage affrontées : les différents héritiers du conflit algérien revendiquent leur mémoire, chacun selon le groupe d'appartenance avec lequel il s'identifie et en promouvant la véridicité du récit qu'il croit détenir. Les Pieds-Noirs (y compris les Juifs d'Algérie), les Harkis et les *moudjahidin* gardent tous leur propre souvenir de ce qui s'est passé entre 1954 et 1962. Ils l'analysent sur la base des épisodes traumatiques qui les ont frappés, dont celui de l'exil pour beaucoup d'entre eux. À la suite de l'exode des Européens et des Juifs d'Algérie au lendemain de l'indépendance, ces groupes porteurs de mémoires se sont retrouvés en France, où la rencontre postcoloniale et la (re)construction des souvenirs a eu lieu progressivement.

L'élaboration mémorielle ne se produit pas seulement à travers les débats, les polémiques, les enquêtes journalistiques, mais aussi grâce à la production culturelle : les cinéastes et les écrivains qui contribuent à enrichir les confrontations autour de l'histoire algérienne sont nombreux, tout comme les projets muséaux qui s'inscrivent à l'intérieur des politiques mémorielles mises en place en France dans les dernières années. La littérature et le cinéma ont abordé le sujet de la guerre algérienne bien avant les années 2000, mais c'est notamment au début du nouveau millénaire que l'une et l'autre ont commencé à s'inscrire à l'intérieur des controverses actuelles. La mémoire est donc de plus en plus sollicitée – il suffit de penser au nombre de publications d'ouvrages et de films projetés au cours de l'année 2012, lors du cinquantenaire de l'indépendance algérienne –, mais il s'agit toujours de mémoires de groupes différents qui ne parviennent pas à se concilier et dont l'apaisement semble encore lointain. À travers cette étude, je propose donc de montrer les raisons multiples pour lesquelles il est encore si difficile de franchir les oppositions mémorielles concernant la guerre d'Algérie.

Après avoir encadré théoriquement les enjeux du rapport entre Histoire et mémoire, j'analyserai un corpus de films et un corpus de textes produits dans les dernières années par des cinéastes et des écrivains algériens, français ou franco-algériens qui ont engagé une réflexion à ce sujet. En ce qui concerne les films, j'analyserai le film *Hors-la-loi* (2010) de Rachid Bouchareb, qui a suscité des polémiques en France même avant sa première projection, pour le comparer à *Algérie, histoires à ne pas dire* de Jean-Pierre Lledo (2007), dont la diffusion n'a pas été autorisée en Algérie ; je mentionnerai également le téléfilm *Harkis* (2006), produit par Alain Tasma et écrit par la journaliste Dalila Kerchouche. Sur un plan littéraire, je partirai de quelques recueils de récits récemment publiés afin d'esquisser les traits fondamentaux de la mémoire des différents groupes impliqués dans ce travail mémoriel : les Algériens, les Européens et les Juifs d'Algérie, les Harkis et leurs enfants. Les récits recueillis par Leïla Sebbar dans *Journal de mes Algéries en France* (2005[3]) et dans *Une enfance juive en Méditerranée musulmane* (2012[4]), accompagnés de deux romans de Dalila Kerchouche autour de la communauté harki, *Mon père, ce harki* (2003[5]) et *Leïla. Avoir dix-sept ans dans un camps de harkis* (2006[6]), feront donc partie de mon corpus.

L'apparition significative de films et de textes littéraires dans les années 2000 montre que, loin d'être victime d'une amnésie collective, la question algérienne est tout à fait présente dans le contexte culturel français. À cela s'ajoute une revendication politique de plus en plus forte de la part des groupes porteurs de mémoire, ce qui a déclenché une véritable guerre mémorielle[7]. La participation aux guerres de mémoires algériennes s'inscrit – comme le remarque le politologue Éric Savarese – dans des processus de construction identitaire que chaque groupe met en place dans le but d'être reconnu en tant que tel[8]. C'est ainsi que « les enjeux mémoriels croisent la question des identités collectives et des mobilisations politiques dédiées à la satisfaction de revendications particulières[9] », et c'est là que réside l'élément caractéristique du conflit

3 L. Sebbar, *Journal de mes Algéries en France*, Saint-Pourçain-sur-Sioule, Bleu autour, 2005.

4 L. Sebbar (édit.), *Une enfance juive en Méditerranée musulmane*, Saint-Pourçain-sur-Sioule, Bleu autour, 2012.

5 D. Kerchouche, *Mon père, ce harki*, Paris, Seuil, 2003.

6 D. Kerchouche, *Leïla, avoir dix-sept ans dans un camp de harkis*, Paris, Seuil, 2006.

7 Voir B. Stora, « Algérie-France. Mémoires sous tension », dans *Le Monde*, Hors-série, *Guerre d'Algérie. Mémoires parallèles*, février-mars 2012, p. 14-18.

8 Voir É. Savarese, « À propos de la guerre des mémoires : les vertus de la médiation scientifique ? », in *L'Algérie dépassionnée. Au-delà du tumulte des mémoires*, édit. É. Savarese Paris, Syllepse, 2008, p. 7-21.

9 *Id.*, *ibid.*, p. 8.

mémoriel, à savoir l'enjeu « de convertir une mémoire en histoire officielle, via la reconnaissance, par l'État, d'une posture victimaire ou de souvenirs légitimes[10] ».

La conversion d'une mémoire spécifique en histoire officielle pose plusieurs problèmes : la mémoire et l'Histoire sont deux notions différentes – la mémoire découlant d'une interprétation subjective et partielle de l'Histoire – et le choix de les échanger est dangereux. Du côté algérien, les mémoires particulières ont trop souvent pris la place de l'Histoire, d'un côté et de l'autre de la Méditerranée (là où l'Algérie a mythifié la guerre, la France l'a pour longtemps reniée), et c'est justement cela qui a provoqué les affrontements mémoriels actuels[11].

La transformation des souvenirs d'un groupe particulier en Histoire implique ensuite un autre risque, celui de la communautarisation des mémoires, ce qu'il convient précisément d'éviter si l'on veut véritablement sortir des oppositions en cours. Les politiques mémorielles particularistes « n'ont pour effet que de prolonger sur le terrain identitaire les séquelles d'une guerre coloniale tragique [...] qui est aussi une guerre civile, car l'ensemble des victimes sont juridiquement des Français », et elles présentent entre autres « le risque de provoquer une inflation des *postures victimaires*[12] ». Renfermement identitaire et augmentation des attitudes victimaires font donc partie des conséquences de la « sanctuarisation communautaire[13] » – comme l'appelle Stora – mise en place à travers certains choix politiques.

Comment pourrait-on alors parvenir à éviter ce danger, tout en reconnaissant les processus mémoriels des groupes ? Par la distinction entre ce qui relève du *mémoriel* et ce qui concerne le *politique*, malgré les liens entre les deux, et par l'élaboration d'une histoire de l'Algérie qui ne tienne pas compte uniquement de la période coloniale[14]. Cette histoire critique permettrait de dépasser les limites d'une vision qui ne fait que se polariser autour du rapport entre le colonial et le postcolonial :

10 *Id.*, *ibid.*

11 Ce n'est pas un hasard si l'éditeur français Robert Laffont a choisi de présenter le volume dirigé par M. Harbi et B. Stora, *La Guerre d'Algérie. 1954-2004, la fin de l'amnésie* (sous-titre « De la mémoire à l'histoire »), en soulignant la valeur scientifique du texte, en dépit de toute perspective idéologique : voir M. Harbi et B. Stora, *La Guerre d'Algérie. 1954-2004, la fin de l'amnésie*, Paris, Robert Laffont, 2004.

12 É. Savarese, « À propos de la guerre des mémoires... », *op. cit.*, p. 18.

13 B. Stora, « Questions historiques autour d'un projet mémoriel », *op. cit.*, p. 71.

14 Voir É. Savarese, « À propos de la guerre des mémoires... », *op. cit.*

> Ce serait être colonialiste que de les réifier [les Algériens] à leur pur statut de colonisés et de victimes. De même qu'il serait inepte de ne réduire « les Juifs » qu'à une judéité monolithique, les « pieds-noirs » à leur statut d'agents et/ou de fusibles coloniaux, et aussi les « Français » à une essence qui serait elle-même intemporellement coloniale : tous ont eu, aussi, une vie avant la colonie, et en dehors de la colonie, et ils continuent à en avoir une après la colonie. Et cette vie n'est pas marquée tout uniquement que par le postcolonial[15].

L'adoption d'une approche historique de ce type permettrait d'ailleurs d'aboutir à une analyse dépouillée de tout jugement porté sur les différents acteurs impliqués, soient-ils les Pieds-Noirs, les Juifs ou les Harkis. Cette démarche renouvelée passe également par des choix terminologiques de plus en plus réfléchis et apaisés, à éclaircir ici avant d'introduire l'étude du corpus. La dénomination des groupes d'individus et des événements historiques n'est pas neutre : l'alternative entre « guerre de libération » et « guerre d'Algérie » implique par exemple – comme le rappelle l'historienne Sylvie Thénault – le choix de se situer du côté algérien ou du côté français (là où « guerre de libération » renvoie au vocabulaire du FLN, « guerre d'Algérie » reflète le point de vue français limité à l'aspect militaire ; il vaudrait mieux alors d'adopter l'expression de « guerre d'indépendance algérienne », la moins discutable par rapport aux deux autres)[16].

De la même manière, Éric Savarese envisage la possibilité de « nommer les groupes d'individus en fonction de leur statut au moment évoqué[17] », ou bien celle de « s'affranchir de l'histoire des classifications officielles, en utilisant des catégories élaborées pour les besoins de la recherche[18] » : pour se référer aux différentes périodes de l'époque coloniale, on pourrait par exemple opter pour « Européens » et « indigènes », ou « Français citoyens » et « Français non-citoyens », ou encore « Français de souche européenne » et « Français de souche nord-africaine », alors que dans le domaine scientifique on aurait recours à d'autres appellations, comme celles « d'Algériens » ou « d'indigènes[19] ». Il faut en outre faire attention

15 É. Savarese, « Des récits à l'histoire. Penser la relation coloniale », *op. cit.*, p. 43-44.

16 S. Thénault, « L'histoire au musée : l'espace, les temps, les mots de l'Algérie coloniale », in *L'Algérie dépassionnée*, p. 45-54.

17 É. Savarese, « En finir avec les guerres de mémoires algériennes en France ? », *op. cit.*, p. 178.

18 *Id.*, *ibid.*

19 *Id.*, *ibid.*

aux dénominations qui relèvent des appartenances confessionnelles, notamment quand on se réfère aux « Juifs d'Algérie » : si jusqu'à 1870 (date de l'adoption du décret Crémieux qui leur accorde la citoyenneté française) ils font partie du groupe des « indigènes », ils passent ensuite parmi les « Français citoyens », pour redevenir « indigènes » lors de l'abrogation du décret entre 1940 et 1943, et pour aller enfin enrichir les rangs des « Pieds-Noirs », c'est-à-dire des citoyens français rapatriés après 1962. Le terme de « Pieds-Noirs » inclut donc celui de « Juifs d'Algérie », mais il cache la spécificité « indigène » de certains Juifs, en Algérie avant les Arabes, et cache l'aspect religieux des divisions sous l'Algérie française.

En travaillant sur la mémoire des rapatriés d'Algérie et sur sa représentation dans les années 2000, les expressions de « Pieds-Noirs » et de « Juifs d'Algérie » s'adaptent le mieux au contexte historique de référence. En ce qui concerne les « Harkis », à savoir les supplétifs indigènes qui ont servi la France, ils ne font pas partie des « Rapatriés », donc des « Pieds-Noirs », parce que, dans la plupart des cas, ils n'étaient pas des citoyens français à part entière.

Ces précisions terminologiques sont incontournables, du moment que « les enjeux de nomination sont aussi des enjeux de pouvoir, et les mots font l'objet de luttes[20] » et qu'il est très difficile de trouver une terminologie entièrement neutre, même dans le discours historique savant. Pour essayer de sortir de la guerre des mémoires, il est nécessaire de choisir « un vocabulaire destiné à couper la production d'un récit sur l'Algérie de significations partielles et partiales, qui ne rendent compte que des points de vue d'acteurs "spécifiques" au détriment d'une histoire complexe[21] ».

Afin de rendre compte de la complexité de cette histoire, cela vaut la peine de s'arrêter sur le statut de la communauté pied-noire, y compris celle des Juifs d'Algérie pour cette fois, dont il faut souligner le caractère d'hétérogénéité qui la définit et qui a été dépassé par des stratégies mémorielles mises en place par le groupe lui-même : les Pieds-Noirs constituant une collectivité très diversifiée (ils ne sont pas seulement d'origine française, mais aussi d'origine espagnole, italienne, maltaise, juive…), ils ont dû (re)construire une mémoire commune, à partager autour de l'histoire de leur présence en Algérie. C'est ainsi qu'ils ont

20 *Id.*, *ibid.*, p. 180.
21 *Id.*, *ibid.*

inventé la « tradition pionnière[22] », à savoir une narration sur l'histoire algérienne leur permettant de les inscrire à l'intérieur d'une lignée de fondateurs qui ont fait fleurir un territoire qu'ils considéraient encore à l'état sauvage avant leur arrivée. À l'intérieur de cette narration, les « indigènes » ne figurent pas.

La relation avec les « indigènes » est également conditionnée par le lien exclusif entre les Pieds-Noirs et la Métropole : en appliquant la notion freudienne de « roman familial[23] » au cas algérien, comme l'a fait la politologue Françoise Vergès pour la Réunion[24], on peut remarquer que les Européens d'Algérie ont fait de la Métropole leur seul point de référence, leur seul parent, à tel point qu'ils se sont considérés comme ses véritables enfants. Fiona Barclay a adapté la théorie freudienne à l'analyse de l'un des films d'André Téchiné, *Les roseaux sauvages* (1994), en soulignant que :

> à l'intérieur du roman familial colonial, la puissance coloniale crée une fiction qui substitue un ensemble de parents imaginaires aux parents réels des enfants, c'est-à-dire la population colonisée. Dans ce paradigme, la France métropolitaine prend la figure de la Mère-Patrie, parent unique et idéal, associé à la blancheur et à l'Europe [...]. La population coloniale européenne, avec son amour farouche pour la mère et sa dévotion aux idéaux de la République, devient ses enfants [...]. Sur la relation de dette constante, ce modèle projette une dynamique de dépendance continuelle, car les enfants coloniaux doivent obéissance et respect à la Mère-Patrie, ce qui les prive ainsi de leur liberté d'action et les maintient dans un état d'infantilisation permanente[25].

---

22 É. Savarese, « Des récits à l'histoire. Penser la relation coloniale », *op. cit.*, p. 59.

23 S. Freud, *Névrose, psychose et perversion*, Paris, P.U.F., 1973 (l'un des chapitres est consacré à la question du roman familial).

24 F. Vergès, *Monsters and Revolutionaries: Colonial Family Romance and Métissage*, Durham, Duke University Press, 1999.

25 F. Barclay, « The *pied-noir* colonial family romance in André Téchiné's *Les roseaux sauvages* », dans *Expressions Maghrébines* 12/2, 2013, p. 69 : « *within the colonial family romance, the colonial power creates a fiction which substitutes a set of imaginary parents for the real parents of the children, that is to say, the colonized population. In this paradigm metropolitan France is figured as La Mère-Patrie, a single, ideal parent associated with whiteness and Europe [...]. The colonial European population, with its fierce love of the mother and devotion to the ideals of the Republic, becomes her children [...]. Onto the relationship of continual debt this model projects a dynamic of continuous dependence, for the Mère-Patrie is due obedience and respect from her colonial children, who are thus deprived of agency and maintained in a state of permanent infantilization.* »

Le rapport privilégié que les Pieds-Noirs instaurent avec la Métropole contribue à exclure, dans le récit qu'ils transmettent de l'histoire de l'Algérie, tous ceux qui ne sont pas des citoyens français. L'attention n'est portée que sur leurs actions et leurs contributions en faveur du développement de l'Algérie au nom de la métropole bien-aimée. Le problème se pose ici : une histoire véritablement apaisée doit tenir forcément compte de toutes les composantes du récit, sans jamais exclure et sans jamais donner une seule vision d'un vécu[26]. Elle passe par le rassemblement des perspectives plurielles et par l'acceptation des conséquences et des blessures multiples que le conflit algérien a entraînées :

> En matière de guerre d'Algérie, seul un récit historique qui intègre les questions du terrorisme, de la torture, du massacre des harkis et de l'exode des Français d'Algérie est susceptible de préfigurer l'indispensable reconnaissance mutuelle des souffrances ; une reconnaissance mutuelle qui, au-delà de la litanie des horreurs vécues par les Algériens et par les Français, constitue le seul véritable acte mémoriel qui puisse, en pratique, susciter l'apaisement[27].

La production cinématographique et littéraire des années 2000 a souvent encouragé les débats et les polémiques, en animant la guerre des mémoires, même si les cinéastes et les écrivains ont parfois contribué à les apaiser. Le début des années 2000 a été d'ailleurs inauguré par un bouleversant retour du refoulé : en juin 2000, *Le Monde* publie l'histoire de Louisette Ighilahriz, militante nationaliste pendant la guerre d'indépendance, avec son écrasant témoignage des tortures subies[28]. S'ouvre ainsi une période de travail de mémoire que *Le Monde* s'engage à poursuivre à travers plusieurs enquêtes et que le quotidien reprendra au fur et à mesure dans des dossiers spéciaux consacrés à l'Algérie, comme celui publié au mois d'octobre 2004 sous le titre de « 1954-2004 : il y a cinquante ans, la guerre. France, Algérie, mémoires en marche », ou le supplément du mois de mars 2012 « Guerre d'Algérie. Mémoires parallèles ». Les titres de ces annexes renvoient immédiatement au sujet

---

26 Éric Savarese trace les lignes à suivre pour parvenir à ce résultat, notamment en ce qui concerne la réalisation de projets à visée historiographique et muséographique. Voir É. Savarese, « En finir avec les guerres de mémoires algériennes en France ? », *op. cit.*, p. 175-199.

27 *Id.*, *ibid.*, p. 188.

28 F. Beaugé, « *Le Monde* relance le débat sur la torture », in *Le Monde*, Hors-série, *Guerre d'Algérie, Mémoires parallèles*, février-mars 2012, p. 36-41.

crucial concernant les rapports entre la France et l'Algérie, aujourd'hui comme hier, à savoir les enjeux liés à la mémoire.

Les dossiers publiés par *Le Monde* marquent le début d'un intérêt de plus en plus croissant au sujet du dévoilement des ombres de l'histoire franco-algérienne. Le cinéma donne lui aussi sa contribution, bien que ce ne soit pas la première fois que le thème de la guerre d'Algérie est abordé au grand écran. Comme le remarque Raphaëlle Branche, « un parcours rapide de la filmographie existant sur la guerre d'Algérie témoigne d'une réelle présence de ce thème au cinéma comme à la télévision française. Alors que l'impression d'absence a longtemps prévalu, de plus en plus de films sortent, qui rendent cette affirmation impossible à tenir bien longtemps[29] ».

Dans les dernières années, une nouvelle forme de documentation cinématographique s'est par ailleurs ajoutée aux précédentes : le genre du web-documentaire, comme par exemple celui réalisé par France24 en 2012, avec la collaboration de l'Université de Rennes 2[30], intitulé *Dans les murs de la Casbah*[31]. Il s'agit d'un voyage interactif, dans le présent et dans le passé, à l'intérieur du célèbre quartier d'Alger ; parmi les sujets passés en revue, l'histoire algérienne constitue l'un des thèmes de premier plan, en ce qui concerne notamment la période de la guerre d'indépendance et le rôle que la Casbah a joué en tant que terreau de la révolution et symbole identitaire de résistance. D'autres web-documentaires récents, réalisés entre 2011 et 2012, portent l'attention sur des moments également cruciaux de l'histoire franco-algérienne, comme le

29 R. Branche, « Une impression d'absence. L'Algérie et la guerre d'Algérie au cinéma et à la télévision française depuis 1962 », in *L'Algérie dépassionnée*, p. 114. Voir aussi J.-M. Frodon, « Le cinéma et la guerre, très loin de l'épopée », in *Le Monde*, Spécial, *1954-2004. France, Algérie, mémoires en marche*, 28 octobre 2004, p. 18-20.

30 Sur le site de l'Université de Rennes 2, le web-documentaire est ainsi présenté : « La Casbah d'Alger porte dans ses murs autant l'Histoire du pays que les problématiques urbaines de l'Algérie moderne. Symbolique de l'identité algérienne, elle se meurt peu à peu entre une rénovation complexe et une urgence sociale criante. La Casbah ne se livre pas d'emblée. Mais au cœur de ses ruelles se racontent des histoires. Derrière ses murs épais, elle cherche son avenir, entre une mémoire vivante et des rêves esquissés. Le web-documentaire *Dans les murs de la Casbah* offre une exploration inédite et interactive du mythique quartier d'Alger. Il s'appuie sur les recherches d'universitaires algérois et rennais en sociolinguistique urbaine, une discipline qui étudie le champ urbain sous le double rapport de l'espace et des langues. » (http://www.univ-rennes2.fr/crea/actualites/dans-murs-casbah, [dernière consultation le le 22 avril 2014).

31 Le web-documentaire est disponible sur le site http://casbah.france24.com/ [dernière consultation le 9 juillet 2016].

massacre des Algériens opéré à Paris le 17 octobre 1961 (*La Nuit oubliée*, plateforme documentaire du quotidien *Le Monde*[32]) ou les conditions de vie des immigrés algériens dans le bidonville de Nanterre[33] tout au long des années 50, 60 et 70 (*127, Rue de la Garenne*, réalisé par Arte[34]).

Le cinquantenaire de l'indépendance algérienne a été caractérisé, notamment du côté français, par une effervescence de publications, de rééditions, de films, de documentaires et de web-documentaires qui ont vu le jour : 2012 est l'année par excellence de la commémoration, de la célébration du retour définitif de la mémoire. Cela n'a pas toutefois coïncidé avec l'apaisement mémoriel auquel on aurait pu s'attendre, car il manque souvent à ces œuvres une véritable reconnaissance des fautes commises, d'une part et de l'autre de la Méditerranée. Tout au long des années 2000, plusieurs polémiques ont enflammé les débats français sur l'Algérie, parmi lesquelles celles autour du film *Hors-la-lois*, sorti au cinéma en 2010, qui a été contesté même avant sa première projection.

En compétition au Festival de Cannes en 2010, *Hors-la-loi* a été réalisé par Rachid Bouchareb, cinéaste franco-algérien connu surtout grâce à *Indigènes* (2006) et à *London River* (2010). Il s'inscrit à l'intérieur d'une continuité imaginaire par rapport à *Indigènes* : tout en traitant deux sujets différents, le cinéaste a choisi de garder les mêmes acteurs et de leur donner les mêmes prénoms, en créant ainsi une sorte de suite idéale entre les deux films. *Hors-la-loi* a été contesté par un groupe de Français, notamment de Pieds-Noirs, qui ont essayé d'en empêcher la représentation, pour être ensuite encore plus critiqué à cause de son contenu jugé trop tendancieux et réprobateur face à la France. Ce qu'on reproche à Bouchareb renvoie principalement à la violence de deux séquences du prologue, où il met en scène l'expropriation de la terre subie par une famille algérienne en 1925 et le massacre de Sétif de 1945. C'est justement à partir de ces deux événements tragiques que se déroule l'histoire des trois frères protagonistes du récit, dont les

32 Disponible sur le site http://s1.lemde.fr/webdocs_contenu/fichiers/la-nuit-oubliee/67.sequence.html [dernière consultation le 9 juillet 2016].

33 On peut également rappeler le documentaire réalisé en 2011 par J.-M. Meurice et B. Stora, intitulé *Algérie, notre histoire* (Zadig Production – ARTE France – INA 2011, 52 min.)

34 Disponible sur le site http://bidonville-nanterre.arte.tv/ [dernière consultation le 22/04/2014]. Le web-documentaire se compose également de quelques dessins réalisés par L. Maffre, auteur d'une bande dessinée intitulée *Demain, demain*, consacrée à l'histoire des Algériens arrivés massivement en France dans les années 60.

aventures se passent principalement en France, et qui enquête sur la militance algérienne du FLN dans la métropole[35].

S'il est vrai que le réalisateur a représenté la violence de ces deux moments sans aucune censure, il faut aussi préciser qu'il l'a fait également quand il s'agissait de montrer les attentats meurtriers du FLN en France : la violence se trouve représentée, d'un côté et de l'autre, sans exceptions. C'est par ailleurs assez étonnant, pour un réalisateur d'origine algérienne qui s'est toujours engagé en faveur de l'indépendance algérienne, que de mettre en cause les actions du FLN. Cela répond à la volonté précise de questionner, en la critiquant, toute forme de terrorisme. Dans un article spécifiquement consacré à ce film, Denise Brahimi a en effet souligné que

> [...] le fait vraiment nouveau et étonnant dans le film de Rachid Bouchareb est qu'il y propose, en tant qu'Algérien violemment opposé à la colonisation, une représentation néanmoins critique voire très critique du terrorisme exercé par le parti qui s'est voulu l'unique défenseur de la cause indépendantiste pendant la guerre d'Algérie. Quiconque a vu le film n'a pu manquer d'être frappé par cette dimension critique, et pourtant elle est restée fort peu commentée par qui que ce soit[36].

Il reste d'ailleurs que *Hors-la-loi* est un film de fiction – Bouchareb l'a toujours revendiqué – et que, en tant que tel, il ne doit pas suivre les contraintes de véridicité d'un documentaire. Bouchareb s'inspire de la réalité de l'histoire algérienne, mais il a ensuite développé un récit familial fictionnel qui se situe entre le genre dramatique et le policier. Il a en outre souligné la liberté d'un cinéaste de s'exprimer sur un sujet historique, tout comme la liberté du public de manifester son désaccord, pourvu que la protestation demeure pacifique. Son film a, une fois de plus, ranimé le débat et opposé la mémoire des Français d'Algérie à celle des Algériens de France.

Si le film de Bouchareb se pose comme une fiction, ce n'est pas le cas des documentaires réalisés par Jean-Pierre Lledo, cinéaste français

---

35 Le titre du film, *Hors-la-loi*, renvoie en effet à la façon dont les Français appelaient les nationalistes algériens du FLN, coupables de mener des actions criminelles et des attentats terroristes.

36 D. Brahimi, « La guerre d'Algérie dans le film *Hors-la-loi* », dans *Dire, écrire, représenter, lire l'Histoire*, RUO, Les Revues de l'Université d'Oran, Oran, novembre 2012, hors-série, p. 65.

d'origine juive algérienne, qui a lui aussi contribué à raviver les polémiques mémorielles. *Algérie, histoires à ne pas dire* constitue le troisième volet d'une trilogie que Lledo a réalisée à partir du début des années 2000 : après *Un rêve algérien* (2003) et *Algérie, mes fantômes* (2004), il se consacre en 2007 à son troisième documentaire, celui qui a provoqué les réactions critiques les plus virulentes. Le titre initial du film, *Ne reste dans l'oued que ses galets*, a été ensuite remplacé par *Algérie, histoires à ne pas dire* : le travail de Lledo porte notamment sur le regret d'une fraternité présumée entre Pieds-Noirs et indigènes à l'époque coloniale, et sur l'évocation de la rupture drastique de ces rapports idylliques – dit-il – à la suite de l'exil forcé des Européens et des Juifs en 1962 (après l'indépendance, l'Algérie revient aux Algériens, au détriment des autres populations).

Le réalisateur a lui-même souligné l'importance que ce thème recouvre à l'intérieur de son œuvre, en affirmant que :

> Après *Un Rêve algérien* (2003) et *Algérie, mes fantômes* (2004), ce nouveau film – sans aucune préméditation – clôt pour moi une sorte de trilogie d'exil, qui a pour unité temporelle l'histoire coloniale algéro-française, pour approche la fraternité et pour sujet principal la mémoire et l'identité.
>
> Ces trois films essaient tous de répondre à la même question de l'échec d'une Algérie qui en devenant indépendante n'a pas pu (su ?) rester multiethnique et multiculturelle, puisqu'en 1962 la quasi-totalité de la population d'origine juive et chrétienne quitte précipitamment son pays[37].

L'apologie des liens de solidarité entre les différentes communautés vise inévitablement à réhabiliter la période coloniale, en soulignant ses aspects positifs et en s'inscrivant ainsi dans l'horizon idéologique que la loi du 23 février 2005 sur les bienfaits de la colonisation a promu. Voilà l'un des aspects qu'on a le plus reproché à Lledo, tout comme sa tendance à ne rappeler que les crimes du FLN et à négliger ceux de l'OAS ou des militaires français. Parmi ses interviewés – surtout des Arabes qui évoquent la fraternité communautaire si chère à Lledo[38] –

---

37 Présentation de J.-P. Lledo, faite en juin 2007, disponible sur son site à l'adresse http://lledo2007.skyrock.com/8.html [dernière consultation le 9 juillet 2016].

38 Parmi les interviewés, on trouve aussi Louisette Ighilahriz, ancienne militante algérienne du FLN qu'on a présentée auparavant à propos du témoignage qu'elle a livré au quotidien *Le Monde* en 2000. La rencontre entre Louisette et le cinéaste est assez animée : alors que Jean-Pierre Lledo met en question les actions du FLN, notamment en ce qui concerne les bombes qui ont visé les civils, elle souligne que, face à la supériorité militaire des

l'un de ceux-ci a accusé le réalisateur, après la sortie du film, d'avoir manipulé les conversations avec ses témoins dans le but de réaliser un récit conforme à son point de vue.

Dans un article écrit en janvier 2008 pour le quotidien *Le soir d'Algérie*, le témoin Aziz Mouats intervient « pour pallier les omissions que le montage piloté par J.-P. Lledo aura commises », en posant les questions suivantes : « J.-P. Lledo avait-il le droit de donner libre cours à ses pulsions, somme toute recevables ? N'a-t-il pas trahi le contrat moral qui le liait aux témoins et qui doit régenter la narration des faits [...] ? Pourquoi n'avoir retenu que les passages qui le confortent dans sa lecture du drame algérien[39] ? ».

D'autres reproches, concernant toujours sa façon tendancieuse de se référer aux événements historiques, ont été formulées par des représentants du monde intellectuel, tels que l'historien Gilles Manceron et l'écrivain Brahim Senouci : tous les deux ont souligné les malentendus que le documentaire peut engendrer, notamment à cause de la référence unilatérale aux violences du FLN, évoquées sans être contextualisées à l'intérieur d'un cadre historique plus complexe et sans citer la colonisation, et en raison du parallélisme qu'il sous-entend quand il associe implicitement l'intégrisme algérien des années 90 aux actions du FLN pendant la guerre d'indépendance. Senouci tient ensuite à rappeler le risque de révisionnisme historique qui se cache derrière le discours de Lledo et qui pourrait contribuer à convaincre l'électorat d'extrême droite de la justesse de ses convictions. Dans une lettre que Senouci a adressée au cinéaste le 13 mars 2008, on peut en effet lire :

> Cher Jean-Pierre, il y a quelque chose de malsain dans l'air du temps. Ce quelque chose s'est traduit par le débat en France sur les « bienfaits de la colonisation », par la sortie d'ouvrages, y compris d'auteurs algériens, qui tendent à remettre en cause le principe même de la décolonisation. Pour être honnête, ce débat court en Algérie même. [...]
>
> Il y a fort à craindre que ton œuvre, sans intention maligne, procède du maintien et de l'approfondissement de la haine de soi des Algériens.
>
> Elle risque d'avoir un autre effet, celui de rassurer la population franco-française sur le bien-fondé de la colonisation.

Français, il n'y avait pas d'autre choix et que c'était la seule arme à laquelle les résistants pouvaient avoir recours pour essayer de remporter la victoire.

39 L'article est disponible en ligne à l'adresse http://www.lesoirdalgerie.com/articles/2008/01/31/article.php?sid=63941&cid=35 [dernière consultation le 9 juillet 2016].

Question : As-tu envisagé, Jean-Pierre, que ton film soit projeté et applaudi par des assistances d'extrême droite qui y verront la confirmation de leurs fantasmes[40] ?

Dans la réponse de Lledo à Senouci, le réalisateur a défendu son œuvre face aux accusations de révisionnisme. Il a notamment précisé que, lors des projections, il n'a vu que des « Juifs et des Pieds-Noirs, [...] apaisés que leurs "frères arabes d'Algérie" disent enfin ce que "ici en France, les Français nous refusent : la reconnaissance de nos souffrances"[41] ». Dans la conviction d'avoir contribué, grâce à son film, à la *réconciliation des mémoires*, il souhaite que l'on sorte d'une vision coloniale de l'histoire algérienne, dont les Pieds-Noirs et leurs enfants sont encore aujourd'hui victimes :

> M'étant convaincu, entre le tournage et l'accueil du film, qu'il n'y a de guerres de mémoire qu'entre les États et les partis, mais pas entre les simples gens, puisse-t-il contribuer à réconcilier les frères hier pris en otage par les conséquences des visions coloniales et nationalistes, et donner à leurs enfants et petits-enfants l'espoir de nouveaux horizons, de nouvelles raisons d'espérer en notre humanité[42].

Tout en cherchant à favoriser l'apaisement mémoriel, Lledo a pourtant ravivé le conflit – une fois de plus –, en éloignant les différents groupes porteurs de mémoire l'un de l'autre. Parmi ceux-ci, les Harkis sont souvent restés en marge de l'histoire officielle et des narrations cinématographiques et littéraires. Doublement refoulée, aussi bien de la part de l'Algérie que de celle de la France, leur histoire a été longtemps oubliée, jusqu'à quand les enfants des Harkis ont commencé à prendre la parole et à revendiquer, eux aussi, une place dans la mémoire franco-algérienne.

Dalila Kerchouche a consacré la plus grande partie de sa production à l'histoire de sa famille, à travers laquelle elle a représenté celle de

40 Lettre ouverte de B. Senouci à J.-P. Lledo, disponible en ligne à l'adresse http://www.algeria-watch.org/fr/article/hist/colonialisme/senouci_film_lledo.htm (dernière consultation le 07/09/2016).

41 La réponse ouverte de J.-P. Lledo, qui date du 10 avril 2008, est disponible en ligne à l'adresse http://www.algeria-watch.org/fr/article/hist/colonialisme/reponse_lledo.htm (dernière consultation le 07/09/2016).

42 http://www.algeria-watch.org/fr/article/hist/colonialisme/reponse_lledo.htm (consulté le 07/09/2016)

toute une communauté, dans le but de dénoncer tout ce qui est resté caché pendant plusieurs décennies[43]. Entre autobiographie et fiction, elle parvient à réhabiliter la présence d'un groupe entier qui est resté à l'écart de l'histoire officielle. L'un de ses romans, *Leïla. Avoir dix-sept ans dans un camp de harkis*, trouve sa source dans le téléfilm *Harkis*, réalisé par Alain Tasma et dont elle a écrit le scénario. Le téléfilm est passé sur France 2 en octobre 2006, suivi d'un documentaire, sur France 5, qui en constitue le prolongement : *Amère patrie*, réalisé par Manuel Gasquet et écrit à nouveau par Dalila.

Dans ses textes, qu'ils soient conçus pour la télé ou pour la publication éditoriale, elle revient sur la mémoire de la communauté harki, afin de réveiller celle des Français. En passant en revue les nombreux camps par lesquels sa famille a été déplacée, elle explore les dimensions plurielles d'une histoire très complexe et elle aborde le sujet épineux de l'engagement des Harkis aux côtés de la France. On comprend alors les raisons pour lesquelles, par exemple, ils se sont tus pour longtemps (ils n'ont pas eu le courage de se faire entendre), ou celles pour lesquelles ils se sont battus auprès des Français, souvent pour des raisons économiques. On découvre également les fautes dont la France s'est rendue coupable, non seulement en permettant le massacre des Harkis à la fin de la guerre, mais aussi en reléguant les survivants dans des camps placés en marge de la société française. Tout en demandant aux Harkis de se « civiliser » afin de s'intégrer en France, l'État français les a enfermés dans des baraquements où ils ont reconstitué des communautés algériennes en miniature. Les chefs de camps, habituellement des Pieds-Noirs, mettaient en place des mesures drastiques pour les franciser, en leur imposant par exemple de donner des prénoms français aux enfants, mais sans leur fournir les moyens nécessaires de s'émanciper pour s'intégrer à l'intérieur de la société française. Loin d'être transitoire, ce système est resté en vigueur au moins jusqu'à la moitié des années 70, quand les Harkis ont commencé à trouver le courage de revendiquer leurs droits. Le 25 septembre 2001, la journée nationale en hommage aux Harkis a été instituée, l'un des premiers pas en vue d'une véritable

43 Elle n'est pas la seule fille de Harkis à avoir pris la plume : on pourrait citer aussi F. Besnaci-Lancou (*Fille de harki*, Ivry-sur-Seine, Les Éditions de l'Atelier, 2003, et beaucoup d'autres textes historiques qu'elle a consacrés à la communauté harki) et H. Kemoum (*Mohand le harki*, Paris, Anne Carrière Éditions, 2003).

reconnaissance de leurs souffrances. La reconnaissance, la réparation et le pardon seraient en effet les seules prises de conscience qui permettraient l'écriture d'une histoire finalement apaisée, à l'intérieur de laquelle les Harkis trouveraient – eux aussi – leur place.

Si ce résultat est si difficile à atteindre au niveau de l'histoire officielle, la littérature a beaucoup plus contribué à cette réconciliation. Le travail mémoriel mené par l'écrivaine Leïla Sebbar, qui a fait dialoguer les récits des communautés algériennes issues de l'indépendance, suit cette direction. Les Européens et les Juifs d'Algérie, les Harkis et les Algériens arabes trouvent leur place à l'intérieur de ses recueils. Dans *Journal de mes Algéries en France*, publié en 2005, elle guide les lecteurs à l'intérieur d'un voyage qui les plonge dans son histoire personnelle, dans l'histoire de l'Algérie coloniale et dans l'histoire de la France d'aujourd'hui. Mais c'est aussi un voyage dans la littérature, dans l'art et dans les cultures traditionnelles. Au tout début du volume, Leïla Sebbar déclare ouvertement l'intention qui la pousse à réaliser ce projet : « [...] je poursuis et je poursuivrai encore l'Algérie en France. Prise par un besoin fébrile de mêler l'Algérie à la France, depuis la naissance, presque... L'œil fixé sur l'objet du désir, tendre prédateur, collectionneur fou, tendu vers ce qui s'exhibe et se dérobe, je tente par les mots, la voix, l'image, obstinément, d'abolir ce qui sépare[44] ». En traversant plusieurs villes françaises, elle reconstruit un itinéraire qui est celui des quatre communautés qu'elle veut représenter et qu'elle interpelle directement grâce aux interventions de nombreux témoins. Mais elle le fait également à l'aide de plusieurs références aux intellectuels et aux artistes, français et algériens, qui ont toujours gardé un lien spécial avec l'Algérie : elle cite Maupassant, Derrida, Fanon, Camus, Isabelle Eberhardt, Henri Alleg et Maurice Audin, Marc Garanger... Tous s'inscrivent dans le chemin évocateur tracé par Leïla Sebbar.

Alors que dans *Journal de mes Algéries en France*, elle écrit le récit, en rassemblant les différentes histoires dont elle se fait interprète, dans un recueil, plus récent, qui date de 2012, *Une enfance juive en Méditerranée musulmane*, elle laisse la parole à d'autres écrivains qui reviennent sur leur enfance vécue dans l'un des pays de la Méditerranée, parmi lesquels l'Algérie occupe une place importante. Même dans ce cas, le propos qui accompagne le travail de Leïla Sebbar est toujours le même :

44 L. Sebbar, *Journal de mes Algéries en France*, p. 11.

> [...] j'entreprends, à travers des livres qui tentent de réunir ceux que l'Histoire a séparés si souvent dans les anciens empires coloniaux, une longue marche vers l'enfance. Une enfance qui raconte un lieu singulier, une géographie, une mémoire plurielle, sans nostalgie apparente. L'enfance comme une archéologie collective créatrice.
>
> C'est ainsi que, dans l'exil, j'explore avec d'autres écrivains en exil, à travers eux, une Méditerranée du Sud qui fut cosmopolite, une Méditerranée juive et musulmane, aujourd'hui orpheline des Juifs qui l'ont habitée avant l'Islam. Une Histoire parfois joyeuse parfois cruelle raconte cela. Des histoires individuelles se souviennent d'une autre fois[45].

Parmi les histoires individuelles qui composent le recueil, celle de Benjamin Stora revient sur le sujet des rapports entre les communautés, en représentant une réponse imaginaire aux positions de Jean-Pierre Lledo. Stora n'hésite pas à rappeler que la séparation communautaire était la règle dans la sphère du privé et que les inégalités étaient présentes dans l'Algérie des années 50. Cela ne l'empêche pourtant pas de « réaliser l'importance du brassage culturel : de l'arabe et de l'Orient de ma mère, du français de mon francophile de père qui m'avait fait accéder à la rationalité républicaine, de la lecture de l'hébreu. Autrement dit d'un mariage d'alliance, d'une mixité sociale et 'civilisationnelle'[46] ». Il n'est pas le seul à proposer ces remarques, dans un volume qui est un hymne à la Méditerranée multiculturelle (mais pas toujours fraternelle) et qui se situe très loin de tout risque de révisionnisme historique. Leïla Sebbar raconte une histoire apaisée à travers les voix de ses auteurs, après être parvenue à une conscience incontournable : « Je comprends [...] que le travail mémoriel permet de suturer ce que des violences meurtrières ont produit et que la remémoration historienne, individuelle ou collective, est nécessaire pour que la vie ne s'arrête pas au désespoir et à la mélancolie. C'est ainsi que je poursuis ce travail de deuil et de survie[47] ».

La réalisation d'un travail mémoriel qui vise à une véritable réconciliation constitue la seule voie à suivre pour que la violence des conflits mémoriaux ne continue pas à se reproduire encore aujourd'hui. Il s'agit pour cela de n'exclure aucune mémoire ou aucun groupe en faveur des autres, mais aussi et surtout que chaque groupe dépasse la « nostalgérie »

---

45 L. Sebbar (édit.), *Une enfance juive en Méditerranée musulmane*, p. 12.

46 B. Stora, « Le hammam, et après... », in *Une enfance juive en Méditerranée musulmane*, p. 310.

47 L. Sebbar, *Journal de mes Algéries en France*, p. 52.

et une vision repliée sur elle-même, tout en reconnaissant que la violence initiale de la colonisation a touché tout le monde.

Pour une histoire réellement pacifiée des relations franco-algériennes, qui puisse rendre justice à tous les sujets concernés, il faudrait passer par le rassemblement des perspectives et par l'acceptation des conséquences et des blessures multiples que le conflit algérien a entraînées. Le cinéma et la littérature des années 2000, où tous les acteurs du conflit algérien sont impliqués, ont contribué – et continuent à le faire – à l'accomplissement de ce long parcours mémoriel, ce qui fait, de l'un et de l'autre, deux ressources incontournables du processus de pacification des mémoires.

Elisabetta BEVILACQUA
Università degli Studi di Milano

DEUXIÈME PARTIE

LE CADRAGE ET LA FABRIQUE DE LA MÉMOIRE

HISTOIRE, MÉMOIRE, IMAGE

À rebours du cliché de la guerre d'Algérie dans *Des Hommes* de Laurent Mauvignier

Ce que nous voyons ne vaut – ne vit – à nos yeux que par ce qui nous regarde[1].

Dans son récit *Des hommes* (Minuit, 2009[2]), Laurent Mauvignier, cet écrivain de la post-mémoire[3], confronte le paysage mémoriel français dans son rapport à ce que le public nomme généralement la guerre d'Algérie[4]. Face à ce passé colonial que la France a « trop longtemps repoussé aux marges de son histoire » mais qui revient « tel un secret de famille qui explose, un soir, à table[5] », Mauvignier nous offre un texte circulaire, à la tonalité personnelle et introspective. En nous réintroduisant au conflit qui a signifié la fin de l'empire français, l'auteur ne manque pas de mettre en exergue les ambiguïtés et les contradictions

1 G. Didi-Huberman, Ce *que nous voyons, ce qui nous regarde*, Paris, Minuit, 1992, p. 9.

2 Pour toute référence ultérieure à ce texte, j'utiliserai l'abbréviation (*DH*).

3 Laurent Mauvignier est né en 1967, soit cinq ans après la fin officielle du conflit qui opposait la France à l'Algérie.

4 D'après B. Stora, on dénombre plusieurs termes pour désigner ce que les Français appellent communément la « guerre d'Algérie » : on relève ainsi « guerre d'indépendance », mais aussi, côté algérien, « guerre de libération nationale », « révolution algérienne » ou l'expression principalement retenue aujourd'hui, « guerre d'indépendance algérienne ». D'après lui, le terme « guerre d'indépendance » convient le mieux pour décrire le conflit qui a opposé la France à son ancienne colonie, l'Algérie, de 1954 à 1962. Bien que l'expression « guerre d'Algérie » pose à ses yeux problème, c'est celle que nous retiendrons ici. En plus d'appartenir « au champ lexical français », elle reflète la mémoire complexe du conflit que les Français ont transmise. C'est en effet en terme de guerre que les Français se rappellent le conflit, et ce dès 1955, date à partir de laquelle « le gouvernement a décidé d'envoyer les appelés » et où le mot guerre apparaît dans la presse. Voir B. Stora, *La Guerre des mémoires, La France face à son passé colonial (entretiens avec Thierry Leclère)*, La Tour-d'Aigues, Éditions de l'Aube, 2008, p. 13.

5 T. Leclère, « Avant-propos », in *op. cit.*, p. 7.

qui colorent le rapport à ce conflit longtemps resté tabou en France, mais dont les traces refusent de s'effacer.

Inscrit dans un contexte de réévaluation des mémoires coloniales, ce texte dévoile un présent hanté par le passé et par la « rupture des représentations[6] » que la guerre a introduite, mais pas refermée. En effet, les amnisties successives qui ont été mises en place au sortir du conflit[7], l'absence de « discours étatique sur l'expérience impériale[8] » n'ont fait que maintenir cette rupture, et n'ont pas permis d'éclaircir ou de dépasser la complexe refonte tant des mémoires collectives que « des images de l'autre et de soi[9] » qui en a résulté. Dans un tel contexte, bloquée par une volonté de « diffraction[10] » que les impératifs nationaux malmenés maintiennent à l'écart, la mémoire de la guerre, notamment la mémoire singulière (celle des témoins, des appelés), peine à émerger.

Dans cette étude, je propose d'examiner comment Mauvignier recourt à la photographie pour dépasser le cadre de la mémoire nationale qui a façonné la perception de la guerre d'Algérie, mais aussi le type de regard sur la relation entre Français et Algériens. Dans son texte, les photos, toutes introduites sous forme de descriptions textuelles, nous confrontent au problème de la transmissibilité du témoignage de l'Histoire. Elles fonctionnent d'abord comme le support ou l'instrument d'un récit qui s'ébauche autour du conflit, mais deviennent ensuite le moteur d'une voix, d'une mémoire singulière qui se dégage, à rebours d'un dispositif qui s'évertue soit à orienter le regard pour mieux détourner l'interprétation, soit à ne pas le représenter. Je présenterai brièvement la thématique du récit et sa structure pour souligner comment la voix du narrateur et sa mémoire sont soumises à une forme qui les conditionne et les façonne. Je montrerai ensuite comment Mauvignier utilise la photo comme acte producteur de connaissance et d'énonciation singulière précisément là où

6 B. Stora, *op. cit.*, p. 14.

7 Pour un rapide résumé de l'évolution récente de la mémoire française de la guerre d'Algérie, voir l'article de R. Branche, « The State, the Historians and the Algerian War in French Memory, 1991-2004 », in *History on Trial : The Public Use of Contemporary History in Europe since 1989*, édit. H. Jones, K. Ostberg and N. Randeraad, Manchester UP, 2007, p. 159-173.

8 J. Champrenault et A. Jomier, « Histoire et mémoire de la guerre d'Algérie. Entretien avec Raphaëlle Branche ». http://www.laviedesidees.fr/IMG/pdf/20120702_algerie.pdf

9 B. Stora, *op. cit.*, p. 14.

10 J. Champrenault et A. Jomier, « Histoire et mémoire de la guerre d'Algérie… ».

elle s'imposait pour maintenir une distance et une déconnection aussi bien face à la guerre que face aux remises en question que le conflit soulevait. C'est à rebours de clichés qui semblaient promouvoir une idée contrefaite – qui cherchait trompeusement à mettre en avant l'absence de conflit (absence de guerre) et le rôle bénéfique de la France – que le narrateur de *Des hommes* parvient à se reconnecter péniblement avec une mémoire singulière et personnelle de la guerre d'Algérie. J'examinerai comment les photos textuelles entrouvrent une nouvelle perspective sur les ravages de la guerre et finissent par limiter, peut-être enrayer, l'impact du discours officiel.

À travers ce texte, Mauvignier illustre la tension qui oppose l'énonciation singulière (la mémoire personnelle) à une mémoire plus vaste, qui l'englobe et la formate, c'est-à-dire la mémoire collective, qui n'est que le fruit d'un positionnement étatique. Le passé de la guerre d'Algérie, relégué ou mis en abyme, imprime pourtant sa marque sur la voix des personnages principaux.

Dès l'ouverture, le texte s'efforce de revenir sur un événement qui vient d'arriver (une double agression, raciste et sexuelle). Le narrateur, Rabut, tente de faire le point sur cette journée et les réactions qu'elle a suscitées. Il apparaît très vite qu'il lit l'ensemble de cet épisode à la lumière d'un passé vieux de 40 ans (la guerre d'Algérie dont la mémoire se cristallise autour d'une scène (un massacre) à partir de laquelle Bernard a psychologiquement perdu pied). Bernard, désormais connu sous le nom de Feu-de-Bois[11], est devenu un double de lui-même,

11 L'origine du surnom de Bernard, « Feu-de-Bois » n'est pas réellement explicitée dans le texte, si ce n'est qu'il lui colle à la peau depuis de nombreuses années en raison d'une odeur persistante, et qu'il semble aller de pair avec sa déchéance sociale : « On l'appellera Feu-de-Bois comme depuis des années, et certains se souviendront qu'il a un vrai prénom sous la crasse et l'odeur de vin, sous la négligence de ses soixante-trois ans. » (*DH*, p. 11). Cependant, dans le contexte de la guerre d'Algérie, ce surnom évoque les « corvées de bois », pratique au cours de laquelle des prisonniers de guerre, emmenés dans la campagne étaient simplement abattus, à l'abri du regard des témoins, et ce, sous le faux prétexte d'avoir tenté de s'enfuir. Bernard a probablement participé à ce type de pratique. En effet, après l'attaque des soldats français dans son poste de commandement, Bernard, qui se sent coupable (voir plus bas dans cet article), se porte volontaire pour combattre dans des zones difficiles. Tous les moyens étaient bons pour parvenir à ses fins et venir à bout de « l'ennemi ». Bernard, ou Feu-de-Bois, comme d'autres, faisait probablement feu de tout bois pour tenter de prendre le dessus. On peut se référer au site suivant pour une courte description des corvées de bois : http://ldh-toulon.net/corvee-de-bois.html (saisie le 9 mars 2016).

asocial, marginal et violent, visiblement secoué par l'expérience de la guerre. En revanche, son cousin, Rabut, le narrateur principal, affecte la distance face à l'agression menée par Feu-de-Bois, comme s'il se refusait à venir en aide à son cousin, et comme si rien ne le liait à Feu-de-Bois. Cependant, le narrateur s'enlise très vite dans un récit qui le ramène vers le passé et renoue avec l'expérience commune que les deux hommes ont vécue lors de la guerre.

Dès le début du texte, on est embarqué dans une narration qui semble ne vouloir laisser aucune surprise, aucune indécision, puisqu'elle se présente comme un retour sur la journée qui vient de s'écouler et sur l'esclandre fait par Feu-de-Bois. Pour reprendre la scène qui a marqué la journée, le narrateur entreprend de présenter Feu-de-Bois, sur qui le texte met l'accent. Feu-de-Bois, un personnage bourru, solitaire, miséreux, toujours précédé de son odeur désagréable, autrefois connu sous le nom de Bernard, est un personnage marginal, que les siens ne reçoivent plus qu'avec gêne ou bien évitent. Un soir, lors d'une fête d'anniversaire et de départ à la retraite donnée en l'honneur de sa sœur Solange, Feu-de-Bois fait irruption parmi les invités. Sa venue crée le malaise et le cadeau qu'il offre à sa sœur ne lui vaut pas les remerciements chaleureux qu'il escomptait. Mécontent de se voir plus ou moins refoulé, il s'en prend à l'un des invités, Chefraoui, un collègue de Solange, dont la présence à la fête n'est pas remise en question. L'agressivité de Feu-de-Bois prend forme en la simple présence de Chefraoui, en dehors de toute contextualisation, si ce n'est l'allusion à un passé lointain, connu et partagé par tous[12], celui de la guerre d'Algérie :

12 On notera ici que toute la complexité du récit de Mauvignier réside dans la tension que le dispositif narratif parvient à créer pour faire planer le doute sur la façon dont les points de vue se complètent, se répètent et convergent vers un savoir qui *semble* commun et partagé de tous, mais difficilement validé comme tel. Sylvie Ducas évoque à ce titre la présence d'un narrateur « qui ne se reconnaît pas l'autorité du récit » (p. 92). Pour une discussion plus détaillée de cet aspect, on peut se référer à son article : « "Refigurer le temps humain par le récit" : Un Espace d'invention auctoriale (à propos Des hommes de Laurent Mauvignier) », (*Études Romanes de Brno : Sborník Prací Filozofické Fakulty Brněnské Univerzity*, Řada Romanistická / Series Romanica 33/1, 2012, p. 83-95), où elle met en évidence le fonctionnement déstabilisant des locuteurs empêchés, de la démultiplication des points de vue, du brouillage des voix et de la focalisation. On peut se reporter également à l'article de Carine Capone, « À qui parler des silences ? Une Étude de "Des Hommes" de Laurent Mauvignier » (*Revue Critique de Fixxion Française Contemporaine / Critical Review of Contemporary French Fixxion* 2, 2011, p. 39-51) qui analyse le racisme ordinaire qui se glisse dans les silences et les non-dits du texte.

> Parce que Chefraoui tout à coup était là, devant lui, dans son champ de vision. Comme une image impossible venue brouiller le réel. Chefraoui souriait ou ne souriait pas, peu importe. On ne peut pas savoir. On sait déjà. On sait depuis tout le temps. Depuis, je veux dire, depuis –c'est autre chose, ce temps-là. Une chose comme ça, que je pense, qui vient se glisser et brouiller ce moment de notre histoire où tout à coup elle est là, comme un compte à régler vieux de quarante ans, un âge d'homme pour nous regarder et nous dire non, ce n'est pas fini, on croyait que c'était fini mais ce n'était pas fini[13].

Le narrateur résume ainsi la première altercation :

> Puis la voix de Feu-de-Bois qui a dit très fort, interpellant Solange,
> Et lui, lui, il peut être là. Il a le droit d'être là, le. Il a le droit et moi, alors que moi.
> Solange a laissé retomber sur la table les choses qu'elle tenait, on a entendu le choc de l'Inox sur la planche épaisse qui a vibré sur les tréteaux.
> Bernard, arrête.
> Et lui il peut être là. Lui, le.
> Arrête.
> Le bougnoule[14]–

Énervé, en colère, Feu-de-Bois part après cette agression verbale. En chemin, il fait un détour pour se rendre chez Chefraoui, resté à la fête. Il s'introduit au domicile de ce dernier, agresse la femme de Chefraoui, dans une scène qui a failli dégénérer en viol[15]. La narration du début du

13 *DH*, p. 42.

14 *Ibid.*, p. 43.

15 Cette scène, décrite longuement par le narrateur omniscient, fait alterner la focalisation de Mme Chefraoui (ce qu'elle voit, ressent), celle des enfants qui s'interrogent, celle de Feu-de-Bois, celle de M. Chefraoui, revenu chez lui dans la précipitation, poussé par l'intuition d'un malheur imminent. De même que la scène d'agression de Feu-de-Bois envers M. Chefraoui à la fête d'anniversaire, cette confrontation s'inscrit dans une vague allusion à un événement passé, ce que les commentaires du narrateur suggèrent quand, en présence des gendarmes qui enquêtent, il essaie de reconstituer ce qui s'est passé : « C'est ça ce qu'il faut voir. Qu'on me demandait de voir. Feu-de-Bois hésitant. Et que je me dise : il s'est arrêté sur sa Mobylette et, sans doute, lui, une fraction de seconde, une poignée de secondes jetées en l'air, il a éprouvé un vague désir de vengeance. [...] Il est cinglé mais pas au point. » (*DH*, p. 49-50). À nouveau, l'allégation d'un passé connu de tous, qui motiverait les actes racistes et agressifs de Feu-de-Bois, semble être partagée, mais n'est pas validée par la narration. Aucune référence directe au passé de Feu-de-Bois en Algérie n'est mentionnée, sauf le renvoi implicite à une mémoire collective dans laquelle se fondent la mémoire et l'expérience de celui-ci. Dans son article, « Les Symptômes de l'histoire : L'Intime et le collectif dans *Des hommes* de Laurent Mauvignier », Doris G. Eibl (« Les Symptômes de l'histoire : L'Intime et le collectif dans Des hommes de Laurent Mauvignier », *Études Romanes de Brno* : *Sborník Prací Filozofické*

texte est empreinte d'une distance qui se veut objective : « [c'est] une fois que tout aura été fini [...] que moi aussi je reverrai chaque scène en m'étonnant de les avoir chacune si bien en mémoire, si présentes[16]. » En affirmant qu'il se penchera sur cette scène *après coup*, il suggère déjà le détachement, l'absence qui définit sa position de narrateur, mais aussi sa position d'acteur distant, ou réticent à s'engager dans le déroulement de l'histoire. La scène d'ouverture est présentée de façon méticuleuse, avec grand renfort de détails. Le narrateur observe et écoute attentivement pour revenir sur les étapes menant à l'agression. Il reprend les réactions des uns et des autres à travers la focalisation interne des personnages et insère parfois leurs bribes de conversation. Pourtant, en l'absence de guillemets, les paroles insérées ne se démarquent pas aisément de la voix du narrateur dans laquelle elles semblent se fondre. Or, on relève que le narrateur ne se manifeste directement que rarement. Quand cela arrive, il semble uniquement vouloir nuancer sa position d'observateur *extérieur*, comme on le voit dans ces deux exemples : « Elle a laissé sa voix s'enrayer et partir dans un rire un peu trop aigu, *il me semblait* » ; « *je suis resté là, laissant s'attarder mon regard* vers les dos de ceux que je voyais[17] ». En enchâssant les émotions et sentiments des uns et des autres, le récit se charge, d'un côté, d'une teneur très personnelle. Pourtant, la distance du narrateur confère une dimension impersonnelle au texte, suggérant absence, extériorité et réticence à s'impliquer. La tension qui surgit tout au long du texte révèle un malaise qui n'est que l'emprise de l'influence que les discours officiels et collectifs ont réussi à imposer à la fois sur le récit et sur la mémoire collective de la guerre.

Or, malgré le silence et l'absence de discours officiel sur la Guerre d'Algérie dans la sphère publique, malgré son intervention pour raconter un épisode à la fois clos et résolument ancré dans le présent, malgré sa volonté affichée de ne pas s'immiscer dans ce scandale lié à Feu-de-Bois,

---

Fakulty Brněnské Univerzity, Řada Romanistická / Series Romanica 33/1, 2012, p. 97-104) évoque d'ailleurs la superposition, voire l'infiltration, de la mémoire collective dans la mémoire individuelle (p. 102). Bien qu'aucune référence directe de l'utilisation du viol pendant la guerre d'Algérie ne soit insérée en connexion avec la réaction de Feu-de-Bois ici, on peut se demander à juste titre dans quelle mesure les brutalités et viols commis envers les femmes algériennes en temps de guerre ont affecté et conditionné le regard et l'agression envers Mme Chefraoui. Ceux-ci sont explicitement décrits plus loin dans le récit quand l'auteur présente l'expérience des jeunes appelés sur le terrain.

16 *DH*, p. 12.

17 *Id.*, *ibid.*, p. 26 et p. 27. C'est moi qui souligne.

la voix du narrateur est inexorablement happée par l'évocation d'un passé qui le hante. C'est la relation à ce passé commun qui constitue et définit la façon dont Feu-de-Bois et le narrateur s'inscrivent dans le présent. Rabut est un ancien appelé qui a participé à la Guerre d'Algérie au même titre que Feu-de-Bois.

Le recul du narrateur laisse pourtant place à une ambiguïté tenace. Sa voix qu'il veut neutre, impartiale, se confond dans les réactions et commentaires des gens qui l'entourent et ne fait semble-t-il qu'enregistrer. L'énoncé, construit sur l'insertion de multiples voix et réactions, met en avant l'incertitude et l'ambivalence générale de sa position. L'illisibilité de la position du narrateur vis-à-vis de l'acte de Feu-de-Bois – ou son manque de prise de position – est symptomatique de la tension non résolue entre deux fils narratifs (deux niveaux dans le texte, deux niveaux dans l'Histoire) qui ne devaient pas se rencontrer : d'une part, la mémoire personnelle du narrateur qui reflue et d'autre part, la mémoire collective dans laquelle elle doit s'insérer.

Il faut rappeler ici que, face à la double agression commise par Feu-de-Bois, on fait appel à Rabut en lui demandant d'intervenir (et peut-être de demander à Feu-de-Bois de présenter des excuses). Rabut est contacté en tant qu'ancien combattant (« ancien d'Algérie » (*DH*, 87)), et, parce qu'il était dans le même régiment que ce dernier, on espère qu'il saura influencer son comportement. Cependant, aucune affinité ne lie les deux hommes qui ne s'aiment pas et ne se parlent plus depuis la guerre. Or, alors que le narrateur s'apprête à refuser de coopérer – et de prendre rendez-vous pour le lendemain matin[18] pour parler à Feu-de-Bois – au cours de la conversation avec le maire et les gendarmes, soudain, une phrase, quelque chose de plus fort que lui, le surprend, l'envahit et le replace insidieusement, contre sa volonté, du côté de Feu-de-Bois, et du côté de cette vision collective ébauchée alors :

> Moi, je suis resté assis encore quelques secondes, le temps de penser à cette phrase soudain agressive, que je n'ai pas dite –elle a roulé dans ma bouche et je n'ai pas compris pourquoi cette phrase-là m'est venue lorsqu'ils se sont levés tous les trois, cette phrase, ces mots que j'ai ravalés alors que dans mon esprit ils ont frappé : Monsieur le maire, vous vous souvenez de la première fois où vous avez vu un Arabe[19] ?

18 *Id.*, *ibid.*, p. 72.
19 *Id.*, *ibid.*, p. 73.

Très vite, on comprend que la réticence de Rabut à s'investir dans le suivi de la double agression (et donc se prononcer, émettre un positionnement) ne résulte pas d'une amitié entre lui et Feu-de-Bois ; elle dérive au contraire d'une emprise beaucoup plus insidieuse qui n'est autre que *l'emprise de l'histoire*, structurée par la dynamique d'un « nous » qui s'est imposé ; la voix du narrateur est subsumée, absorbée par un « nous » collectif omniprésent qui se manifeste comme le « nous » des dominants, le « nous » de l'armée enlisée dans une guerre coloniale, que rien ne vient contrecarrer.

Comme la structure du texte le suggère, les deux hommes portent les marques de ce passé en eux, et n'échappent pas à la forme qui façonne la structure et le canevas du récit.

Le texte est divisé en quatre séquences, réparties sur une durée de vingt-quatre heures, et représentant le déroulement temporel du récit : APRÈS-MIDI ; SOIR ; NUIT ; MATIN. Malgré la linéarité que le titre de chaque séquence suggère, le récit avance dans un mouvement de spirale qui ramène au passé, vers la partie la plus longue : NUIT. Même si elle renvoie soudain à une autre époque, celle de la guerre d'Algérie, mise en abyme, cette partie nous projette, sans aucune transition, au milieu de l'action passée ; la prévalence de l'indicatif présent confère une immédiateté qui semble rendre le passé plus proche que la journée qui vient de s'écouler. Cette partie représente l'omniprésence de la guerre dans le contexte présent du narrateur. Chez lui, comme chez Feu-de-Bois, le passé est ce qui structure et oriente la lecture du présent ; il s'impose comme le niveau principal d'encadrement, de définition du regard et d'interprétation face à tout ce qui a un lien avec la guerre d'Algérie. Le retour au passé se substitue au présent.

Cependant, il faut souligner que la voix du narrateur a, dans cette mise en abyme, disparu. L'enlisement dans le passé le ramène à ce lieu où une expérience traumatisante avait préalablement réuni Rabut et Feu-de-Bois : un massacre à la caserne, où les soldats restés de garde ont été égorgés. La responsabilité qu'on leur fait porter, presque implicitement, marque le délitement de leur voix. Dans cette situation de crise, l'interprétation des causes du massacre s'articule à travers les réactions cumulées des autres soldats, celle du groupe militaire, et avec elle, celles des supérieurs : c'est le « nous » collectif de l'armée qui s'impose. Le narrateur – mais aussi Feu-de-Bois – sont désormais comme absents ;

ce comportement se traduit par une déconnection qui devient symptomatique de tout positionnement vis-à-vis du passé et semble expliquer la distance affichée par Rabut au tout début du récit.

En réalité, la forme même du récit qui émerge contribue à une déconnection qui dépossède l'ancien combattant de son expérience, sans pourtant l'aider à dépasser les perceptions ébauchées à l'époque ; elle révèle le cadre qui conforte la domination de la vision officielle de l'époque ainsi que son idéologie coloniale, et ce, même quand il s'agit de lire, d'interpréter des événements contemporains. L'ambigu positionnement du narrateur face à l'agression de Feu-de-Bois renvoie à une cécité constamment reportée, différée, ce que les photos ainsi que le récit autour des photos révèle également.

Dans *Des Hommes*, Mauvignier réinvestit ces images de la guerre d'Algérie qui laissaient voir sans voir, ces clichés qui faisaient dire sans dire, où regard et discours s'auto-reflétaient pour reconduire l'absence de témoignage. Supports au récit de *Des Hommes*, les photos ne sont introduites, rappelons-le, que par les descriptions narratives dont elles font l'objet. Si elles permettent au narrateur d'évoquer le contexte de l'époque, elles l'amènent aussi à mettre en avant le lien qui s'instaure entre les photos et les discours officiels et collectifs.

Les photos parsèment le texte à partir de la deuxième séquence intitulée LE SOIR. Leur insertion coïncide avec la volonté du narrateur de se situer vis-à-vis du geste de Feu-de-Bois, mais elles s'offrent d'abord comme simple support à une mémoire qui lui échappe, elle-même relayée par une mémoire collective. Le narrateur, observateur qui se veut distant, qui veut échapper à l'emprise de cette mémoire qui remonte (il ne prononce pas la petite phrase évoquée plus haut, et ressent même un sentiment de honte), ne fait pourtant que se fondre dans une indétermination narrative collective[20] que le recours aux photos ne fait que confirmer, et qui l'empêche de prendre position.

Les photos d'Algérie sont d'abord associées à Feu-de Bois qui a eu l'audace d'en accrocher chez lui, alors qu'aucune photo de sa famille, femme ou enfant n'y a trouvé place. À travers cette première référence, le narrateur souligne le caractère étrange de l'acte, vu comme anormal ; cette référence lui permet d'établir une attente implicite et tout

20 J'entends par là une polyphonie où les voix sont raccordées jusqu'à former un tout, un tout où il devient difficile d'identifier les voix énonciatrices.

simplement, une pratique : les photos touchant à la guerre d'Algérie ne débordent pas des circuits de distribution dans lesquels elles sont maintenues, canalisées.

Dans ce récit de Mauvignier, les photos semblent d'abord reléguées au second plan ; elles ponctuent le texte de façon irrégulière d'abord et ne s'imposent pas d'emblée ; elles surgissent comme prétexte à un commentaire qui s'ajoute, par à-coups, presque en aparté. En fait, les photos encadrent, définissent et se fondent dans le récit de la guerre, de sa mémoire et de sa perception : elles font partie intégrante d'un récit national où la guerre d'Algérie n'a point de place ; de surcroît, il existe un lien étroit entre la forme de la photo, la lecture qu'elle produit et l'énoncé de la mémoire.

La déconnection entretenue entre les « événements » et le discours collectif qui les entoure repose sur un cadrage soigneusement orchestré, répondant à une vision nationale du rapport entre France et territoire algérien. Fonctionnant comme orientation des regards, ce cadrage maintient la guerre dans le hors-champ de la photo et la repousse dans les silences du discours collectif, comme si cette non-validation du conflit suffisait à sceller indéfiniment l'union (forcée) des deux territoires. Il oriente le regard vers ce qui évoque autre chose que la guerre.

Quand le narrateur évoque ses souvenirs de la guerre ou ceux d'autres appelés, il mentionne à plusieurs reprises une catégorie de clichés qui s'est imposée : « des photos banales et convenues », mais aussi celles où l'on admire « soleil, beaux paysages, la mer, les habits folkloriques et des paysages de vacances pour garder un coin de soleil dans sa tête[21]. » Ces photos, que les soldats montrent généralement à leur retour d'Algérie, suggèrent trompeusement qu'ils étaient partis pour une grande aventure, pour découvrir du pays, pour voyager en ces coins reculés et méconnus de la France, c'est-à-dire, en l'occurrence en terre algérienne. Elles reproduisent une vision qui veut se substituer à celle de la guerre qu'on voulait nier[22].

D'autres photos vont dans ce sens et exacerbent le récit national qui se déploie, celles des soldats où l'expérience de la guerre est évacuée, absente et remplacée par d'autres allusions ludiques : on voit des photos de soldats « jouant aux cartes, posant en short, torse nu, [avec des]

21 *DH*, p. 167 et p. 261.

22 On retrouve de nombreuses reproductions de ces photos dans l'ouvrage que dirigent B. Stora et L. Gervereau, *Photographier la guerre d'Algérie*, Marval, 2004.

lunettes de soleil[23] ». Ces détails explicitent par ailleurs une reconnaissance de repères appartenant à l'espace de la métropole, de l'espace domestique. Ils traduisent une volonté de continuité de l'histoire en marche (le maintien de l'entreprise coloniale) et la négation d'une guerre qui risquerait d'interrompre le déroulement de cette histoire (négation signifie ici qu'on s'obstine à ne pas reconnaître qu'il y a guerre ; on ne la nomme pas, on ne la montre pas, puisque, rappelons-le, le territoire algérien n'est pas considéré comme un pays ennemi : il *est*, à l'époque coloniale, la France).

En mettant l'accent sur l'aspect social et ludique de l'expérience des appelés, ces photos évitaient de penser les déchirements de l'empire colonial français et, par ailleurs, préservaient d'une réalité gênante, d'une connaissance qu'on ne voulait (s')avouer, mais qu'on savait pourtant scandaleuse, celle de la torture des opposants, que le secret d'État puis les amnisties successives ont soigneusement maintenue hors des regards et du discours officiel et public. Au-delà de la thématique habituellement abordée, les photos s'inscrivent avant tout dans un dispositif militaire, qui tente de définir leur forme et la connaissance qu'elles produisent. Les photos qui circulent sans heurter les sensibilités (c'est-à-dire sans aborder les sujets tabous de la violence et de la torture) s'inscrivent dans ce cadre collectif : les énoncés y sont cadrés par le dispositif militaire et officiel, et la distance avec la guerre entretenue. Tel est le cas des photos que prend Rabut : le narrateur va participer à un concours de photo pour le journal *Le Bled*, un journal pour les soldats mobilisés en Algérie, en se servant d'un Kodak. Bien qu'il ait pris la photo lui-même, il ne procède pas au développement et au tirage des photos. Il reste exclu du processus de révélation, qui lui échappe. Par conséquent, Rabut n'a pas de prise sur l'énoncé, dont il reste distant et déconnecté, celui-ci étant pris dans le dispositif militaire et le discours public qui lui est associé.

Par exemple, une photographie que le narrateur aura vue chez Feu-de-Bois, « et dont il ne saura pas qui l'a prise[24] » est celle de Bernard (Feu-de-Bois) avec Idir, un Harki. La description insiste sur les deux hommes qui rient, et l'amitié qui les unit. Comme on le relève, les détails de la prise de vue mettent en exergue une composition soulignant un énoncé soumis au collectif, au récit national :

23 *DH*, p. 259.
24 *Id.*, *ibid.*, p. 198.

> Bernard a posé son bras sur l'épaule d'Idir et derrière eux on voit le monument aux morts qui est blanc comme un os de seiche et au-dessus des petits drapeaux français flottent comme une colonie d'insectes, de papillons, d'abeilles, on ne sait pas, dans l'air bleu, c'est juillet, la fête nationale bien cadrée et surveillée par les militaires. Le défilé, les drapeaux français qui fleurissent les balcons. C'est une fête, mais c'est aussi et d'abord une démonstration de force[25].

Ici, les éléments officiels symbolisant la présence française (« drapeaux », « monument aux morts », « fête nationale », « militaires ») envahissent l'espace photographique et encadrent – c'est-à-dire qu'ils dirigent – la lecture qu'on doit faire de la scène. Au-delà de la « démonstration de force » qui transparaît, la mise en scène s'organise pour tenter d'évacuer toute voix dissidente, toute référence à la guerre, toute contestation de la suprématie française et aussi pour souligner la dimension quasi fraternelle entre deux peuples (ici représentés par Bernard et Idir[26]).

En tous les cas, on se trouve confronté principalement à des images qui détournaient le regard des contemporains de la guerre, et confisquaient le témoignage des appelés. Par exemple, de retour en Algérie après une permission en France, dans la famille ou avec les amis, les conversations des appelés font écho au silence qui recouvre la guerre : « ils parleront et les autres écouteront dans un grand silence. Ils parleront des embrassades, et puis c'est tout. Ils ne disent rien de plus. Le reste est pour eux. ...savoir se taire... se taire et ne pas savoir[27]. » En refusant de donner des détails sur l'intimité des retrouvailles, et gardant « le reste [...] pour eux », le narrateur trahit aussi, ici, l'indécence qui consiste à toujours éviter d'évoquer la guerre. En gardant pour eux les aspects dérangeants de leur expérience, et les aspects contestant l'autorité coloniale, les anciens appelés intériorisent les limites esquissées pour eux. Cependant, comme le suggère le narrateur, un sentiment de honte et de malaise accompagne cette attitude :

---

25 *Id.*, *ibid.*, p. 199.

26 On peut déjà noter toutefois ce que nous observerons plus tard dans cet essai : malgré les efforts de mise en scène, une lecture *a posteriori* de la photo, de cette photo, ne peut en aucun cas exclure la possibilité d'inscrire un commentaire qui transgresse le cadrage mis en place, ni un regard critique, ou du moins anamorphique. Le narrateur resitue ici la relation entre Idir et Bernard dans un contexte résolument colonial, commentaire témoignant d'une distance vis-à-vis du dispositif militaire : les images dominant la description des drapeaux français, sont saturées de référence au travail et à la production « une colonie d'insectes, de papillons, d'abeilles, on ne sait pas », rappelant notamment le rapport de force et d'exploitation grâce auquel la France entendait asseoir sa « souveraineté ».

27 *Id.*, *ibid.*, p. 197-198.

> Et je me souviens de la honte que j'avais lorsque j'étais rentré de là-bas et qu'on était revenus...revenir ici et faire comme on a fait, de se taire, de montrer les photos, oui, du soleil, [...] des paysages de vacances pour garder un coin de soleil dans sa tête, mais la guerre, non, pas de guerre, il n'y a pas eu de guerre ; et les photos, j'ai eu beau les regarder encore et en chercher au moins une seule, une seule qui aurait pu me dire,
>
> C'est ça, la guerre, ça ressemble à ça, aux images qu'on voit à la télévision ou dans les journaux et non pas à ces colonies de vacances, ni non plus à ces gens qui remplissaient les rues d'Oran, et les magasins ouverts, la circulation dans la ville, et alors, pourquoi sur les murs que j'avais photographiés je n'ai pas trouvé un seul graffiti disant l'Algérie vaincra, pas un mur peint, gratté, poncé, repeint, pas un graffiti, pas une arme, rien, et pas autre chose que ce vide et ce beau temps monstrueux de soleil et de ciel bleu[28].

Ainsi, en créant des supports visuels alimentant une pensée de la pacification, du projet de civilisation, des belles contrées où les soldats élargissent leurs horizons, on occulte la pensée de la guerre, sa mémoire. Il en résulte cependant une impasse pour les soldats, pour les appelés, bien que non vue, non articulée, les soldats et anciens combattants sont transformés et même structurés désormais par ce passé qui refuse de s'assumer.

En un sens ces photos contribuent à maintenir la primauté du texte sur l'image dans la mesure où la photo reste d'abord prisonnière d'un grand récit national, d'une méta-légende que les impératifs de l'histoire coloniale régissent. L'énonciateur, ou l'opérateur, cède la place à un énoncé maîtrisé, encadré et généralisé. L'énoncé est reproductible dans la mesure où les codes de représentations nationales sont respectés et confirment l'absence de guerre (opération de maintien de l'ordre) et la continuité spatio-temporelle que l'empire colonial s'efforce de sauvegarder.

Comme il s'est avéré dans de nombreux exemples, le point de vue de l'énonciateur est simplement mis en boîte, maintenu dans l'obscurité de la chambre noire, de la non révélation, de la sous exposition, ou précipité dans une cécité résultant de la surexposition qui engendre un regard détourné ; c'est d'ailleurs ce qui amène Rabut à dire dans un premier temps que « [...] des images, des souvenirs-, il n'y en avait pas, on savait ça tous les deux[29]. »

---

28 *Id.*, *ibid.*, p. 261-262.

29 *Id.*, *ibid.*, p. 100.

En mettant en avant des images imprégnées de valeurs allant dans le sens de la « pacification[30] », de l'amitié entre les peuples, du maintien de l'ordre ou de la mission civilisatrice de la France, on visait à détourner le regard de la guerre dans son déroulement pour éviter de voir l'impact qu'elle avait sur la population, tant sur le territoire algérien (alors divisé en départements français) que sur le territoire de la métropole.

Nous avons vu que les images offraient, dans un premier temps, un support à la narration qui se faisait l'écho d'une vision nationale. Les images sont en effet au service de la narration, mais pas seulement puisque leur présence et leur analyse altèrent progressivement l'issue du récit dans la mesure où leur insertion amène le narrateur à effectuer un recadrage de l'histoire et à réévaluer le rapport qu'il entretient, dans le présent, à ce passé et à se reconnecter donc à la mémoire. Les photos opèrent un renversement du rapport texte/image : à la fin du récit, la photo prévaut à l'interprétation du passé au détriment du texte – ou de la méta-légende – dont l'ancrage dans une époque, celle de l'histoire coloniale, finit par se désagréger. Le processus de renversement s'effectue peu à peu, presque à contre-courant d'une indétermination narrative collective qui rend le texte difficile et dérangeant, et à rebours des clichés qui circulent sur le conflit.

Cependant, la photo s'investit bientôt d'une autre fonction dans le texte, celle de renouer, de reconnaître un « ça a été » que Roland Barthes évoque dans *La chambre claire* longtemps repoussé de la mémoire du narrateur. Parmi les photos que Feu-de-Bois a accrochées chez lui, et que le narrateur semble redécouvrir, il en mentionne une en particulier :

> plutôt que les photos de ses enfants, seulement celles de la petite fille avec qui il jouait en Algérie –mon Dieu, ça qui revient, de repenser à la petite fille avec son chignon et son prénom arabe, que j'ai oublié[31]…

Cette photo, prise au milieu d'une sélection de « vieilles photos dentelées et jaunes[32] » reste résolument ancrée dans une époque ; elle enclenche néanmoins un rapprochement entre le narrateur et l'énoncé

30 L'ouvrage de l'historienne C. Mauss-Copeaux propose un riche aperçu du type de photos produites à l'époque et des valeurs qu'elles véhiculaient : *Á travers le viseur : Images d'appelés en Algérie, 1955-1962*, Lyon, Aedelsa, 2003.

31 *Id.*, *ibid.*, p. 98.

32 *Id.*, *ibid.*, p. 99.

de cette photo en raison de deux facteurs principaux : la présence de plusieurs tirages et recadrages qui présentent la petite fille sous divers angles, et la co-présence du narrateur/photographe qui est révélée, tel un spectre qui revient sur les lieux de la prise de vue.

Ainsi, lorsqu'il commente un autre tirage, avec un angle différent montrant la petite fille et Bernard, le narrateur/photographe réapparaît dans la photo et s'installe dans le souvenir de l'épisode :

> je me souviens très bien de ce bâtiment derrière et aussi le flanc de la colline et les broussailles, le ciel blanc, la dalle de ciment sur laquelle ils avancent, et mon ombre tout en bas de l'image, ma tête, mes mains et l'appareil photo qui forment une seule figure, comme une bête qui rampe[33].

Contrairement aux autres photos habituellement reproduites, retirées, celles de la petite fille sont « encadrées[34] », isolées. Les tirages, agrandissements et recadrages soustraient la photo de la petite fille au dispositif de l'époque et permettent, de par la multiplicité des prises de vue, une implication nouvelle du regardeur.

Le regardeur, en l'occurrence le narrateur/photographe, réinvestit la dimension lacunaire de l'image en sollicitant et en invitant le hors-champ à reprendre place dans la photo, et à s'y retrouver ainsi que d'autres éléments. La reconnaissance progressive des lieux, des bâtiments enclenche un nouveau regard et une mise en contexte renouvelée. La photo de la petite fille fait ensuite l'objet de nombreuses réinsertions dans le récit, tel un palimpseste. Elles produisent des réécritures, un nouveau rapport spatio-temporel, comme si le narrateur/photographe avait réussi à reprendre sa place centrale d'énonciateur. La photo devient alors le lieu où le commentaire se produit, et échappe de ce fait au dispositif officiel de l'époque : il faut souligner que le commentaire n'apparaît plus seulement autour de la photo, mais à l'intérieur même de la situation de prise de vue, avant que le narrateur ne mentionne l'acte d'appuyer sur le déclencheur[35] : vers la fin de la troisième partie du récit (NUIT) où le récit se concentre sur la période de la guerre, la photo de la petite a subi des modifications dans l'esprit du narrateur.

---

33 *Id.*, *ibid.*

34 *Id.*, *ibid.*, p. 100.

35 Voir *id.*, *ibid.*, p. 195. Par la réécriture de la scène, le narrateur se remémore et ajoute des détails. Il insère des questions et commentaires sur la photo avant même qu'il ait appuyé sur le déclencheur, et avant même que la photo ne soit prise.

Elle n'est plus anonyme : elle s'appelle Fatiha ; elle et sa famille, des Harkis, vivent au poste militaire français, au service de l'armée française. On apprend aussi qu'elle et sa famille (parents et petite sœur) seront égorgées lors du massacre qui aura lieu à ce même poste, massacre à la suite duquel Bernard (Feu-de-Bois) a sombré.

Le rapprochement entre texte et image se poursuit jusqu'à aboutir à un renversement du rapport hiérarchique entre les deux. C'est la photo qui finit par occuper le rôle de premier plan dans la quête mémorielle du narrateur. Au terme de la troisième partie (NUIT), où le narrateur s'enfonce dans une longue remémoration de la guerre qu'il médite et ressasse, il finit par interroger les photos : « j'ai repensé à tout ça, et je me disais. Qu'est-ce qui m'a échappé ? Qu'est-ce que je n'ai pas compris[36] ? ».

Dans un symbolisme évocateur, il se résout à aller chercher la boîte à chaussures où sont rangées depuis longtemps les vieilles photos qu'il croit connaître par cœur. Il prend soin d'ouvrir la boîte à chaussures, véritable boîte à images, sans en exposer le contenu à trop de lumière, ne voulant pas affecter la révélation qu'il attend, à la recherche d'un négatif auquel il n'aurait pas encore eu accès.

La révélation surgit suite à la maladresse qui lui fait échapper les photos qui s'éparpillent sur la table, « comme des cartes à jouer[37] » ; les dates au dos des photos, les classements en série ou en format perdent leur signification et leur importance. La photo de la petite Fatiha fait à nouveau surface, sortie de l'endroit où elle était consignée, dans une boîte, à l'abri des regards. Pour la première fois, il a « regardé longtemps son visage, son air sérieux et presque grave. Et puis, aussi, le fait qu'elle soit vêtue de noir[38] » et, au terme d'un long processus, vers la fin du récit, pour la première fois, il se reconnecte avec ses souvenirs, sa mémoire personnelle, laissant émerger les sentiments complexes jusque-là écartés, par lui, mais surtout par le discours officiel : culpabilité, horreur face à la scène enfouie mais autour de laquelle s'enroule le récit :

> pourquoi pendant des années je n'avais pas pu regarder ce visage, sa dureté, et aussi ce que je m'étais dit déjà à l'époque, et qui était devenu tout de suite, très vite, presque, comment dire insupportable. Parce que d'un seul coup son regard c'était comme une accusation. Comme si elle nous rendait

36 *Id.*, *ibid.*, p. 253.
37 *Id.*, *ibid.*, p. 255.
38 *Id.*, *ibid.*

> responsable de sa mort, de tout, de la guerre. Comme si le fait d'être vêtue dans ces couleurs sombres c'était déjà porter le deuil du massacre à venir, comme si c'était son propre deuil, sa propre mort qu'elle portait[39].

Le passage met en exergue un détail qui pointe Rabut[40], ce personnage à la fois regardeur, narrateur et photographe et qui bouleverse son rapport à la mémoire. Le *regard* de la petite Fatiha qu'il parvient à soutenir, à lui rendre, lui permet de commencer de réinvestir la dimension lacunaire des photos qu'il a prises de Fatiha, ainsi que des autres photos qu'il a conservées de la guerre d'Algérie.

Les photos deviennent le lieu d'une mise en perspective de l'histoire dans la mesure où elles confrontent les dispositifs producteurs de connaissance. La forme, le cadrage, le hors-champ, sont autant d'éléments qui reflètent une autre forme : celle du récit, celle de l'Histoire. En découvrant le regard accusateur de Fatiha, que le narrateur parvient à soutenir (donc il lui donne une réplique), il se reconnecte, grâce à la photo, à son rôle d'énonciateur, à sa voix, à son expérience, éléments que le discours officiel et la mémoire collective avait subsumés. À la fin du récit, le narrateur commence à habiter, pour la première fois, sa propre voix, qui se manifeste avec le pronom « je ». Même si sa position quant au scandale déclenché par Feu-de-Bois reste encore vague, il est désormais prêt à confronter ce présent façonné par un passé jusque-là mis en abyme, et conscient aussi que son recul (désengagement) n'était que le miroir du comportement violent de son cousin. Plutôt que d'être entraîné par un fil narratif – celui du passé – qui le maintient en abyme, confiné au silence et refoulé, mais aussi dépossédé de sa voix, le narrateur s'ouvre à la possibilité d'une transmission d'un témoignage. Comme le suggère Carine Capone, cette transmission s'érige peut-être essentiellement pour parler des silences, pour mettre en place les conditions d'une prise de parole, d'un « désir de partage[41] », processus qui s'inscrit avant tout dans la recherche d'une écoute et d'interlocuteurs. Et peut-être est-ce là que résident les possibilités d'une véritable réévaluation des rapports franco-algériens qui se sont dessinés lors de la Guerre d'Algérie, le

39 *Id.*, *ibid.*, p. 256.

40 C'est le *punctum* tel que Barthes le définit dans *La Chambre claire*.

41 C. Capone, « À qui parler des silences ? Une Étude de "Des Hommes" de Laurent Mauvignier », *op. cit.*, p. 47.

racisme ordinaire non-dit qui gangrène la société française. Peut-être qu'un tel renouvellement pourra amorcer la clôture d'une blessure restée béante (blessure d'ordre traumatique, psychologique, relationnelle), et dépasser un regard déterminé (figé) par l'interprétation politique héritée de l'époque coloniale.

Pascale PERRAUDIN
Saint Louis University

GROS PLAN SUR LE 17 OCTOBRE 1961

Violence coloniale, cinéma documentaire et le sujet algérien

Paris, le 17 octobre 1961 : au tournant de la sanglante guerre pour l'indépendance algérienne, et plusieurs années après l'ouverture par la Fédération française du Front de libération nationale (FF-FLN) d'un second front en métropole, près de 20.000 Algériens descendaient dans les rues de la capitale afin de manifester contre le couvre-feu imposé sur leur communauté par le préfet de police Maurice Papon[1]. Si certains détails de cette nuit sont toujours enveloppés de mystère – nous ne savons pas, par exemple, ni comment ni par qui la violence a été déclenchée, et le nombre exact de morts reste un sujet de débat[2] – les indications d'une répression brutale sont incontestables : plus de 10.000 hommes ont été arrêtés et détenus dans des conditions humiliantes ; certains, à l'insu de leurs familles, ont été expulsés vers des camps de détention en Algérie ; des milliers ont souffert de coups et blessures ; on estime aujourd'hui le nombre de morts à environ deux cents – surtout des hommes tués par balles ou battus à mort et dont les dépouilles, pour certains, furent jetées dans la Seine. Comme cause de mortalité, de nombreux certificats de décès arborent l'expression suivante – non dénuée d'ironie – « noyade par balles ». Bien des années plus tard, on parlera d'un « crime colonial », d'un « crime d'état », d'une « répression sanglante » et d'un « massacre en plein Paris[3]. » Cependant, au moment

1 Décrété le 5 octobre 1961, le couvre-feu empêchait les FMA ou « français musulmans d'Algérie » (selon la classification coloniale), de circuler entre 20h30 et 5h30, et fixait la fermeture des cafés algériens à 19h.

2 Voir J. House et N. MacMaster, *Paris 1961, Les Algériens, la République et la terreur d'État*, Paris, Tallandier, 2008.

3 La notion de « crime colonial » est promue par de nombreux historiens et politiciens de gauche ; « crime d'état » aurait été utilisé pour la première fois par House et MacMaster (*cf.* n. précéd.) ; « répression sanglante » est l'expression utilisée par le Président Hollande dans son communiqué du 17 octobre 2011 reconnaissant les événements ; et c'est à

des faits et pendant des décennies, on n'en parlera tout simplement pas : en raison de la censure étatique (saisie de journaux, photographies et bobines de pellicule ; blanchiment des murs marqués de graffitis accusateurs ; mise sous scellés des archives de la police), le 17 octobre se retrouvera exclu des rapports officiels et du discours public, relégué au statut de « détail » et d'événement oublié.

Au bout de cette longue nuit d'oubli, de silence et d'invisibilité, et à l'occasion du cinquantenaire des événements en octobre 2011, deux documentaires – *Octobre à Paris* de Jacques Panijel et *Ici on noie les Algériens* de Yasmina Adi – sortent en salles, accompagnés d'un battage médiatique important[4]. Le film de Panijel a été tourné dans la quasi-clandestinité avec une équipe technique de fortune. Les premières prises de vue datent de début novembre 1961 ; le film est mis en boîte en mars de l'année suivante. Véritable témoignage à chaud, *Octobre à Paris* est construit à partir de témoignages de rescapés ; des reconstitutions de scènes de torture et de noyade ; des photos prises le 17 octobre 1961 ; et des images filmées lors d'autres épisodes de violence policière[5]. Projeté peu de fois au cours de 1962, y compris lors d'une séance privée à Cannes et à la *Mostra* de Venise, le film sera saisi par les autorités[6]. Plus tard, même lorsque la grève de la faim de René Vautier en 1973 a mis fin à la censure politique du cinéma[7] (permettant à *Octobre à Paris* d'obtenir un visa d'export), Panijel a refusé de le montrer sous prétexte que le film avait besoin d'une préface contextualisant le 17 octobre comme un

---

J.-L. Einaudi que nous devons la déclaration de « massacre » reprise dans une interview sur *France 24*, le 16 octobre 2012 (http://www.france24.com/fr/20121016-algerie-france-17-octobre-1961-jour-ebranla-pas-paris-jean-Luc-einaudi-massacre-manifestation-guerre) [consulté le 25 septembre 2016].

4 Les articles étant trop nombreux pour être cités *in extenso*, je ne signale que ceux de J. Mandelbaum, paru le 14 octobre 2011 dans *Le Monde*, et d'O. de Bruyn, publié le 18 octobre 2011 dans *Le Point*.

5 Notamment le massacre de « Charonne », où neuf manifestants français ont trouvé la mort aux mains de la police dans la station de métro éponyme. Le souvenir de Charonne « s'est en effet superposé à celui d'octobre 1961. » Voir l'interview avec G. Manceron, « 17 octobre 1961 : 'ce massacre a été occulté de la mémoire collective', » *Le Monde*, 17 octobre 2011.

6 *Octobre à Paris* a été présenté au ciné-club Action, le 9 octobre 1962, à Paris. La police a saisi la bobine à la fin de la projection. Voir « Aux lecteurs et amis de *Positif*, » *Positif* 48 (oct 1962).

7 Inspiré par les refus de visa essuyés par Panijel et son film, le réalisateur et scénariste engagé René Vautier entame le 1er janvier 1973 une grève de la faim pour protester contre la censure politique du cinéma français. Il a obtenu gain de cause au bout de 31 jours.

crime d'état et qu'il ne disposait pas des fonds nécessaires. Au moment de sa mort en 2010, Panijel ne savait pas que cette préface serait filmée par le cinéaste et romancier beur Mehdi Lallaoui, ni qu'*Octobre à Paris* paraîtrait à l'écran lors du cinquantenaire de la répression.

La plus récente des deux productions, *Ici on noie les Algériens*, promettait le portrait le plus complet du massacre du 17 octobre et son contexte. Les survivants interviewés témoignent de la confrontation avec la police, des coups et des blessures, des arrestations et des conditions de détention, ainsi que des plaies qui ne se voient pas, à savoir les traumatismes psychologiques. Aux témoignages des rescapés viennent se mêler les voix des témoins oculaires : un bénévole de la Croix Rouge ; un chirurgien qui a traité les blessés aux urgences ; un chauffeur de la RATP dont le bus a été réquisitionné afin de transporter les Algériens arrêtés vers les centres dits « d'identification » (Vincennes, Bercy, Coubertin). Les récits rétrospectifs sont renforcés par un vaste arsenal d'images d'archive : des bandes audiovisuelles mises à disposition par l'Inathèque, des documents appartenant au Ministère de l'Intérieur et à la police de Paris, et de nombreuses autres sources officielles ou privées.

Ces deux documentaires se prêtent à une analyse en fonction de leurs stratégies de représentation, de leur interaction avec le matériau historique qu'ils mettent en scène ainsi que de leurs conditions de production et de diffusion. Ils répondent aux critères de base du genre documentaire en fournissant « des preuves visibles » d'un événement passé, en plaçant « le spectateur devant une représentation du monde historique » et en fonctionnant comme une forme d'« historiographie visuelle[8] ». En outre, étant donné leur sortie simultanée en salles (quelques jours avant l'ouverture par le Président Sarkozy des archives de la police relatives aux événements), *Octobre à Paris* et *Ici on noie les algériens* pourraient passer pour des compagnons de route. Cependant, les dates de production et les atmosphères politiques concomitantes racontent une autre histoire : terminé peu avant sa sortie, le film d'Adi bénéficie de conditions que seul le recul peut fournir (y compris un accès illimité aux documents et aux témoins) ; alors que, contemporain des événements représentés et resté

8 B. Nichols, *Representing Reality: Issues and Concepts in Documentary*, Bloomington & Indianapolis, Indiana University Press, 1991, p. 177-178. Ce sont les fonctions du documentaire proposées par Nichols. Si cette définition n'est pas sans poser un certain nombre de problèmes, le cadre critique proposé par Nichols fournit néanmoins un point de départ pour une discussion sur la forme et la fonction du cinéma documentaire.

quasi inconnu jusqu'en 2011, le film de Panijel dispose de nettement moins d'éléments. La tâche du critique semble être de taille : comment tenir compte d'un décalage temporel complexe tout en proposant des analyses qui ne se réduisent pas à autant d'essentialismes historiques ? Nous nous proposons de nous pencher sur la représentation du sujet algérien dans chacun des films – représentation qui n'est pas forcément surdéterminée par le contexte historique, mais dont l'analyse permet de tirer un certain nombre de conclusions quant aux enjeux historiques et aux projets de mémoire proposés par Panijel et Adi.

L'ALPHA ET L'OMEGA DE L'« ANARCHIVE »

Avant de procéder à une comparaison de ces deux films, il nous incombe de les replacer dans le contexte des productions culturelles liées au 17 octobre. Car, nonobstant un discours d'invisibilité relevant d'une politique tacite d'amnésie, on constate dès 1962 l'apparition d'ouvrages cinématographiques et littéraires dédiés à la répression du 17 octobre et/ou à son refoulement. Dans les années qui suivent l'événement, le nombre de productions culturelles mettant en scène ces événements – de manière directe ou oblique, soit comme détail, soit comme sujet principal du récit – n'a cessé de croître. Ce corpus comporte des romans : *Meurtres pour mémoire* (Didier Daeninckx, 1983), *Le sourire de Brahim* (Nacer Kettane, 1984), *Les Beurs de Seine* (Mehdi Lallaoui, 1984), *La Seine était rouge* (Leïla Sebbar, 1999) ; des bandes dessinées : *Octobre noir* (Daeninckx et Mako, 2011) ; des films de fiction : *Vivre au paradis* (Guerdjou, 1999), *Caché* (Haneke, 2005), *Hors la loi* (Bouchareb, 2010) ; et « Dans la gueule du loup », poème de Kateb Yacine dont la mise en musique par des artistes comme « Les têtes raides » et le rappeur Akli G a permis une circulation importante[9].

Loin d'être complète, cette liste d'ouvrages constitue néanmoins une partie de ce que nous avons proposé de nommer « l'anarchive » du 17 octobre : un ensemble de productions culturelles qui, dans un contexte de censure et de répression, et dans une période où les archives

9 K. Yacine, « Dans la gueule du loup », *Jeune Afrique* 90 (25 juin 1962), p. 22-23.

officielles sont inaccessibles et où une historiographie objective fait défaut, vient remplir les lacunes épistémologiques et représente une opération historiographique rebelle largement ignorée jusqu'à présent[10]. Or, cette anarchive contiendrait non seulement des œuvres de fiction, mais aussi quatorze films documentaires[11] – un chiffre qui pourrait surprendre, étant donné le silence qui a enveloppé les événements en question et la quasi-absence de déclarations officielles. Si le nombre de documentaires dédiés à ce qui pourrait être considéré comme un détail de la guerre algérienne suffisait à ouvrir un champ de recherche (très peu d'études sont consacrées à ces productions culturelles), nous nous proposons, pour des raisons citées plus haut, de nous pencher sur les deux productions qui constituent – pour le moment en tout cas – la première et la dernière entrée de cette anarchive, un duo de films que le destin semble avoir liés.

LE SUJET AU CENTRE
Une représentation « détournée »

Malgré les 50 ans de développements techniques dont les traces visuelles se font remarquer immédiatement[12], *Octobre à Paris* et *Ici on noie les Algériens* partagent de nombreuses similarités, aussi bien dans leur construction formelle que dans leur mise-en-scène. Les deux réalisateurs donnent le rôle principal au sujet algérien, qui est situé physiquement au centre du cadre et symboliquement au centre du projet filmique. Chez Panijel et Adi, la mise en avant de l'Algérien en tant qu'acteur social se fait par de légers détournements des techniques de représentation propre au cinéma documentaire.

La représentation par le cinéma documentaire se décline en une taxonomie de modes : le mode d'exposé ; le mode d'observation ; et

10 Voir L. Brozgal, « In the Absence of the Archive (Paris, October 17, 1961) », *South Central Review* 31/1, 2014, p. 34-54.

11 Pour une liste complète des documentaires sur le 17 octobre, voir : http://17octobre61.org/-Films-relatifs-au-17-octobre-1961-.html?lang=fr

12 *Ici on noie* est en couleurs et se dote d'effets de postproduction auxquels on ne songeait même pas en 1962.

les modes poétique, interactif-participatif et réflexif (pour n'en citer que quelques-uns). De par leur recours à l'interview comme principe structurant, les deux documentaires en question participeraient du mode interactif. Or, leur technique particulière, qui consiste à positionner l'interviewer hors cadre et à éliminer ses questions et commentaires de la bande son, finit par cacher l'interaction témoin-interviewer qui est censée être au cœur de ce mode de représentation. Ainsi, dans ces deux documentaires, l'invisibilité de toute forme de médiation résulte de ce que Nichols appelle « un effet de suture », qui « place le spectateur en relation directe avec le témoin[13]. » Si l'interview permet aux réalisateurs d'amasser et d'organiser le corpus de témoignages qui structurent l'ordre narratif de chaque film, sa dissimulation produit un effet particulier : elle donne l'impression qu'on octroie aux Algériens un contrôle absolu sur la narration. Panijel et Adi s'effacent afin de proposer une rencontre directe entre témoins et spectateurs, alors que leur intervention dans la présentation de la matière narrative va de soi. Par ailleurs, en choisissant d'éviter le mode documentaire « d'exposé » – dans lequel une voix off omnisciente et des commentaires d'experts posent un cadre temporel et historique qui fournirait au spectateur des éléments pour analyser le contenu du film –, Panijel et Adi mettent la victime algérienne au centre de la prise de vue. Ce cadrage à la fois littéral et symbolique produit un sujet algérien muni d'un pouvoir narratif, une capacité d'intervenir dans la trame de l'Histoire et d'agir sur la production du savoir en ce qui concerne le 17 octobre.

Dans les deux films, le montage « evidentiary » ou de démonstration[14] constitue l'autre technique qui accorde une certaine forme d'autorité aux sujets algériens. Dans ce style de montage quasi propre au documentaire, un narrateur omniscient en voix off révèle aux spectateurs des informations qui sont étayées par les images projetées à l'écran. Ainsi, le visuel semble non seulement confirmer ce que la voix off annonce, il en fournit les preuves. Panijel et Adi modifient légèrement ce style de montage afin de servir un projet filmique qui souhaite donner la parole aux Algériens. Dans un exemple tiré d'*Octobre à Paris*, nous entendons un certain Moktar, filmé en plan poitrine, qui parle de son arrestation et de la torture qui s'en est suivie dans une cave de la rue de la Goutte

---

13 B. Nichols, *Representing Reality*, p. 54.
14 *Id.*, *ibid.*, p. 19-20.

d'Or[15]. À un moment donné du monologue, la caméra se détourne de Moktar afin de montrer des images du lieu où il aurait été torturé. La continuité entre les prises est assurée grâce au son et à la voix de Moktar qui explique ce que le spectateur observe à l'écran : un escalier étroit, des bouteilles qui auraient servi à des sévices, des sommiers auxquels les victimes auraient été attachées. Durant la description de Moktar, la documentation visuelle et sa parfaite correspondance avec le récit tel qu'il est raconté produit un effet d'authenticité semblant attribuer à la séquence la valeur d'une preuve irréfutable de ce qui s'est passé. Un autre exemple du montage de démonstration nous est fourni par les séquences où Mohamed (un rescapé de la noyade) raconte en détail son expérience : arrêté pendant la manifestation et embarqué dans un camion de police, il sera conduit à Alfortville, battu et jeté dans la Seine. Comme dans l'exemple de Moktar, la continuité est assurée par la voix du sujet algérien qui retrace une séquence étonnante dans laquelle son trajet en camion et la scène au bord de l'eau à Alfortville sont reconstitués avec Mohamed interprétant son propre rôle et répétant, aussi bien dans le sens théâtral que dans le sens psychanalytique, son expérience traumatisante.

Plusieurs éléments de ces séquences méritent notre attention. On constate dans les deux exemples que ce sont Moktar et Mohamed qui racontent leurs propres histoires, et mettent en place le fond factuel de la séquence. L'autorité de la voix off est donc reprise par les sujets algériens. Ce détournement du montage « de démonstration » tend à subvertir l'idée d'une perspective autoritaire monolithique et en même temps il met en avant les acteurs de ce drame comme capables d'assumer pleinement la narration de leur propre histoire, ce qui, par extension, leur accorde une plus grande autonomie et autorité. Leur statut se retrouve ainsi modifié, car ils passent de celui de victime à celui d'agent de la narration. Nous remarquons donc que Moktar et Mohamed participent directement à la création de ce document visuel qui véhicule leurs histoires ; on peut très bien imaginer qu'ils aient agi lors du tournage comme cinéastes, choisissant les lieux de tournage, mettant en scène les prises de vue, orientant les caméras. Bien que la légitimité de tout montage « de démonstration » puisse être mise en question (la correspondance entre

---

15 Rue dans le 18e arrondissement de Paris où les activités de la police et des supplétifs dits « les harkis » étaient connues de tous.

le visuel et le récit ne constitue pas, automatiquement, une preuve), l'emploi de cette forme de montage relève d'un désir d'offrir au sujet filmé une forme de pouvoir et de mettre sur le devant de la scène non seulement leur expérience, mais aussi leur capacité d'en fournir leur propre représentation, en mots et en images.

En comparaison avec *Octobre à Paris*, dans *Ici on noie les Algériens*, Adi ne propose aucune reconstitution et le montage « à démonstration » se fait plus rare. Cependant, lorsqu'Adi se sert de cette technique, elle le fait avec le même léger détournement que Panijel : en faisant en sorte que le témoignage des rescapés algériens fasse le lien entre le récit et les images d'archive, elle positionne aussi la narration du sujet algérien à la place de la voix off omnisciente. Plus souvent, par contre, Adi opte pour des coupes sèches entre les scènes de témoignage et les images de la violence du 17 octobre, ces dernières étant le plus souvent montrées sans accompagnement sonore. Dans ces cas, le silence – élément rare pour un documentaire – prend la place d'une narration, évoquant soit le silence qui a entouré ces événements pendant des décennies, soit la difficulté de mettre en mots des actes d'une telle violence. L'absence de commentaire devient ainsi un choix aussi bien politique qu'esthétique.

LE PORTRAIT ET LE PLAN D'ENSEMBLE
Métaphores de représentation

Jusqu'à présent, nous avons pu constater qu'*Octobre à Paris* et *Ici on noie les Algériens* partagent un certain nombre de similarités dans leurs modes de représentation documentaire et leurs approches au montage « à démonstration ». Or, il faudrait néanmoins remarquer que la mise-en-scène des acteurs sociaux reste très différente dans chacun de ces films. Si Panijel préfère filmer ses sujets en groupes, Adi propose essentiellement des portraits d'individus et l'importance du sujet solitaire chez Adi est établie dès la première séquence du film, lorsque nous écoutons le long monologue d'une dénommée Mme Khlafi qui raconte son expérience. Filmée en voiture roulant le long de la Seine, elle explique : « Octobre 1961. Il m'a laissée ; j'avais 25 ans. Avec quatre enfants. Je sais qu'il est là dans l'eau. » Khalfi fixe le fleuve, figurée comme la source de sa souffrance, évitant le regard pénétrant de la caméra qui ne la quitte pas. Les éléments formels de la prise de vue renforcent la solitude de la veuve : bien qu'elle soit le point de mire de la séquence, son voile de couleur claire se dégageant d'un fond uni et sombre, son refus de regarder la caméra (et, par extension, l'interviewer) crée une distance entre Khalfi et le spectateur, entérinant de manière visuelle son isolement psychologique. Curieusement, cette première séquence, véhiculée par une technique connue pour son effet de suture entre sujet et spectateur, finit par détourner l'effet voulu, suggérant plutôt l'impossibilité d'une compréhension mutuelle.

Les séquences suivantes représentent des témoins qui regardent la caméra en face ou dont le regard se dirige vers l'interviewer qui se trouve légèrement hors champ. Quinze témoins (dont neuf Algériens) sont filmés de façon statique, en plan moyen rapproché ou en gros plan, dans des cadres banals ou difficiles à distinguer (dans des appartements dénués de touches personnelles, dans une cave vide, ou à l'extérieur – sur les berges de la Seine ou derrière une gare). L'entrecoupement des interviews crée un récit cohérent sur le plan temporel et narratif, tout en préservant le portrait individuel de chaque sujet. Cette technique permet de raconter une histoire collective et de souligner en même temps l'individualité de chacun, proposant ainsi au spectateur un aperçu de leur psychologie personnelle et leur expérience subjective du 17 octobre. Adi elle-même a constaté que son statut de femme arabophone a facilité la prise de contact, créant, surtout avec les femmes, une atmosphère d'intimité et de confiance : « Ce rapport naturel et cette confiance mutuelle leur ont permis de se livrer devant la caméra, de témoigner de leur histoire sans tabou, des récits longtemps tus, touchant parfois à l'intime[16]. »

À la différence d'*Ici on noie les Algériens*, dans *Octobre à Paris* presque toutes les séquences de témoignage sont filmées en plan de demi-ensemble, représentant des groupes sur leurs lieux de travail, en famille, ou dans les allées et cabanons du bidonville de Nanterre. Lorsqu'un individu prend la parole, la caméra continue à filmer le groupe, en plan moyen ou moyen-long, ce qui permet un aperçu des relations

16 Y. Adi, « Note d'intention de la réalisatrice, » texte de pochette, *Ici on noie les Algériens*, AGAT Films et Cie, 2011, DVD, 90 min.

intersubjectives. Par exemple, dans une séquence située au début du film, Panijel met en scène cinq Algériens qui racontent les sévices subis aux mains de la police et des harkis : lorsqu'un homme rappelle sa souffrance et son humiliation, il est épaulé par ses « frères » qui confirment son histoire, servent d'interprètes, proposent des nuances, ou encouragent le témoin à continuer même lorsqu'il est troublé par l'afflux de souvenirs. Cette narration polyphonique sert à clarifier les événements pour le spectateur et à participer de façon limpide à un projet historiographique, mais elle suggère – et ceci est certainement aussi important – que les hommes témoignent non seulement pour la caméra, mais aussi pour eux-mêmes.

La décision de filmer en plan moyen est longuement commentée dans une fiche culturelle qui accompagne *Octobre à Paris* : « Il faut donc que chaque plan soit signifiant, que chaque personnage porte à tout instant sa condition, marquée non seulement en ce qu'il est et ce qu'il a vécu, mais par le lieu-même où il se trouve et par *la collectivité où il vit*. Donc, économie extrême de gros plans. Le plan moyen impose à la fois le personnage et son milieu[17]. » Cet élément paratextuel rend explicite les choix politiques et esthétiques du film et, en même temps, il permet de saisir quelque chose qui n'est pas forcément évident dans le film[18]. Une telle reconnaissance de la valeur esthétique et politique d'une certaine prise de vue suggère que son usage ne peut pas s'expliquer par les exigences situationnelles. Alors qu'il est vrai qu'à Paris en 1961 les Algériens vivaient plutôt en communauté, souvent entassés dans des maisons de fortune en bidonville, aucune considération pratique ou technique n'aurait empêché Panijel de filmer ses sujets en portraits individuels, s'il avait souhaité le faire.

Cependant, comprendre l'importance à la fois politique et esthétique du plan moyen permet aussi de mieux saisir la signification des rares moments où Panijel propose des gros plans ou des extrêmes gros plans. Lors d'une séquence qui suit de près la représentation de la répression du 17 octobre, Panijel fait défiler en silence des images de sept personnes, toutes filmées en plan rapproché statique. La parade reprend,

17 Anon., « Octobre à Paris », fiche culturelle éditée par l'UFOLEIS, *Image et Son* 160, mars 1963, p. 4. C'est moi qui souligne.

18 J'avoue n'avoir remarqué la quantité, voire la prépondérance, des plans moyens chez Panijel que lorsque j'ai constaté leur absence chez Adi.

toujours en silence, et chacun à son tour, les mêmes sujets, montrent à la caméra une blessure, une plaie, ou une cicatrice, filmée en gros plan rapproché, dénuée de contexte. Ces traces de la violence du 17 octobre représenteraient le *sur-texte* de l'historiographie de cet événement – il ne s'agit pas moins de la première inscription de la violence du 17 octobre sur le corps algérien. D'autre part, si ces portraits peuvent paraître sentimentaux, surtout à la lumière du projet politique du film, et s'ils semblent contredire ce dernier en faisant abstraction du milieu social, leur représentation dans une série produit plutôt l'effet d'un motif visuel récurrent qu'un effet d'individuation.

L'importance de la collectivité dans *Octobre à Paris* est visible dans les reconstitutions. Bien que certaines ne concernent qu'un seul acteur/témoin, deux reconstitutions sont souvent citées comme les moments clés du documentaire : la mise en scène du départ du bidonville vers la manifestation (séquence dans laquelle des centaines de personnes recréent le moment où elles formaient des colonnes) et la reconstitution d'une réunion de cellule où des cadres FLN expliquent les consignes et les enjeux de la manifestation. Dans un compte rendu publié par le journal *Positif*, Robert Benayoun interprète cette séquence comme ayant « une importance psychologique extrême dans la réalisation *a posteriori* de l'événement. » Plus loin, il note : « Dans cette scène capitale, les manifestants... comprirent pour la première fois en formulant leurs mots, le rôle capital de leur action envers la lutte de leurs frères sur le sol natal et le sens profond de leur combat[19] ».

Mais ces différences de représentation ne sont-elles pas simplement emblématiques des attitudes de leurs époques ? Après tout, l'importance de la collectivité et le désir de représenter les acteurs sociaux en bloc, que l'on retrouve chez Panijel, relèvent de l'éthos de la représentation de la lutte du tiers monde, où le collectif prime sur l'individu. On pourrait penser, par exemple, à *La Bataille d'Alger* de Gillo Pontecorvo (1966) dont les personnages dessinés à traits forts sont néanmoins englobés dans la lutte collective ; et malgré une certaine insistance sur l'histoire d'Ali la Pointe, cet anti-héros ne meurt pas seul dans le feu de l'action mais au sein de son groupe de révolutionnaires. De la même manière, on pourrait lire *Ici on noie les Algériens* comme mettant en scène le résultat naturel de la lutte anticoloniale, dans la mesure où

19 R. Benayoun, « Où commence le témoignage ? » *Positif* 49, 1962, p. 28.

Adi nous montre à quel point les catégories coloniales sont devenues désormais caduques et comment le sujet postcolonial a réussi à imposer sa subjectivité, n'étant plus défini par ce qu'Albert Memmi a appelé « la marque du pluriel[20] ».

Toutefois, avant de tirer des conclusions décisives quant à la représentation du sujet algérien dans les deux documentaires, il nous incombe de lire ces représentations non seulement comme le fruit d'une époque, mais aussi pour la valeur symbolique qu'elles portent en elles. Si les techniques formelles peuvent fonctionner comme métaphores, on pourrait dire que le film de Panijel se veut un plan d'ensemble : filmer non seulement l'homme, mais son environnement et la société qui l'entoure. Ne serait-ce que de par son titre, *Octobre à Paris* annonce un pan temporel plus large qu'une simple date et un sujet plus ambitieux que la mise en scène d'un événement isolé. Cette large vision est étayée par la structure narrative en trois actes qui rappelle la tragédie classique : le premier acte établit un contexte de violence policière durant les mois précédant la répression ; le deuxième se sert des photographies prises la nuit du 17 octobre afin de représenter la répression elle-même ; et le troisième révèle les expériences des rescapés. Cependant, les cinq dernières minutes du film, qui traitent de « Charonne » en entrecoupant des images d'archive avec des témoignages, dépassent le cadre temporel établi par le titre.

La décision non seulement d'inclure, mais de conclure sur les séquences de Charonne et les paroles des victimes françaises, produit peut-être une rature involontaire du 17 octobre. Comparées aux images du 17 octobre prises par Elie Kagan et animées (littéralement et de façon symbolique) par Panijel travaillant au banc-titre, les séquences filmiques de Charonne sont plus réussies sur le plan technique[21]. La clarté de ces images, renforcée par les témoignages des victimes françaises qui s'expriment avec plus d'aisance que beaucoup de victimes

20 A. Memmi, *Portrait du colonisé précédé du portrait du colonisateur*, Paris, Gallimard, 1985, p. 104.

21 Photographe français d'origine juive polonaise, Kagan a couvert l'actualité parisienne pendant des décennies. Parmi ses photographies les plus célèbres sont celles des événements d'octobre 1961, qui sont conservées à la Bibliothèque de Documentation Internationale Contemporaine (BDIC). En collaboration avec Jean-Luc Einaudi, il a publié un livre de ses photos du 17 octobre : voir J.-L. Einaudi et E. Kagan, *17 octobre 1961*, Arles, Actes Sud, 2001.

algériennes, crée une dissonance avec les tableaux « impressionnistes » du 17 octobre et le langage parfois approximatif des Algériens. Pendant les cinq dernières minutes d'*Octobre à Paris*, donc, le film atteint un paroxysme, comme si tout le projet filmique conduisait inéluctablement vers ce point de convergence, moment où une vision de la violence de l'État et ses victimes devient cristalline. D'autre part, ce montage plus serré ainsi que la meilleure qualité des images et du son sont doublés par l'unique apparition d'une narration en voix off. Ce narrateur, un brin didactique, semble vouloir s'assurer que le spectateur arrive à la conclusion voulue par le film :

> La porte se ferme sur le 17 octobre. Mais, ne partez pas ! La porte va se rouvrir. C'est sur nous qu'elle se rouvre ! Sur nous qui ne sommes pas des bicots, qui n'étions pas des youpins, il y a vingt ans. (...) À bas le fascisme et la guerre ! disent les Français. Et l'autobus n'emportera plus les Algériens vers la merde et la mort. Des hommes pacifiques, comme le 17 octobre... comme le 17 octobre... il y les autres, la même police... la même police de basse police qui cogne, qui cogne et qui tue ! Et voici le métro Charonne ! La station de métro Charonne ! Le métro Charonne... Cet homme saoulé de coups ne sait pas où il en est. Au fascisme simplement... Qu'est-ce qu'il faut donc encore pour que tout le monde comprenne que tout le monde est un youpin, que tout le monde est un bicot ?

À ce moment même, après ces séquences filmiques de Charonne, la caméra vient se poser sur une photographie prise le 17 octobre, recadrant certains détails alors que la voix off ponctue ses mouvements : « Qu'est-ce qu'il faut donc pour que tout le monde comprenne que tout le monde est youpin, que tout le monde est un bicot. D'accord Kader ? » Cette dernière question émane d'un écran noir, et on entend la réponse de Kader, également en off : « Oui, c'est d'accord. » Les dernières images du film sont hautement ambivalentes : elles nous ramènent aux corps algériens suppliciés, replaçant le sujet algérien au centre du cadre et lui permettant d'avoir littéralement le dernier mot. Or, ces images pourraient fonctionner comme la synthèse de l'aliénation de l'Algérien : le dernier mot de Kader effectivement désincarné, le corps étant définitivement hors champ, et sa voix n'est pas celle d'un sujet politique pleinement conscient mais plutôt d'un larbin de l'ordre colonial qui ne fait que répéter les paroles du narrateur en voix off. « D'accord, Kader ? » Oui, répète-il, « c'est d'accord. »

Sur le plan symbolique, si *Octobre à Paris* est un plan d'ensemble, brossant un large tableau à la fois historique et idéologique, mais qui se termine, sans doute à son insu, sur un geste qui détournerait le spectateur de la spécificité des Algériens et leur expérience du 17 octobre, cinquante ans plus tard, le « gros plan » proposé par Adi avec *Ici on noie les Algériens* semble y apporter un amendement. Le titre à lui seul, avec sa référence au *graffiti*, tend à distiller une spécificité historique et topographique. La polysémie du marqueur déictique « ici » lui permet de fonctionner littéralement (c'est-à-dire d'indiquer un point physique du fleuve) et aussi en tant que synecdoque, indiquant par extension la Seine, Paris et même la République.

C'est alors « ici », au niveau du fleuve et à l'échelle de la France, qu'Adi situe son intervention, établissant la question de la reconnaissance légale et de la restitution comme cadre du film. Le film commence avec une série de titres décrivant l'état des lieux juste avant que le film ne sorte en salles : « En 2011, au moment de la sortie en salle de ce film, l'état observait toujours le silence sur ses responsabilités » ; il se termine avec un montage de « preuves » : images d'articles de presse datant des journées suivant le massacre et photographies des manifestants algériens, travaillées en postproduction afin de donner l'impression qu'elles flottent dans la Seine. Le fleuve, rendu tour à tour opaque et transparent, révèle et cache ces images d'Algériens, lesquelles hésitent – à l'écran comme dans la vie – entre visibilité et invisibilité. Les derniers titres viennent se rajouter à ce palimpseste : « Aujourd'hui, les victimes attendent toujours que l'état français reconnaisse ses responsabilités. »

S'il est tentant de conclure que le film d'Adi « corrige » celui de Panijel en attirant notre attention sur la spécificité du 17 octobre et en nous proposant (comme seul le temps pouvait le permettre) une archive plus vaste de « preuves », il faudrait néanmoins revenir à nos conclusions préliminaires concernant la représentation des sujets algériens dans chacun des films et complexifier l'analyse une dernière fois. En dépit de ses déclarations officielles, Adi semblerait avoir créé un film qui a également dépassé son contexte temporel défini. En filmant ses sujets seuls, sans rapport les uns avec les autres et dans des cadres vidés de signes de vie, Adi figure les Algériens comme autant de monades dont le décalage d'avec leur contexte social français est souligné par le choix, fait par la plupart, de parler en arabe plutôt qu'en français. En représentant l'aboutissement, probablement logique, de la lutte coloniale, Adi a-t-elle mis en avant l'échec de l'intégration comme un effet implicite du 17 octobre et sa rature de l'histoire française ?

En dépit des multiples interprétations possibles quant à la représentation des Algériens chez Adi et Panijel, il est certain que la campagne publicitaire d'Adi a été beaucoup plus agressive et globale que celle montée par les distributeurs du film de Panijel. Sorti en salles et en DVD au même moment, et avec une représentation importante lors des festivals internationaux, où il a d'ailleurs gagné plusieurs prix, *Ici on noie les Algériens* est doté de sous-titres en anglais, détail qui le rend accessible aux non-francophones. *Octobre à Paris*, en dépit de sa récente adaptation numérique en 2011, voyage avec plus de difficultés : le film n'est pas sous-titré en anglais, ce qui lui permettrait d'atteindre un public plus large. Or, même un public francophone peut avoir du mal à déchiffrer le français de certains témoins, et dans ces cas un sous-titrage en français aurait été d'une grande utilité. Et, en fin de compte, bien que la préface filmée par Mehdi Lalloui réponde au désir de Panijel de donner des éléments contextuels, sa présence sur le DVD fait que les « bonus » s'étendent sur 70 minutes, à savoir quelques minutes de plus que le film lui-même[22]. Par conséquent, *Octobre à Paris* paraît en partie lacunaire : du fait de l'absence de sous-titres qui lui fait perdre une partie de son sens et les détails de certaines scènes, comme il est inutilement rallongé de surplus filmique.

Ici encore, peut-être faudrait-il simplement comprendre les différents contextes de production des deux films, ainsi que les circonstances politiques, logistiques et économiques. Or, n'est-il pas possible que le champ de vision plus réduit d'Adi – qui fait figurer le 17 octobre comme un événement à part et comme pouvant être nettement contenu dans un titre informatif – rende *Ici on noie les Algériens* plus facile à regarder finalement, le genre de film que l'on peut « aimer » sur Facebook. Le film de Panijel, au contraire, dans la mesure où il fait référence tant aux manifestants français tués à Charonne, qu'à la seconde guerre mondiale et à la déportation des juifs, et qu'il représente le 17 octobre comme un événement parmi d'autres dans une plus longue histoire de violence étatique et de « chasses aux faciès », serait, en fait, plus profondément troublant. Si cinquante ans de délais ont permis, à la manière d'Adi, la

22 Il est présent dans un deuxième documentaire sur le 17 octobre : S. Pascot (réal.), *17 octobre 1961*, 2011, DVD.

création d'une vision en palimpseste de la culpabilité de l'état, c'est le vide noir de la dernière image de Panijel, ainsi que l'obscurité littérale et symbolique qu'elle implique, qui fournit la métaphore visuelle la plus apte à rendre compte de sa complexité.

Lia Nicole BROZGAL
University of California,
Los Angeles

LE FANTÔME DE LA GUERRE D'ALGÉRIE À PARIS DANS *LE JOLI MAI* (1962) DE CHRIS MARKER[1]

Le présent article se propose d'analyser la présence fantomatique de la guerre d'Algérie dans le film *Le Joli mai*[2] (1962) de Chris Marker. Le film[3] nous présente un portrait de Paris et de ses habitants, juste après la signature des accords d'Évian. Plusieurs personnes sont interviewées – en faisant référence au film *Chronique d'un été* (1961) de Jean Rouch et Edgar Morin – les questions posées brassant plusieurs sujets : le bonheur, le quotidien, le travail, la ville, l'espoir, etc. Il s'agit d'un documentaire où l'affaire algérienne ne se montre pas comme sujet central en apparence, bien qu'elle hante le film entier.

Dans la deuxième partie, plusieurs séquences concernent directement la guerre d'Algérie, avec les images de l'affaire de la station

1 La recherche menée pour écrire cet article a été faite pendant le doctorat réalisé avec le soutien de la Fondation d'Appui à la Recherche de l'État de São Paulo.

2 La présente analyse se base sur la version du film *Le Joli Mai* (1962) – sortie en DVD produit par ARTE en 2013, suite à une restauration faite en 2009 – d'une longueur de 146 min où il y a eu des coupes par rapport à la version française originale demandée par Chris Marker (les parties coupées sont dans le bonus). Dans la fiche technique, la réalisation est de Chris Marker et Pierre Lhomme, Catherine Varlin apparaît comme « librettiste », mais il faut aussi signaler que le scénario original a été écrit par Chris Marker et Catherine Varlin-Winter, qui était aussi productrice de ce film ainsi que d'autres œuvres de Marker comme *Mystère Koumiko* (1965) et le film collectif *Loin du Vietnam* (1967). La maison de production Sofracima / La Sofra, de Catherine Varlin-Winter, a surgi comme Société Franco-Africaine de Cinéma en 1958, et au début s'est dédiée à la production de films sur la décolonisation dans le continent africain. Je remercie Laurence Ursino qui a travaillé avec Winter pour ces informations.

3 Il faut signaler, dans cette période des années 1960, d'autres films réalisés par des cinéastes français proches de Chris Marker où la guerre d'Algérie apparaît aussi comme dans les fictions, *Cléo de 5 à 7* (1962) d'A. Varda et *Muriel ou le temps d'un retour* (1963) de A. Resnais. On peut également ajouter *Le Petit soldat* (1960) et *La Chinoise* (1967) de J.-L. Godard.

de métro Charonne du 8 février 1962, et celles de la gigantesque manifestation du 13 février qui eut lieu Place de la République. Vers la fin du film, un jeune Algérien évoque la question du racisme, de l'oppression et du travail. L'Algérie est également présente de façon indirecte, par exemple à travers les images du « beau décor parisien ». Ce sujet d'actualité à l'époque du tournage du film apparaît comme un fantôme. *Le Joli Mai* est à la fois un film politique et un « portrait complexe[4] » de la ville de Paris et de la France. Il nous semble intéressant de suivre la présence spectrale du conflit dans l'ensemble du film. Le sujet dérange les personnes interviewées montrant que la guerre d'Algérie et ses traumatismes étaient silencieusement présents, comme en filigrane derrière la scène. Selon Cynthia Marker[5], il s'agit d'un film qui montre le malaise des gens face à la guerre qu'ils veulent oublier et dont la plupart préfèrent nier la responsabilité politique. On propose d'analyser le film à partir de cette perspective d'une mise en scène du souvenir-écran et de la projection des récits refoulés sur le conflit entre Algérie et France, notamment dans les parties du film les moins citées. De plus, ce film illustre la réflexion de Kristin Ross[6] sur la nouvelle société française qui prend forme à partir de la technicisation, par la privatisation de la vie et la colonisation du quotidien comme le revers de la décolonisation.

Le film commence par une dédicace à tous ces prétendus Parisiens heureux, aux « happy many ». On voit l'image d'une femme sur le toit de Saint Eustache, suivi d'une séquence d'images exposant un panorama de la ville de Paris, tandis que le commentaire nous présente le projet du film : « Est-ce la plus belle ville au monde ? On voudrait la découvrir à l'aube, sans la connaître sans la doubler d'habitudes et de souvenirs. On voudrait la deviner par les seuls moyens de détectives de roman : la longue-vue et le microphone[7] ».

---

4 Voir S. Di Iorio, C. Marker, « The Truth about Paris: Reconsidering *Le Joli Mai*'s investigation of French Social Attitudes in the Early Sixties », in *Film Comment*, May-June 2003, p. 46-47. N. Alter, *Chris Marker*, Champaign, Illinois University Press, 2006, p. 80-82.

5 C. Marker, « Self-censorship and Chris Marker's *Joli Mai* », in *French Cultural Studies* 12/023, 2001, p. 25.

6 K. Ross, *Fast Cars, Clean Bodies – Decolonization and the Reordering of French Culture*, Cambridge, MIT Press, 1995.

7 *Le Joli Mai*, 1962. Toutes les citations qui font référence au dialogue du film ont été faites à partir de la transcription de C. Chazalon, (disponible sur : http://www.chrismarker.

Il s'agit de présenter un portrait de la ville de Paris, à travers les moyens du cinéma direct – la caméra comme longue-vue et le microphone – qui peuvent nous révéler des aspects de la ville et de ses habitants qui n'ont pas été vus ou aperçus. Dans cette perspective, il est intéressant d'établir un parallèle entre l'enquête du roman policier – où il y a toujours un mystère à résoudre, où il faut révéler quelque chose – et le film. Ainsi, dans ce Paris qui « est le plus beau décor du monde », les habitants mêmes, à travers la caméra peuvent nous dévoiler la ville. Alors que le commentaire poétique, apparemment innocent et idyllique fait déjà allusion à des éléments clés qui nous renvoient à la guerre d'Algérie :

> Paris c'est une ville où l'on voudrait arriver sans mémoire [...] s'il y a toujours ici, le même dosage entre la lumière et la brume, entre aridité et tendresse [...] si l'on nomme encore par leur nom d'allégories le Val-de-Grâce, la Porte Dorée, le Point-du-Jour[8]...

Il faut pouvoir lire l'ironie de ce commentaire : alors qu'il nous invite à considérer la ville de Paris sans mémoire, les « lieux de mémoire » évoqués ainsi que les images qui y sont associées, nous renvoient à l'histoire de la France et à un passé qui exposent des rapports avec l'actualité de l'époque et le conflit en Algérie. Il en va de même des oppositions entre « lumière et brume », soit entre ce qui est clairement visible et ce qui ne l'est pas, entre « aridité et tendresse » qui renvoient aux sentiments cachées qui inquiètent les personnages interviewés. Le Val-de-Grâce est l'abbaye devenue hôpital militaire après la Révolution Française et plus tard école de médicine militaire[9]. En faisant référence à la définition de l'allégorie qui désigne « l'idée de parler d'une chose en faisant référence à une autre chose, le contenu manifeste prenant la place de quelque chose qui, malgré son absence, est pourtant son signifié[10] », le Val-de-Grâce

---

ch/co-realisation/le-joli-mai-version-finale.pdf), en observant également les fragments et parties du scénario qui ont été publiés dans *Artsept* 2, 1963, p. 88-92, et dans *Miroir du Cinéma* 4, jan-fév-mars 1963, p. 12-15.

8 *Le Joli Mai*, 1962.

9 Voir S. Chaumont, *Contribution à l'hôpital de Val de Grâce et de ses pharmaciens chefs – du champ de bataille à la bataille des grandes découvertes*, (thèse) 9 juillet 2013, Université Paris Decartes – Faculté de Sciences Pharmaceutiques et Biologiques, p. 11-19 : http://www.bium.univ-paris5.fr/histmed/asclepiades/pdf/chaumont_2013.pdf [consulté le 19 juillet 2016].

10 I. Xavier, *Alegorias do Subdesenvolvimento – cinema novo, tropicalismo, cinema marginal*, São Paulo : Cosac Naify, 2012, p. 445.

qui est en fait l'hôpital où sont soignés les militaires, ou encore ceux qui ont été blessés pendant la guerre, la plus récente étant celle d'Algérie désigne le contraire de ce qu'il signifie littéralement – la grâce ou salut divin. L'évocation de ces lieux devient encore plus évidente avec l'image allégorique de la statue en bronze de Minerve et celle de la Porte Dorée. Ce dernier lieu accueillit l'exposition coloniale de 1931. À cette occasion, la statue a été nommée « La France apportant la paix et la prospérité aux colonies[11] ». Ce monument ainsi que d'autres témoignent de la volonté de la France coloniale « d'imprimer sur le paysage français l'effort d'expansion et ses résultats », « d'inscrire l'action coloniale[12] » dans les villes de la métropole. La statue que l'on voit à l'écran désignait à l'origine la France en sage Minerve, symbole de réussite de l'entreprise coloniale. Après la signature des accords d'Évian, cette référence prend une tournure extrêmement ironique et amère. L'évocation de ces lieux avec leurs monuments nous renvoie à une blessure, encore ouverte, liée à la guerre et aux luttes pour la décolonisation. En outre, le Point-du-Jour où a eu lieu la barricade de résistance[13] à l'armée, fait référence à la fin de la Commune de Paris en mai 1871. Une fois encore, ces lieux apparemment ordinaires et « en paix » gardaient la mémoire des tueries, de conflits, ou d'une expérience de lutte pour l'émancipation populaire comme dans le cas de la guerre d'Algérie. Il est impossible d'ignorer le rapport entre cette histoire, la mémoire qui en résulte et la guerre qui vient juste de finir, et que personne n'osait alors nommer[14].

Le titre du film s'affiche sur l'image aérienne des passants vus de la Tour Eiffel. Cynthia Marker remarque à ce sujet le double caché des personnes (et de la ville) se dessinant déjà à travers les ombres des piétons. Sur cette image s'inscrit le texte : « La scène se passe au mois de mai

11 E. Cohen, *Paris dans l'imaginaire national dans l'entre deux guerres*, Paris, La Sorbonne, 1999, p. 50. Il faut observer que le bâtiment construit pendant l'exposition coloniale, « le Palais de la Porte Dorée » a été Musée de Colonies (1932-1935), puis Musée de la France d'Outremer (1935-1960), Musée des arts africains et océaniens (1960-1990), Musée National d'Arts Africains d'Afrique et d'Océanie (1990-2003) et Musée de l'Histoire de l'Immigration (2007-). Voir http://www.palais-portedoree.fr/fr/decouvrir-le-palais

12 R. Aldrich, « Introduction : Colonies et commémoration », in *Outre-mers*, 93/350-351, 2006, p. 5-7.

13 M. Caron, « L'héritage de la commune, un héritage à l'actualité reformulée », in *La Commune de Paris aujourd'hui*, édit. J. Zwirn, Paris, Les Éditions de l'Atelier, 1999, p. 21-25.

14 B. Stora, *La Gangrène et l'oubli…*, *op. cit.*, p. 14-18.

1962, désignée par certains, à l'époque, comme le premier printemps de paix[15]. » Il nous semble que dès lors on annonce ce qui sera dévoilé au cours des entretiens et tout au long du film et qui n'est pas immédiatement manifeste sur les images de « paix » apparente.

Le début de la première partie nous montre l'ombre de la Tour sur le pont et les gens qui le traversent. Plusieurs images de la ville de Paris affluent, tandis que nous écoutons la belle citation de « Prières sur la Tour Eiffel » de *Juliette aux pays des hommes* (1924) de Jean Giraudoux qui donne son titre à cette partie du film. Nous entendons la voix de Chris Marker qui annonce que le texte a été écrit le 1er mai 1923 sur la Tour. Il s'agit d'un éloge de Paris comme ville de l'esprit, le lieu des intellectuels libres où tout est consacré à la pensée. Pourtant le premier interviewé, un vendeur de vêtements, contraste justement avec cette image d'une ville de raison et de liberté, car pour lui il importe avant tout d'« être heureux », d'avoir de « l'argent dans la caisse », car la vie se résume au travail. Curieusement la liberté pour lui est premièrement considérée de façon très pragmatique et limitée comme « pendant le trajet, quand il n'y a pas beaucoup de circulation[16] », deuxièmement, il n'est pas libre, car il est surveillé par sa femme même lorsqu'ils regardent la télévision le soir. La réaction de Marker est de lui demander ce qu'il se passe en cas de désaccord sur le choix de la chaîne, ce à quoi le vendeur répond qu'il compte travailler plus pour s'acheter une autre télévision. Selon lui, il suffit que sa famille aille bien et qu'il gagne de l'argent. La politique ne le concerne pas, tant que cela ne lui fait pas de tort, en affirmant encore que « Vous allez me dire que je suis égoïste ! Mais si 40 millions de Français étaient égoïste, dans l'ensemble, cela ferait une politique[17] ! » La parole de cet interviewé annonce de façon très claire l'air de ces années 60, le diagnostic même de cette époque : une France de l'après guerre qui se modernise, qui bascule vers une société de consommation individualiste dont le modèle est la société américaine. Contrairement à la ville de Giraudoux faite d'esprit, de raisonnement,

15 *Le Joli Mai*, 1962. Le « printemps de paix » faisait référence aux accords d'Évian, signés en 18 mars 1962, dont une partie comprenait le cessez-le-feu, après plus de sept ans de conflit. Pourtant, la violence a continué en Algérie avec les attaques de l'OAS avec les plasticages, les fusillades, les incendies. Voir B. Stora, *Histoire de la Guerre d'Algérie (1954-1962)*, Paris, La Découverte, 2004, p. 76-80.

16 *Le Joli Mai.*

17 *Ibid.*

de goût[18], la ville qui se montre ici est celle de « la colonisation de la vie quotidienne[19] ». Tout comme Ross, j'estime que *Le Joli Mai* dévoile cette nouvelle vie de l'après guerre[20], où les luttes pour la décolonisation s'accompagnent d'un déplacement ou d'une introjection du contrôle et de la discipline coloniale dans le corps et dans la vie des citoyens de la métropole, à travers la privatisation de la vie même. L'accélération technique remplit le monde d'objets à acheter – les automobiles et les machines domestiques. Elle provoque un repli de la vie sur le domaine du privé, d'où l'espace public est rejeté. On retrouve cette « politique de l'égoïsme » dont parle le premier interviewé.

La scène suivante nous montre les embouteillages à Paris, et les automobiles qui circulent, pendant que le commentaire fait mention d'une ville bondée, qui s'accroît de façon désordonnée, où il y « a plus d'écoliers que d'écoles, plus de malades que d'hôpitaux [...] plus de voitures que de rues[21] ». Ensuite, entre les images de voitures et de mouvements dans la rue, on voit le visage d'une jeune femme toute seule, derrière une fenêtre sur laquelle on peut voir les reflets de la rue, alors que le commentaire se poursuit : « tandis qu'on découpe cette multitude en visages, et voici qu'apparaît ici sa cellule originelle : la solitude[22]. » En effet l'image de la solitude traduit cette nouvelle vie où c'est la sphère du privé qui importe, dans une vie technicisée et aseptisée. Le commentaire se réfère à nouveau à l'idée du bonheur non réalisée – question posée à plusieurs interviewés. Avec cette nouvelle vie privée colonisée, tournée vers la consommation, le vide s'établit comme mode de vie où le « travail n'achète que l'oubli du travail[23] », et n'est comblé que de simulacres du bonheur, ou « zombies du bonheur » qui serait ces légendes modernisées : la télévision, l'automobile et d'autres objets.

Dans cette espèce de seconde haussmannisation de Paris[24], on aborde le sujet de la transformation de la ville, des grands bâtiments qui changent

18 *Le Joli Mai*, citation de Giraudoux que Marker fait : « Prières sur la Tour Eiffel », in *Juliette au pays des hommes*, Paris, Émile-Paul, 1924, p. 176.

19 K. Ross, *op. cit.*, p. 77.

20 *Id.*, *ibid.*

21 *Le Joli Mai*, 1962.

22 *Id.*, *ibid.*

23 *Id.*, *ibid.*

24 On fait référence à la modernisation et grande transformation urbaine qui a eu lieu à Paris au XIXe siècle, sous le Second Empire, où le préfet Haussman a modifié complètement la ville avec un projet urbain moderne et des grands travaux. Ce projet comprenait

le paysage parisien, de la « névrose de la solitude à mille fenêtres[25] », des quartiers démolis, des problèmes de logement, des « grands ensembles », de la banlieue et des bidonvilles. Dans cette séquence, le bistrotier de la rue Mouffetard, le Parisien même qui risque d'être expulsé, dit qu'il sera « exproprié », « expatrié », « déporté ». Cela revient à dire que les expulsions et les expropriations que la France, en tant que colonisateur, effectuait ailleurs, notamment en Algérie – colonie de peuplement, où les terres avaient été spoliées[26], pour que les colons français puissent établir leur propriété et leur mode de production moderne –, arrivent désormais en métropole, dans un mouvement de contrôle et de modernisation qui se replie sur soi-même. De même, suite à la colonisation en Algérie, à la confiscation des terres et à la mécanisation de l'agriculture, de nombreux Algériens seront obligés d'émigrer. De même, en raison du besoin important en main-d'œuvre, après la deuxième guerre, ces immigrés ou expatriés algériens seront de plus en plus nombreux en métropole[27]. En outre, il faut se rappeler qu'alors que ce processus de colonisation de la vie quotidienne en France a lieu, dû aux mouvements de décolonisation en Algérie, la communauté pied-noire et d'autres groupes d'expatriés, arrivent en masse au début des années 60 en France[28]. Les immigrés habiteront majoritairement les banlieues, les bidonvilles et les logements précaires. Sur la fin de l'entretien avec la dame qui cultive des fleurs dans un grand ensemble en banlieue, on aperçoit soudain une affiche sur laquelle la caméra zoome pour nous montrer les « mesures de protection contre les effets de bombardements aériens[29] ». Cela nous

également le contrôle social – l'ouverture de grands boulevards pour prévenir les émeutes populaires, ainsi que l'expulsion des pauvres du centre vers la périphérie, qui engendre la ségrégation urbaine. (Voir A. Faure, « La ségrégation, ou les métamorphoses historiques du Baron Haussman », in *Diversité sociale, ségrégation urbaine, mixté*, édit. M-C. Jaillet, E. Perrin, F. Ménard, Paris, Plan Urbanisme, construction et architecture, 2008, p. 51-64). Dans les années 60, la ville de Paris est marquée par une autre grande transformation, avec une importante croissance, avec l'expansion de la ville, la construction des grands ensembles et des immeubles en béton. Il y a conjointement l'augmentation d'habitants d'abord dans des bidonvilles et l'expansion de la banlieue, donc plus de ségrégation sociale touchant surtout les immigrés qui venaient d'Algérie et d'autres colonies françaises. Voir M. Winock, *Chronique des années soixante*, Paris, Seuil, 1987, p. 121-124.

25 *Le Joli Mai*, 1962.

26 B. Stora, *Histoire de l'Algérie coloniale (1830-1954)*, Paris, La Découverte, 2004, p. 22-24.

27 K. Ross, *op. cit.*, p. 153.

28 *Id.*, *ibid.*, p. 152.

29 *Le Joli Mai*, 1962.

renvoie à la Seconde guerre mondiale, mais aussi à la guerre d'Algérie qui venait de s'achever. Les images suivantes nous montrent également le quartier détruit et d'autres affiches : l'une concernant une réunion de chrétiens sur le thème de la « soif de justice » et une autre annonçant un « cours de lecture pour Nord-Africains[30] ». Ce procédé indique de manière indirecte et allusive, la présence du sujet de l'Algérie. La séquence qui suit est consacrée à une famille de neufs enfants qui habitait dans une seule pièce, et qui réussit, après sept ans d'attente, à être relogée dans un nouvel appartement. Au moment où l'on présente leur nouvelle chambre aux filles, le sujet des harkis[31] est évoqué. Quand on demande à l'aînée si « c'était embêtant » de dormir avec sa mère, la mère répond que sa fille avait très peur des harkis qui habitaient derrière chez eux. La France a interdit aux musulmans, même menacés, de s'installer dans la métropole. Ceux qui réussissent à s'y installer connaîtront de nombreuses difficultés, en étant exclus de la société française, comme dans le film où ils sont « l'autre », objet de crainte et de soupçons, tout comme la majorité des immigrés, surtout maghrébins en France jusqu'à nos jours. Dans cette partie, une nouvelle fois, on change vite de sujet, comme s'il s'agissait de quelque chose d'interdit, et la conversation se poursuit sur l'école des enfants.

La séquence suivante se déroule à la Bourse, en commençant tout d'abord par l'entretien avec deux jeunes commis qui parlent de leur ambition, de leur goût du pouvoir et de l'argent. À un certain moment, Chris Marker leur demande s'ils s'intéressent à des sujets autres que leur métier, et si les grands événements du monde ont de l'importance pour eux – la question sera posée par la suite à beaucoup d'autres interviewés[32]. Les jeunes répondent à la question, en disant que les événements ont une importance dans la mesure où ils ont une influence sur la Bourse. À ce propos, Chris Marker demande quels seraient les événements d'intérêt en ce moment, ce à quoi, un des garçons mentionne « le putsch d'Algérie ». La caméra nous montre comment ils

30 *Id.*, *ibid.*

31 Les harkis – les musulmans algériens qui ont combattu du côté de l'armée française contre l'ALN – sont doublement abandonnés – par les Algériens, ils seront considérés comme des traîtres à éliminer, juste après la signature des accords de paix, comme signale B. Stora, *Histoire de la Guerre d'Algérie (1954-1962)*, *op. cit.*, p. 80-82.

32 La même question sera également posée à Koumiko, pendant les jeux olympiques de Tokyo dans *Mystère Koumiko* (1965).

étaient regardés pendant l'interview par un petit groupe d'hommes plus âgés qui semblait écouter la conversation. Après la mention de l'affaire d'Algérie, les jeunes seront interrompus par un homme menaçant l'équipe de tournage de prévenir le syndicat du fait qu'ils étaient en train d'« interviewer des mineurs ». Le sujet « Algérie » représentait vraisemblablement un tabou : toute référence faite au conflit est suivie d'un silence ou bien se trouve interrompue par un arrêt ou une coupure. Un déni persistant se manifeste autour de l'Algérie tout au long du film. En somme, l'apparition de cette guerre sur la scène provoque immanquablement une interruption indiquant un trouble. Plus tard, d'autres hommes qui travaillent à la Bourse parlent. En réponse à la question « quelle est la valeur qui a le plus augmenté » ce jour-là, l'un d'eux dit que c'était Cofirep (Compagnie Financière de Recherche Petrolière) et il explique qu'il s'agit des « affaires de recherche de pétrole », même si la situation « n'a jamais été si mal en Algérie depuis 58[33] ». À ce propos, Chris Marker demande s'il s'agit d'un hasard ou si « c'est la catastrophe qui fait monter le cours ». Les hommes réagissent en affirmant qu'il ne s'agit pas d'un hasard, que c'est un fait « empirique », dont ils sont incapables d'expliquer la contradiction. D'après eux, le comportement de la Bourse est décrit comme un « état d'esprit » ou « une psychose[34] », où le jugement et le raisonnement ne servent pas. Marker leur demande, de façon allusive, si leur réaction par rapport à l'Algérie est toujours d'abord liée à la Bourse ou en fonction d'une espèce de « conscience nationale » ou d'autres choses, ce à quoi un monsieur répond que « la première réaction est nationale », en faisant référence à leur génération, fière de la France. À cette époque-là, une espèce de nostalgie de l'Algérie française se manifeste déjà. Ainsi, encore une fois, les événements qui ont lieu dans l'ex-colonie et en ex-métropole ont des significations différentes qui révèlent la nouveauté de l'époque. Pour la France, d'une part, il y a le sentiment de perte de l'ancien empire, un trauma inavouable, d'autre part la technicisation de la France avec ses jeunes cadres et l'avènement de « l'homme économique » comme figure centrale. Dans cette nouvelle ère, toutes les sphères de la vie sont gagnées par la logique des entreprises, dont les décisions sont fondées sur « l'efficacité » asceptique, qui ne se mêle pas à une véritable politique publique, ni aux affects, pour

33 *Le Joli Mai*, 1962.
34 *Id.*, *ibid.*

reprendre Kristin Ross[35]. Comme si l'arrivée de cette nouvelle France moderne ne pouvait se faire qu'en oubliant ou en refoulant rapidement cet épisode de débâcle d'un ancien et vieux colonisateur désormais dépassé, alors qu'en Algérie, l'indépendance a inauguré le temps d'un nouvel être humain, d'un homme entier et révolutionnaire, même si comme on le sait, des désastres ont suivi la formation du nouvel État nation et la décolonisation réelle[36] reste toujours une tâche à accomplir.

Vers la fin de la première partie, c'est un couple d'amoureux qui est interviewé, les deux semblent enfermés dans leur bulle, complètement détachés du monde. Tel que le précise Kristin Ross, dans cette société privatisée, le cœur même de la vie devient le couple[37] et cette séquence du *Joli Mai* révèle cette indifférence envers les autres, comme la politique d'égoïsme affirmée par le vendeur au début du film représente cette nouvelle période, ainsi que le nouvel « agenda national » de la France urbanisée, moderne et efficace. Mis à part l'importance du couple pour des raisons de reproduction afin de garantir les travailleurs de l'avenir, il s'agit aussi d'être le nouveau public consommateur, au point que le nouveau mythe de la réalisation du bonheur devient l'amour et la vie à deux[38]. L'identité ne se fait donc plus à partir de l'appartenance à une

35 K. Ross, *op. cit.*, p. 165-167.

36 Selon A. Mbembe, la décolonisation apportait la promesse d'autodétermination – celle de créer une nouvelle communauté, ainsi qu'une autre logique du futur – mais désormais les mouvements de libération et les nouveaux gouvernements sont restés attachés à une démarche de modernisation et des projets de progrès. Pourtant, après l'indépendance officielle, plusieurs luttes internes dans ces sociétés éclatent. Ces nouveaux gouvernements étaient marqués par « les formes sociales anciennes et les structures économiques héritées de la colonisation », donc « dans la plupart des cas, elles aboutirent à la mise en place d'une forme de domination que certain ont qualifié de "domination sans hégémonie" ». Ainsi, ces états postcoloniaux, au lieu du renouvellement rêvé, installent des régimes autoritaires, marqué par les disputes de pouvoir, des inégalités sociales, des économies d'extraction et des conflits. (Voir A. Mbembe, *Sortir de la grande nuit – essai sur l'Afrique décolonisée*, Paris, La Découverte, 2013). Dans le cas de l'Algérie, après l'indépendance, on voit l'effacement d'autres mouvements d'indépendance, l'affirmation d'un parti unique, la montée de l'autoritarisme, plusieurs disputes, l'étouffement de certaines identités, notamment les Berbères. Au lieu de l'établissement d'une souveraineté, il y a également une dépendance économique de la France surtout en ce qui concerne l'activité pétrolière, qui met en place une forme de patronage marqué par la corruption, où le revenu n'a pas bénéficié au peuple. Voir B. Stora, *La Gangrène et l'oubli…*, *op. cit.*, p. 138-179. H. Roberts, *The Battlefield: Algeria 1988-2002 – Studies in a Broken Polity*, London, Verso, 2003, p. 306-309.

37 K. Ross, *op. cit.*, p. 89.

38 *Id.*, *ibid.*, p. 127.

collectivité, c'est maintenant le foyer, l'espace domestique du couple qui s'affirme comme lieu de « sécurité et stabilité[39] ». Le couple du film ne pense qu'à son univers privé, à son avenir, à son logement, à « améliorer l'intérieur », à la voiture et au fait qu'ils sont uniques bien qu'ils soient tellement semblables à d'autres jeunes couples. Chris Marker pose à nouveau la question au sujet des grands événements historiques, mais les deux répondent qu'ils ne veulent pas penser à cela. Bien que le jeune homme soit un soldat en uniforme, le couple continue à nier les « événements » autour de lui, comme s'ils étaient hors du monde historique. Alors que la guerre d'Algérie n'avait, semblait-il, rien à voir avec eux, le jeune homme précise qu'il repartait bientôt « en AFN » (Afrique Française du Nord), mais qu'il n'« attache pas d'importance à ça[40] ». Il nous semble très naïf de les voir croire à leur « bonheur éternel » dans un monde anhistorique, sans penser à l'avenir.

Quant au début de la deuxième partie du film, comme le montre Cynthia Marker, « Le retour de Fantômas » évoque le rôle du personnage de fiction policier populaire (livre, films et bande dessinée) comme « métaphore parfaite pour une nation qui cherche à nier sa responsabilité politique[41] ». Pour Cynthia Marker, le fait que le nom de ce personnage fictif renvoie au « fantôme », ne pouvait pas être plus approprié pour désigner le retour du refoulé, faire surgir les crimes et tortures qui ont été commis par la France pendant cette guerre. Marcel Allain et Pierre Souvestre créent Fantômas en 1911, le personnage connaît alors un grand succès auprès du public, peuple l'imaginaire populaire. Le personnage de Fantômas, grand criminel qui échappe toujours à la police, « incarne tout à la fois les pulsions criminelles refoulées, le bas-fond de la ville moderne, l'inconscient de la modernité ou encore l'absence de sens nécessairement angoissant d'une modernité chaotique[42]. » Dans le film, l'inconscient, la violence de la guerre non avouée apparaît tout en échappant à l'attention, tel Fantômas[43]. La seconde partie s'ouvre sur une

---

39 *Id.*, *ibid.*, p. 107.

40 *Le Joli Mai*, 1962.

41 C. Marker, « Self-censorship and Chris Marker's *Joli Mai* », *op. cit.*, p. 27-28.

42 L. Célérier, « Loïc Artiaga, Matthieu Letourneux, *Fantômas ! Biographie d'un criminel imaginaire* », *Lectures*, Les comptes rendus, 2013, mis en ligne le 07 septembre 2013 URL : http://lectures.revues.org/12048 [consulté le 20 juillet 2016].

43 Je pense qu'un aspect intéressant, entre autres, de la vie du personnage fictif Fantômas est la mention, non développée : le fait que ce personnage qui change de visage et d'identité avait aussi, selon Lady Beltham, maîtresse du protagoniste, participé à la guerre de Boers

scène au cimetière de Montmartre – lieu des aventures du personnage dans un des livres –accompagnée du commentaire suivant : « Au mois de mai 1962, Fantômas semble bouger de son repaire, et allonger sur Paris, son ombre immense. » À travers quelques signes, non de façon directe, le fantasme de la guerre apparaît pour s'évanouir ensuite. Jusqu'à cette partie du film, le sujet de la guerre d'Algérie se présentait en passant, les thèmes de la violence, de la torture et de l'OAS n'apparaissaient pas, mais à partir d'ici les signes de cette guerre niée surgissent de façon plus claire. Le commentaire nous dit :

> En effet depuis un an, la langue française s'était enrichie du verbe « plastiquer » tandis que le mot allemand « putsch » retrouvait une certaine fortune. Ces intéressants problèmes linguistiques en recouvraient d'autres, plus obscurs, sur lesquels les murs, au moins, prenaient position[44].

Le spectateur assiste alors au défilement d'une séquence d'images fixes : marques de mains sur les murs, la photo d'une voiture brûlée, d'un bâtiment détruit suite à des plasticages ; il y a ensuite des images de chars de combat – qui nous renvoient à l'occupation allemande et au moment de la libération, tout comme le mot « putsch », mais aussi à la grande intervention militaire française et au « putsch » des généraux français en Algérie. Les murs prennent alors véritablement position à travers ces signes. L'élément nié et refoulé prend la forme d'un manifeste. L'image d'un mur sur lequel on peut lire, « Défense d'afficher – loi du 29 juillet 1881 », et en dessous « OAS = SS » signe une équivalence implicite dans les esprits entre l'OAS et l'organisation militaire nazi. Ce signe dénonce le rapprochement entre la violence certaine de l'organisation, la pratique systématique de la torture[45] par

en Afrique du Sud, partie importante de l'histoire de l'entreprise coloniale au XIXe siècle. Voir P. Souvestre et M. Allain, *Fantômas*, New York, Dover, 2006, p. 248.

44 *Le Joli Mai*, 1962.

45 Il avait déjà eu plusieurs dénonciations de la torture en Algérie pratiquée comme arme de guerre par l'armée française et par l'OAS (Organisation armée secrète), notamment dans les livres *La Question* (1958) de H. Alleg et *Contre la torture* (1957) de P.-H. Simon. Selon Douglas Porch, Simon comparait cette pratique systématique de torture en Algérie commise par les Français, au massacre perpétré par les SS contre les Français à Oradour-sur-Glane en juin 1944. (Voir D. Porch, « The Algerian War (1954-1962) : The Inversion of the *Levée en Masse* », in *The People in Arms – Military Myth and National Mobilization since the French Revolution*, édit. D. Moran & A. Waldron Cambridge, Cambridge University Press, 2003, p. 253.) Il faut aussi signaler que plusieurs membres de l'armée française qui ont participé à la guerre d'Indochine et d'Algérie, ainsi que les membres de l'OAS, ont

ce groupe paramilitaire français contre les Algériens et la violence subie par les Français pendant l'occupation allemande. Cependant même ces signes sont touchés par la tentative d'effacement. D'autres suivent comme « Poujade nous l'avait dit... nous sommes trahis » en faisant référence au syndicaliste pro-Algérie française ; « Vive Jeanson » – pour le soutien des militants français au FLN ; « G.A.R » – désignant le Groupe d'Action et Résistance contre l'OAS. Sur la bande son, on entend les cris de manifestants « OAS assassin ». Juste après on voit des images de la manifestation du 8 février contre l'OAS et la guerre, suivies de celles montrant la violente répression de la police dans la station de métro Charonne qui fera huit morts. L'ensemble sera conclu par des images de funérailles et de la grande manifestation du 13 février.

Pourtant, les interviewés continuent d'agir comme si rien ne se passait au mois de mai. À la question demandant si quelque chose de particulier a eu lieu au mois de mai, une femme répond qu'elle n'a pas travaillé et l'homme parle du « mauvais temps[46] ». L'autre interviewé parle également du climat, du fait qu'il fasse froid à cause des « bombes atomiques », un autre dit que tout se passe « normalement ». Par la suite, lorsque l'on demande à un jeune homme s'il n'est pas choqué par les plasticages. Il répond que c'est « ridicule » et que c'est pour « punir quelqu'un qui leur a fait quelque chose[47] », tandis que l'autre homme dit qu'ils font cela pour l'argent. Ils parlent des pieds-noirs qui veulent maintenir l'Algérie française mais que « c'est

collaboré activement aux coups d'états en Amérique Latine dans les années 1960/1970. Les terribles méthodes de la « guerre antisubversive » française – l'institutionnalisation de la torture, escadrons de la mort et exécutions sommaires – ont été exportées en Argentine, au Brésil, au Chili et d'autres pays, ayant ainsi une suite dans l'histoire de la répression et violation systématique des droits de l'homme. Voir M.-M. Robin, *Escadrons de la mort, l'école française*, Paris, La Découverte, 2008. A. Vigna, « Un tortionnaire français dans la dictature brésilienne » (source *A publica* – 1er avril 2014), in *Autres Brésils* – URL : http://www.autresbresils.net/Un-tortionnaire-francais-dans-la-dictature-bresilienne. Il est important de noter que *Le Joli Mai* a été fait parallèlement au célèbre court-métrage *La Jetée* (1962) par C. Marker. Dans celui-ci la pratique de la torture, en référence à la guerre d'Algérie, ainsi qu'à la Deuxième Guerre Mondiale, sont clairement présents. Selon Cooper, tandis que *La Jetée* plonge dans le « domaine souterrain », *Le Joli Mai* serait un film sur la surface de Paris, mais tout en révélant l'inconscient de la vie quotidienne. Voir S. Cooper, « Montage, Militancy, Metaphysics : Chris Marker and André Bazin », in *Image & Narrative* 11/1, 2010, p. 16-28. ; S. Cooper, *Chris Marker*, Manchester, Manchester University Press, 2008, p. 45-56.

46 *Le Joli Mai*, 1962.

47 *Le Joli Mai*, 1962.

fini[48] ». Aux yeux du jeune aussi, pour être heureux il faut confirmer la formule de la nouvelle France moderne – se marier, avoir des enfants, un logement et ne pas s'intéresser à la politique.

Dans une autre séquence où sont interviewés trois sœurs, on observe encore une fois une certaine aliénation. Quand Marker leur demande quelle nouvelle de la semaine les a le plus frappées, l'une d'entre elles répond que « c'est le procès de Salan[49] » qui faisait la une de tous les journaux, sans pour autant qu'elle se sente concernée par cette affaire. Juste après, on accompagne la foule devant le palais de justice où se déroule le jugement du général Raoul Salan, un des responsables du putsch en Algérie en 1961 et qui était un des membres responsables de l'OAS[50]. Plusieurs interviewés montrent leur solidarité avec le général, en disant qu'il fallait également exécuter les Algériens qui ont tué les Français, qu'il fallait amnistier tout le monde, ou encore que les membres de l'OAS n'étaient pas des fascistes mais des nationalistes. Enfin, le ressentiment français et la xénophobie apparaissent finalement, ainsi qu'un nationalisme et la nostalgie d'un empire déchu, au moment de la commémoration de la foule après la non condamnation du général. On assiste ensuite à une soirée *twist* – danse populaire qui fait allusion à l'expansion de l'« American way of life » à cette époque – et on rencontre le champion du concours, comme si la vie se déroulait en France sans aucun lien avec les événements en Algérie et surtout que la nouvelle forme de vie se concentrait sur le domaine privé : celui du divertissement. Après le thème des grèves, Marker continue à demander quel a été l'événement remarquable du mois du mai et personne ne cite la guerre d'Algérie. Un homme dit qu'il est « préférable de se taire[51] », un autre répond qu'il ne pense pas « qu'il fait le vide[52] ». Comme l'affirme Stora, « aucune des personnes interrogées ne dit que l'événement essentiel de mai 1962 est la fin de la guerre d'Algérie[53] », et cette indifférence serait due au refus « de se vivre en état de guerre », car cela pourrait les amener à revoir le passé sombre de Vichy, à faire face aux contradictions de la République, tout en ayant à subir un grand bouleversement dans leur mode de vie.

48 *Id.*, *ibid.*
49 *Id.*, *ibid.*
50 B. Stora, *Histoire de la Guerre d'Algérie (1954-1962)*, *op. cit.*, p. 58-61.
51 *Le Joli Mai*, 1962.
52 *Id.*, *ibid.*
53 B. Stora, *Histoire de la Guerre d'Algérie (1954-1962)*, *op. cit.*, p. 65-70.

C'est seulement vers la fin du film, que deux personnages nous parlent de l'expérience de la colonisation et du point de vue du colonisé : l'étudiant dahoméen et le jeune Algérien. Le premier parle des valeurs occidentales et des valeurs africaines, de la méfiance envers les Français et de la colonisation des esprits par la religion. Il affirme sa conviction de rester fidèle à ses ancêtres, rejetant la version de l'histoire française de la conquête de Dahomey pour soutenir celle qui lui a été racontée par sa grand-mère, celle de la résistance contre les colonisateurs. Parfois, le geste du poing fermé accompagne et confirme ce qu'il déclare. Il conteste également les prêcheurs du catéchisme qui voulaient le convaincre que les rituels traditionnels étaient des choses diaboliques, réaffirmant ainsi les valeurs de ses ancêtres. Il parle également de l'expérience du racisme en France et dans son récit la signification de civilisation s'inverse – ce ne sont pas les Français qui civilisent mais ce sont les immigrés – les ex-colonisés civilisent les français, en racontant leurs expériences désagréables, celles d'être pointé du doigt dans la rue. La dernière question porte sur son amitié avec les blancs, à laquelle il finit par répondre négativement. Dans cette partie, la civilisation apparaît également de façon très critique et ironique en tant que technique, objets à consommer, à travers les appareils électroménagers – comme le frigo, la cuisinière et la machine à laver à une foire à Paris. En effet, les objets colonisent la vie des Parisiens. Enfin, un jeune Algérien raconte qu'il n'est resté qu'une semaine dans une usine en qualité de professionnel à cause du racisme d'un Européen qui faisait le ménage et qui ne pouvait pas admettre qu'un Algérien soit au-dessus de lui. Entre-temps, les images des travailleurs algériens au marteau-piqueur dans les rues de Paris sont accompagnées du commentaire suivant :

> Un document officiel du Ministère du Travail déclare textuellement que les Algériens ne trouvent souvent « que les tâches les plus malsaines et les plus inférieures ». Au mois de mai 1962, dans l'euphorie des accords d'Évian, on a un peu tendance à oublier que le dernier des prolétaires d'un pays colonisateur a toujours un sous-prolétaire, celui du pays colonisé, et que cette réalité survit à la colonisation[54].

La vraie condition des travailleurs originaires de pays colonisés traduit parfaitement cette formule, où le poids de l'exploration de l'histoire coloniale prend sa suite. La colonisation continue même après l'indépendance car

54 *Le Joli Mai*, 1962.

l'ex-colonisé sera un subalterne soit dans la figure de l'immigré, soit dans une nouvelle division internationale du travail qui fait qu'il est toujours plus exploité. À la fin du film, l'image d'une prison de femmes en forme d'hexagone nous ramène directement en France comme le remarque Kristin Ross[55]. La France comme une grande prison, après la guerre d'Algérie. La période de décolonisation correspond à celle d'une colonisation dirigée vers l'intérieur du pays même, envers ses citoyens et la main-d'œuvre du sous-prolétariat encore plus exploitée, formée des immigrés de pays qui ont été colonisés. Après l'interview de l'une des détenues, le commentaire évoque l'intention du film : de montrer la ville des hommes libres selon le regard d'un « prisonnier au premier jour de liberté[56] ». Par conséquent, l'étonnement provient de la découverte des visages de ceux qui ne sont pas en prison, mais à l'intérieur desquels se trouve une prison. Il s'agit également d'une métaphore qui fonctionne très bien pour la France de la période de l'après-guerre, où le contrôle et la discipline colonisent les villes et leurs habitants. De façon magistrale, tandis que les visages inquiets défilent dans les rues de Paris, le commentaire nous dit :

> [...] qu'est-ce qui ne va pas visages ? Qu'est-ce qui vous fait peur que nous ne voyons pas et que vous voyez, comme des chiens ? [...] Avez-vous peur de Fantômas ? Est-ce, comme on le dit beaucoup, que vous pensez trop à vous ? Ou n'est-ce pas plutôt qu'à votre insu, vous pensez trop aux autres ? Peut-être sentez-vous confusément que votre sort est lié à celui des autres, que le bonheur et le malheur sont deux sociétés secrètes, si secrètes que vous y êtes affilié sans le savoir, et que, sans l'entendre, vous abritez quelque part cette voix qui dit : « tant que la misère existe, vous n'êtes pas riches ; tant que la détresse existe, vous n'êtes pas heureux ; tant que les prisons existent[57] vous n'êtes pas libres[58] ».

---

55 K. Ross, *op. cit.*, p. 89.

56 *Le Joli Mai*, 1962.

57 La citation à la fin, fait référence en reformulant une partie du discours du syndicaliste américain Eugene Victor Debs, « Statement to the court, upon being convicted of violating the sedition act », 18 septembre 1918, dans lequel il affirme : « while there is a lower class, I am in it, and while there is a criminal element I am of it, and while there is a soul in prison, I am not free ». Debs devient un des personnages dans le livre de J. Dos Passos – *42nd Parallel* (1930) où une partie de ce discours est repris. Cette remarque a été faite par N. Bruno Almeida Leonel dans sa thèse de doctorat *Percursos de formação de Chris Marker : cinéma militante, dissidência e profanação*, São Paulo : ECA-USP, 2015, p. 111-112. Voir aussi V. Ferré, « La mare et le pavé – U.S.A ou comment écrire une contre-Histoire au lance pierre », in *Littérature, histoire et politique au XXe siècle : hommage à Jean Pierre Morel*, édit. V. Ferré et D. Mortier, Paris, Le Manuscrit, 2010, p. 325-339.

58 *Le Joli Mai*, 1962.

Ainsi, la France moderne de la société de consommation et des individus s'affirme, oublie et nie ce qui vient d'arriver – la guerre d'Algérie et la deuxième guerre mondiale – mais à la fin, elle semble être hantée par ce qui est refoulé et qu'elle ne souhaite pas admettre. Ce film, fait dans un moment où la guerre d'Algérie animait l'actualité, capte à travers les divers interviewés, les différentes perceptions et positions autour de sujet divers – de l'aliénation à l'engagement politique. En réaction au cinéma-vérité de Jean Rouch et d'Edgard Morin, Chris Marker répond avec le « ciné-ma vérité[59] », où l'objectivité est une illusion, et dans lequel il préférait plutôt présenter une « objectivité passionnée[60] ». Donc à la différence d'un documentaire reportage d'actualité, les points de vue des interviewés, du réalisateur et de l'équipe apparaissent, pour donner différentes tonalités à travers le montage. De façon intéressante, dans les notes d'intention du film, Chris Marker semblait déjà considérer son film non pas comme de l'actualité pour le temps présent, mais comme une adresse aux spectateurs du futur : « Ce film voudrait s'offrir comme un vivier aux pêcheurs du passé de l'avenir. À eux de tirer ce qui marquera de ce qui n'aura été inévitablement que l'écume[61] ». Ce qui explique que le film nous semble présenter le portrait d'une époque, tout en s'adressant au public d'aujourd'hui. Ainsi le portrait de ce mai 1962 devient histoire, un vivier plein d'éléments pour l'avenir ou plutôt pour notre présent. Un film d'actualité déjà conscient du passage du temps, un présent qui savait devenir passé et qui serait vu à partir d'un avenir. Cette conception temporelle des point de vues du passé, du présent et de l'avenir en rapport apparaît également dans *La Jetée* (1962) comme l'a observé Catherine Lupton[62], où il est fait également référence à la guerre l'Algérie.

Il faut, malgré tout, observer que l'invisibilité et le silence qui demeurent autour de la manifestation pacifique organisée le 17 octobre 1961[63] par le Front de Libération Nationale (FLN) qui a rassemblé des

59 R. Tailleur, « Parisiennes », in *Artsept* 2, avril-juin 1963, p. 83-87.

60 C. Marker, « L'objectivité passionnée », in *Jeune Cinéma* 15, mai 1966, extrait reproduit dans le dossier de presse du DVD, *Le Joli Mai* (1962/2013), ARTE.

61 Note d'intention dans *Le Joli Mai*, 1962, cité par P. Lhomme – propos recueillis par J.-M. Frodon, février 2013 dans le dossier de presse du DVD, *Le Joli Mai* (1962/2013).

62 C. Lupton, *Chris Marker – Memories of the future*, London, Reaktion Books, 2005, p. 87-88. Voir aussi S. Cooper, « Montage, Militancy, Metaphysics : Chris Marker and André Bazin », in *Image & Narrative*, 2010, p. 16-28.

63 Je remercie N. B. de Almeida Leonel et Y. Cohen par cette importante remarque.

dizaines de milliers de manifestants algériens à Paris et qui a abouti à l'un des épisodes de répression de manifestations publiques les plus violents et écrasants, n'apparaît pas non plus dans *Le Joli Mai*. On peut considérer que le film s'est contenté de présenter le contexte parisien complexe à partir d'interviews faites en mai 1962, cependant il est également important de réfléchir sur d'autres raisons possibles de cette absence. Selon James House et Neil MacMaster, cet épisode qui est resté jusqu'aux années 1980 oublié et absent de l'espace public comme de la mémoire collective en France, révèle les aspects refoulés non seulement du contexte plus large de la guerre d'Algérie, mais aussi de l'histoire coloniale qui reste encore en débat actuellement. Ces immigrés algériens à Paris s'insurgeaient justement contre la violence de la police, la ségrégation raciale et spatiale dans la ville qui les confinaient aux bidonvilles, et qui se reflétaient aussi dans l'imposition d'un couvre-feu qui leur était exclusivement réservé[64]. Plusieurs dizaines d'Algériens[65] ont été tués par la police, les jours suivants plus de 14 000 personnes ont été contrôlées par la police et internées, souvent gravement blessées, au Palais des Sports, au Stade de Coubertin et dans d'autres lieux. Dans le film de Marker, l'affaire de la station de métro Charonne et la violence policière contre cette manifestation organisée par le Parti Communiste Français et la CGT (Confédération générale du Travail) apparaissent, ainsi que la mobilisation massive aux funérailles des huit militants tués par la police, suivie d'une grève générale. À l'époque, face à la fragmentation

64 J. House & N. MacMaster, *Paris 1961 : Algerians, State Terror and Memory*, Oxford, Oxford University Press, 2006.

65 J. House et N. MacMaster nous signalent le débat controversé jusqu'à nos jours, opposant les conservateurs aux partisans de gauche autour du chiffre exact de morts suite à la manifestation du 17 octobre 1961. Ils nous montrent aussi que cela tend à masquer une considération plus complexe autour du contexte général de la guerre d'Algérie, ne prenant pas en compte le fait que la répression et la violence étaient systématiques, que la torture et l'exécution des membres du FLN avaient lieu aussi à Paris avant et après cette date qui est devenue l'un des événements les plus sanglants de la guerre en cours. La grande contradiction se trouvait justement dans le fait que la terreur d'État déjà pratiquée dans les colonies – en Indochine, au Maroc, en Algérie et ailleurs – a été également implantée dans la capitale de la métropole marquée par la défense républicaine. La mentalité coloniale créait une hiérarchie de droits qui dévoilait le fait colonial même et l'inexistence d'une universalité de droits, en rendant tolérable la violence pratiquée dans la colonie – car souvent ignorée par la plupart de la population française – ou perçue comme nécessaire dans la tâche de « civilisation » de l'autre, le « peuple arriéré », tandis que la pratique de cette même violence était inconcevable dans la métropole, surtout si elle était dirigée contre un citoyen français et blanc.

de la gauche dans sa prise de position face aux événements de l'Algérie, l'affaire de la station Charonne gagne en visibilité. Cela contraste avec l'absence de mobilisation contre l'écrasante violence qui a marqué le 17 octobre. Premièrement, plusieurs positions se distinguaient au sein du PCF et des militants de gauche non communistes : une grande majorité était « antifasciste » ou contre l'OAS – surtout mobilisée contre les attaques et les plastiquages pratiqués par l'OAS en France métropolitaine ciblant des militants de gauche – souvent français et blancs, et une minorité était également concernée par ce qui s'était passé en Algérie. La plupart d'entre eux était également engagée pour la paix et contre la guerre en général, mais des groupes spécifiques – considérés plus radicaux et minoritaires – étaient anticoloniaux et se mobilisaient pour la libération et la décolonisation de l'Algérie. C'est pourquoi, au sein de la gauche, les positions par rapport au président de Gaulle, étaient aussi divisées qu'ambiguës. Les attaques de l'OAS en France rendaient cette terrible violence quotidienne contre les colonisés en Algérie – bien qu'invisible pour la plupart des Français – plus proche et visible quand des militants français, blancs étaient touchés. Dans ce contexte, l'affaire du métro Charonne devient la manifestation antifasciste symbolique – un rassemblement avec les militants français sans la participation des Algériens ; ainsi qu'un événement clé pour le PCF, même si d'autres militants de gauche non-communistes y ont participé. House et MacMaster remarquent que ceux qui ont été attaqués par la police, dans l'épisode de Charonne, étaient des travailleurs français blancs, ce qui rendait l'identification du grand public plus immédiate que pour le rassemblement du 17 octobre. Les Algériens formaient un groupe en marge de la société, et n'étaient pas considérés comme de « vrais citoyens » par la plupart de la population qui les voyait avec indifférence ou peur. Le fait que « Charonne » éclipse « le 17 octobre » a été critiqué par quelques groupes de gauche surtout anticoloniaux, mais il ne sera critiqué de façon plus acerbe que bien après, dans les années 1980. *Le Joli Mai* nous montre l'affaire de la station de métro Charonne, non seulement, comme un événement de violence ultime, mais aussi comme le symbole de la mobilisation populaire pour les valeurs de la République[66]. Pourtant, on peut aussi considérer que

66 *Les Statues meurent aussi* (1953) d'A. Resnais et de C. Marker (qui a écrit le commentaire) a été un film de commande de la revue *Présence Africaine*, importante publication

dans ce contexte, les rapports des cinéastes et militants engagés dans la décolonisation étaient plus tendus qu'ils ne le sont aujourd'hui. Selon Nicolau Bruno Almeida Leonel[67], la censure, les attaques et les persécutions contre les militants antifascistes et pour la décolonisation étaient courantes. Marker ayant déjà eu des films censurés, notamment *Les Statues meurent aussi* (1953) choisit alors l'ambiguïté pour échapper à la censure de ce moment.

Dans le film, les effets de la guerre d'Algérie en France nous sont montrés. Toutefois, il est intéressant d'en saisir l'absence comme un signe de cette rhétorique de dénégation et d'effacement qui marque la façon dont la guerre d'Algérie et ses conséquences ont été traitées pendant longtemps. *Le Joli Mai* peut nous montrer les symptômes d'une espèce d'aphasie coloniale, comme l'a défini Stoler[68], qui fait que l'histoire coloniale, surtout en France, est traitée de façon contradictoire alternant entre le fait d'être « en même temps accessible de façon sélective et inaccessible[69] ».

À plusieurs reprises, d'importants travaux critiques sur l'entreprise coloniale française ont étaient produits, mais l'idée d'une redécouverte ou d'un oubli de l'histoire coloniale revient toujours. Selon Stoler, il ne s'agissait pas d'une ignorance ou d'une amnésie, mais plutôt d'un blocage au niveau des connaissances dans l'approche qui était faite du sujet. Comme dans l'aphasie, il s'agit d'une dissociation entre mot et concept, d'une difficulté d'en parler, notamment lorsqu'il s'agit de l'aspect racial qui a été souvent laissé de côté, même par les

---

anticolonialiste qui comptait avec la participation de plusieurs intellectuels du mouvement de la Négritude comme Aimé Césaire, Léopold Sédar Senghor et d'autres. Le film a été censuré jusqu'à 1968.

67 Voir N. B. de Almeida Leonel, *Percursos de formação de Chris Marker : cinéma militante, dissidência e profanação*, (thèse de doctorat), São Paulo, ECA-USP, 2015, p. 210-213. Il observe que C. Marker était engagé politiquement depuis sa participation dans la revue *Esprit*, mais qu'il a été critiqué, par M. Firk dans le « Manifeste pour un cinéma parallèle » (1962), en raison de l'ambiguïté de ses films. Cela a changé la façon dont Marker a réalisé ses films, par la suite. Ces derniers deviendront plus explicitement militants au cours des années 1960-1970. Leonel signale également que quelques films militants de dénonciation contre la guerre d'Algérie étaient diffusés de façon clandestine comme *Octobre à Paris* (1962) de J. Panijel, sur le massacre des Algériens à Paris en octobre 1961, et *J'ai huit ans* (1961) de Y. Le Masson – les deux ont été censurés pendant longtemps.

68 A. L. Stoler, « Colonial Aphasia: Race and Disabled Histories in France », in *Public Culture* 23/1, 2011.

69 *Id.*, *ibid.*, p. 122.

intellectuels, et surtout dans les actions au sein de l'espace public. En ce sens, *Le Joli Mai* demeure un film actuel qui peut nous faire réfléchir sur plusieurs aspects du rapport France-Algérie, dans la mesure où ce rapport concerne notre compréhension de l'histoire coloniale en général.

Emi KOIDE
Universidade Federal
do Recôncavo da Bahia

TROISIÈME PARTIE

« LES NŒUDS DE MÉMOIRES »

A TANGLED WEB

Commemorating 17 October, 1961 in the Age of the Internet

The legacy of the Algerian War has become the latest "ever-present past"/"*passé qui ne passe pas*," to borrow an oft-quoted expression from the title of Éric Conan and Henry Rousso's study of the Vichy era[1]. Polemics surrounding the commemoration of the fiftieth anniversary of the end of the war demonstrate the extent to which that legacy remains deeply unsettled and unsettling to many. One particular event–the police massacre of Algerian protesters in Paris on 17 October, 1961–has come to stand among scholars as a metonymy for the worst excesses of the period. This chapter examines the aesthetic and narrative strategies deployed in two web-documentaries–*La Nuit oubliée*[2] and *17.10.61*[3]–that were released in 2011 to commemorate the fiftieth anniversary of the events. These interactive multimedia websites raise a number of intriguing issues as they strive to find a new way in which to represent relatively recent historical events, navigating between what Henry Rousso describes as "the tension, sometimes even the opposition, between history and memory, knowledge and experience, distance and proximity, objectivity and subjectivity, researcher and witness[4]".

Targeted toward a general audience, both web-documentaries share certain features, such as an interactive animated map of Paris, video testimonials from witnesses, archival documents and video, and interviews with prominent historians such as Linda Amiri, Emmanuel Blanchard, Raphaëlle Branche, Jean-Luc Einaudi, Mohammed Larbi,

1 É. Conan et H. Rousso, *Vichy, un passé qui ne passe pas*, Paris, Fayard, 1994.

2 *La Nuit oubliée*, <http://www.lemonde.fr/societe/visuel/2011/10/17/la-nuit-oubliee_1587567_3224.html>.

3 *17.10.61*, <http://raspouteam.org/1961/home.html>.

4 H. Rousso, *La Dernière Catastrophe*, Gallimard, 2012, p. 12 : "*la tension, parfois l'opposition entre l'histoire et la mémoire, entre la connaissance et l'expérience, entre la distance et la proximité, entre l'objectivité et la subjectivité, entre le chercheur et le témoin*".

and Neil MacMaster. The non-linear design of both websites allows the user to explore the circumstances surrounding the events of 17 October from different angles, for example spatially through the maps or temporally through the event timelines, according to the user's own desires. Confronted with the numerous different elements of the websites, the user is forced to take a more active role, becoming a sort of researcher or detective who must assemble the complex narrative fragments into a coherent whole. In that sense, both websites recall two of the most prominent novels that address the events of 17 October: Didier Daeninckx's *Meurtres pour mémoire* (1983) and Leïla Sebbar's *La Seine était rouge: Paris, octobre 1961* (1999). Daeninckx's detective novel features a detective who uncovers the truth about the massacre and its connection to Vichy in an investigation that leads to a thinly disguised Maurice Papon, while Sebbar's novel brings the notion of "testimony"/*témoignage* to center stage through its portrayal of various witnesses testifying to what they saw that night. For *La Nuit oubliée*, the connection to Daeninckx is explicit, as the website incorporates many images from *Octobre noir*, his 2011 "comic" / *bande dessinée* about the massacre[5]. This article explores the theoretical implications of those narrative approaches and examines the ways in which these web-documentaries might help people to begin to untangle the complex strands of history surrounding these events, a prime example of what Michael Rothberg argues should no longer be known as "sites of memory" / "*lieux de mémoire*," following Pierre Nora, but rather as "knots of memory" / "*nœuds de mémoire*[6]".

"TO NOT FORGET" / "*POUR NE PAS OUBLIER*[7]"

This phrase, written in red capital letters on the home page of *La Nuit oubliée*, can be taken as a mission statement for both web-documentaries. As the title of *La Nuit oubliée* immediately suggests, the transmission of memory–after a long period of interruption–is of central

5 D. Daeninckx et Mako, *Octobre noir*, Ad Libris, 2011.

6 M. Rothberg, "Introduction: Between Memory and Memory", *Yale French Studies* 118/119, 2010, p. 7.

7 *La Nuit oubliée*, home page.

importance to both web-documentaries' pedagogical mission. Many historians and critics have written detailed accounts of the censorship and suppression of memory immediately following 17 October (and the Algerian War more generally), followed by the slow but progressive recognition of the events in the public sphere, particularly around the thirtieth, fortieth, and now fiftieth anniversaries[8]. As my space here is limited, I will briefly touch on two key points related to memory that bear directly upon the web-documentaries in question: the notion of a "duty to remember", heightened by the complex associations between 17 October and the Vichy period, and the role of the witness and the tension between memory and history.

Scholars have called attention to the complex linkages between memories of the Vichy regime and the Algerian War, both directly through the figure of Maurice Papon as well as more generally. Henry Rousso argues:

> One can identify in the first place an identical trend of the valorization of memory doubled with an irrevocable condemnation of all forms of forgetting, one of the principal characteristics of the regime of historicity of the end of the twentieth century. The notion of a 'duty to remember' thus imbued all the thought regarding the Algerian War, as it did at the same time the memories of Vichy and Nazism[9].

While the "duty to remember" is invoked as a given in a variety of contexts in contemporary society, it is essential to keep in mind that remembering can be harder than it might seem. Like individual memory, collective memory can also be selective and fragmentary.

8 See in particular A. Donadey, "Anamnesis and National Reconcilitation: Re-membering October 17, 1961", in *Immigrant Narratives in Contemporary France*, Westport, Greenwood Press, 2001, p. 47-56; J. House and N. MacMaster, *Paris 1961: Algerians, State Terror, and Memory*, Oxford, Oxford University Press, 2006; M. Laronde, "'Effets d'Histoire' : Représenter l'Histoire coloniale forclose", *International Journal of Francophone Studies* 10, 2007, p. 139-155; M. Rothberg, *Multidirectional Memory: Remembering the Holocaust in the Age of Decolonization*, Palo Alto, Stanford, 2009; H. Rousso, "Les Raisins verts de la guerre d'Algérie", in *La Guerre d'Algérie (1954-1962)*, édit. Yves Michaud, Paris, Odile Jacob, 2005, p. 127-151; and B. Stora, *La Gangrène et l'oubli*, op. cit.

9 H. Rousso, "Les Raisins verts…", op. cit., p. 141 : *"On peut identifier en premier lieu une même tendance à la valorisation du souvenir doublée d'une condamnation irrévocable de toute forme d'oubli, une des grandes caractéristiques du régime d'historicité de la fin du* XX*e* *siècle. La notion de 'devoir de mémoire' a ainsi imprégné toute la réflexion sur la guerre d'Algérie, comme elle l'a fait au même moment pour les souvenirs de Vichy et du nazisme."*

Paradoxically, despite–or perhaps because of–its initial occultation, 17 October has come in recent years to represent a complex and interconnected web of associations. Michel Laronde argues that 17 October has become "the most referenced and referential event of the conflictual relations between France and Algeria on the French national territory[10]", and Rousso goes even farther, stating "The 'duty to remember' [...] crystallized around the memory of 17 October, becoming in the 1990s a sort of metonymic metaphor of that war[11]". Michael Rothberg describes this extraordinary density of associations as an example of "multidirectional memory", with memory an ongoing process of negotiation among multiple groups of social actors who "bring multiple traumatic pasts into a heterogeneous and changing [...] present[12]". Both web-documentaries illustrate the multidirectional character of 17 October through discussions of Papon's role in the Vichy regime as well as through representations of the shifting memorial landscape of contemporary French society.

The second point is the importance of the witness, and the tension between memory and history. Writing about the Shoah and the Algerian War, Rousso states : "In both cases, the speaking out and the multiplication of testimonies played an essential role, participating equally in the same regime of historicity : 'the era of the witness' goes hand in hand with the era of memory[13]." Here, Rousso cites the title of an important study by Annette Wieviorka, whose work *L'Ère du témoin* analyzes the rise of the testimony in the twentieth century[14]. Wieviorka notes the "mistrust" with which historians have traditionally regarded testimonies (compared to working with archives), and quotes the historian Lucy Dawidowicz's description of transcribed testimonies as "full of errors in dates, names of participants and places, and there are

10 M. Laronde, "'Effets d'Histoire' : Représenter l'Histoire coloniale forclose", op. cit., p. 145 : "*l'événement le plus référencé et référentiel des rapports conflictuels entre la France et l'Algérie sur le territoire national français*".

11 H. Rousso, "Les Raisins verts...", op. cit., p. 142 : "*Le 'devoir de mémoire' [...] s'est cristallisé autour du souvenir du 17 octobre, devenu dans les années 1990, une sorte de métaphore métonymique de cette guerre*".

12 M. Rothberg, *Multidirectional Memory: Remembering the Holocaust in the Age of Decolonization*, op. cit., p. 4.

13 H. Rousso, "Les Raisins verts...", op. cit., p. 143-144 : "*Dans les deux cas, la prise de parole publique et la multiplication des témoignages ont joué un rôle essentiel, participant également du même régime d'historicité : 'l'ère du témoin' va de pair avec l'ère de la mémoire.*"

14 A. Wieviorka, *L'Ère du témoin*, Paris, Plon, 1998.

evident misunderstandings of the events themselves[15]". In the case of 17 October, in the face of state silence and where archives have been largely inaccessible to historians, it is unsurprising that witnesses have played an essential role in helping to establish the details of what occurred. It is important to note that those testimonies have emerged in, and are subject to, a complex and complicated overlapping set of larger social and intergenerational dynamics. Wieviorka points out that "Every testimony is recorded at a precise moment in time, and as such may be instrumentalized in political and ideological contexts that, like all such contexts, are bound to change[16]". As Rousso describes, the events of 17 October are continually evoked in the larger context of the Algerian War, wherein "The memory of the conflict still plays an essential role in the relations between France and Algeria, and, in France, polemics continue to oppose the 'victors' and the 'vanquished', the partisans of the FLN and of French Algeria, the denigrators or the defenders of the army, the *harkis* and the other Algerians[17]". Both web-documentaries attempt to represent the complexities of the situation by featuring testimonies from members of those various constituent groups. While those testimonies are the entry point for the user, both web-documentaries later present interviews with historians who provide a larger context for the issues evoked in the testimonies.

NARRATIVE THREADS AND UNTANGLING THE WEB

As I mentioned above, both *La Nuit oubliée* and *17.10.61* echo narrative strategies and themes employed in Daeninckx's *Meurtres pour mémoire* and Sebbar's *La Seine était rouge*. The importance of the archive is made

15 A. Wieviorka, *The Era of the Witness*, trans. J. Stark, Cornell University Press, 2006, p. XIII.

16 Id., ibid., p. 137.

17 H. Rousso, "Les Raisins…", op. cit. p. 143: "*La mémoire du conflit joue toujours un rôle essentiel dans les relations entre la France et l'Algérie, et, en France, les polémiques continuent d'opposer les 'vainqueurs' et les 'vaincus', les partisans du FLN et de l'Algérie française, les contempteurs ou les défenseurs de l'armée, les harkis et les autres Algériens*".

clear in *Meurtres pour mémoire*, as Roger Thiraud and his son Bernard are murdered twenty years apart when they each begin to explore historical archives related to the Second World War[18]. As Rothberg describes, the novel "joins a police thriller built on mystery, detection, and revelation with a plot of intergenerational historical transmission" ; the "point of *Meurtres*–the mystery that it stages in order to resolve–is the *connection* between different eras and the persistence of the unresolved past in the present[19]". Richard J. Golsan analyzes the links between Daeninckx's novel and the 1997 Papon trial, calling attention to the ways in which the literary work foreshadows the ways in which 17 October erupted into the public sphere during Papon's trial for his crimes during the Vichy era[20]. Rothberg argues that *Meurtres pour mémoire* should be read as a broad critique of French society:

> the novel's aim extends beyond the particular indictment of one, albeit central figure: like all detective work, Cadin's fictional murder investigation proceeds metonymically by moving from clue to clue and thus brings into view a wide swath of postwar French life. By making the discovery of homologies between eras the point of the narrative, Daeninckx provokes an engagement with larger problems of French complicity. Beyond memory of the events of the Nazi genocide and Algerian War, and beyond even the various kinds of links that have come to relate them in collective memory, what is at stake is the question of responsibility, and particularly *French* responsibility[21].

Daeninckx's novel hews closely to traditional *polar* genre conventions, presenting Inspector Cadin as a "detective-historian[22]" following a paper trail of clues through the archives in the attempt to discover the truth about the past, despite official state obfuscation. Sebbar's novel is rather different, in that although the three protagonists, Amel, Louis, and Omer, seek to uncover hidden truths, the focus is on individual oral testimonies (and silences) in the present, not the archives of the past. A

18 For detailed analyses of Daeninckx's novel, see M. Rothberg, *Multidirectional Memory*, p. 274-280, and R. J. Golsan, *Vichy's Afterlife: History and Counterhistory in Postwar France*, Lincoln, University of Nebraska Press, 2000, p. 156-180.

19 M. Rothberg, *Multidirectional Memory*, op. cit., p. 274 and p. 276, emphasis in original.

20 R. Golsan, *Vichy's Afterlife*.

21 M. Rothberg, *Multidirectional Memory*, op. cit., p. 277, emphasis in original.

22 C. Gorarra, "Tracking Down the Past: The Detective as Historian in Texts by Patrick Modiano and Didier Daeninckx", in *Crime Scenes: Detective Narratives in European Culture Since 1945*, édit. A. Mullen and E. O'Beirne, Rodopi, 2000, p. 287.

long-suppressed collective memory comes to the foreground as Louis collects footage for a documentary about 17 October, while Amel and Omer move through Paris, retracing the steps of the Algerians protestors more than thirty years later[23]. Anne Donadey points out that Amel, Louis, and Omer each symbolize a key demographic group–"immigrants, French, Algerians" / "*immigrés, Français, Algériens*"–that must come to terms with 17 October and the legacies of the Algerian War. Donadey notes that "the fact that anamnesis in the postcolonial context is a delicate process is underlined by the disagreements between the three characters concerning their interpretation of events and their different choices of commemoration[24]". The testimonies that Louis compiles add to the diversity of viewpoints, for he interviews a wide range of participants and witnesses–a *harki*, a policeman, Algerian protestors, as well as French sympathizers and bystanders–and as we shall see, both web-documentaries attempt to present a similarly diverse range of perspectives. Finally, it is important to bear in mind that Sebbar does not attempt to present a definitive version of what happened. As Jonathan Lewis describes:

> Sebbar does not proceed to straightforwardly present the reader with a singular, monolithic version of history to resolve the lack of historical transmission regarding 17 October 1961 and the Algerian War. On the contrary, the ensuing narrative is inevitably fragmented, made up of various pieces of information collected from different sources, and constantly shifting from Amel's quest to retrace the footsteps of the Algerian demonstrators in the company of Omer to the description of clips from Louis's film[25].

That mobile, fragmented aesthetic is employed to great effect in both web-documentaries, which are perhaps uniquely well suited to such an endeavor. The user must find his or her own path through the

---

23 For detailed analyses of Sebbar's novel, see A. Donadey, "Retour sur mémoire : *La Seine était rouge* de Leïla Sebbar", in *Leïla Sebbar*, édit. M. Laronde, Paris, L'Harmattan, 2003, p. 187-198; M. Laronde, "'Effets d'Histoire': Représenter l'Histoire coloniale forclose", op. cit., p. 139-155; J. Lewis, "Filling in the Blanks: Memories of 17 October 1961 in Leïla Sebbar's *La Seine était rouge*", *Modern & Contemporary France* 20.3, 2012, p. 307-322; M. Mortimer, "Filling in the Blanks: Leïla Sebbar's *La Seine était rouge / The Seine was Red*", *French Review* 83, 2010, p. 1246-1256; and M. Rothberg, *Multidirectional Memory*, op. cit.

24 A. Donadey, "Retour sur mémoire...", op. cit., p. 192 : "*Le fait que l'anamnèse dans le contexte post-colonial soit un processus délicat est souligné par les désaccords entre les trois personnages en ce qui concerne leur interprétation des événements et leurs divers choix de commémoration*".

25 J. Lewis, "Filling in the Blanks", op. cit., p. 314-315.

different sections of each web-documentary, and must take an active role in interpreting the interviews, fictional representations, and archival materials contained within.

17.10.61

While *La Nuit oubliée* is characterized by a hand-drawn comic or *bande dessinée* aesthetic, *17.10.61*, which was produced by the film production company Agat Films & Cie., is much more cinematographic and sober in style. The homepage has a black background, over which is superimposed an interactive gray street map of Paris, with the Seine colored a deep blood red. At the top of the page are photographs of eight faces, and the user can click either on those faces or on various highlighted points on the map to watch their video testimonies. The crucial difference between the two web-documentaries lies in the status of those videos, for while *La Nuit oubliée* offers direct testimony from people who lived the events, *17.10.61* features fictionalized composite testimonies voiced by well-known professional actors playing the role of witnesses. Those actors–who include César Award winners Ariane Ascaride, Jean-Pierre Darroussin, Sabrina Ouazani, and Robinson Stévenin–are introduced in a brief film-style trailer that opens the web-documentary and affirms "All characters in these films are inspired by real testimonies[26]". The eight short films, each approximately ten minutes long, have a similar aesthetic to certain portions of the testimonies from *La Nuit oubliée.* Both web-documentaries create assemblages of archival materials along with photographs and videos produced in the present day in an aesthetic known in contemporary music culture as a "mash-up[27]". That aesthetic strategy can be taken as an appeal to a younger audience, and contributes to what Jim House and Neil MacMaster describe as an "increasingly rich inter-generational dynamic reconfiguring the memorial landscape of 17 October[28]". At the same

26 *17.10.61*: "*Tous les personnages de ces films sont inspirés de vrais témoignages*".
27 "Mash-up", *OED Online*, Oxford University Press, June 2014.
28 J. House and N. MacMaster, *Paris 1961*, p. 324.

time, the juxtaposition of those heterogeneous elements within the video recordings of the witnesses' testimonies raises a number of potentially problematic issues.

The creators of *17.10.61* include a detailed list of credits indicating the provenance of the archival materials, although within the film segments, past and present-day images of Paris seamlessly meld together. The use of dissolve transitions between images, such as a scene in the Paris metro where an injured Algerian protestor slowly appears and then disappears from the frame, echoes the aesthetic strategy employed by Amel and Omer in *La Seine était rouge*, as they create what Donadey describes as "a historical palimpsest subversively highlighting both the events of the Algerian War and the lack of official commemoration on this topic in France[29]". As Golsan points out, the image of a historical palimpsest also occurs on the final page of *Meurtres pour mémoire*, as an Algerian worker cleaning the wall reveals traces of a Nazi message buried beneath layers and layers of advertisements and posters in the Bonne-Nouvelle metro station[30]. *17.10.61* was created by a collective of artists with a background in street art, and as the "*Galerie*"/"Gallery" section of the web-documentary demonstrates, they have created such installations directly on the streets of Paris, not simply on the website.

Like *La Seine était rouge*, *17.10.61* attempts to offer a diverse range of testimonies, from *harki* to police officer to *porteuse de valise*[31]. The use of composite characters allows the creators to engage a wide range of perspectives, and each character's story is followed by multiple short interviews with prominent historians who provide valuable context for the various issues evoked in the testimony. A bibliography and selected archival materials are included for each character, and in this way the narrative structure resembles *La Nuit oubliée*, moving from testimony to historical context to suggestions for further reading. Although both web-documentaries attempt to represent the diverse groups affected by the events of 17 October, there is a significant lacuna that deserves to be noted. While *La Seine était rouge* emphasizes the role of women in the

29 A. Donadey, "Retour sur mémoire…", op. cit., p. 195 : "*un palimpseste historique mettant en lumière de manière subversive à la fois les événements de la guerre d'Algérie et le manque de commémoration officielle à ce sujet en France*".

30 R. Golsan, *Vichy's Afterlife*, op. cit., p. 159.

31 French person who clandestinely aided the Algerian independence movement.

transmission of oral history and highlights the participation of Algerian women in the protest marches of 17 and 20 October 1961, neither web-documentary gives Algerian women the same attention. In fact, *La Nuit oubliée* includes no female Algerian perspectives, although two French women are featured as witnesses. In *17.10.61*, a female Algerian participant is portrayed in the fictionalized testimony of Leïla, FLN militant, played by the actress Sabrina Ouazani. This segment is dense with historical context, as "Leïla" describes her political awakening as a young woman in Algeria, her witnessing of the Battle of Algiers followed by her subsequent immigration to France, and finally her support for the FLN and participation in the protest marches of 17 and 20 October. Her segment emphasizes the role played by Algerian women in disseminating information, echoing Amel's mother's description of Algerian women covertly distributing FLN tracts in *La Seine était rouge*. Her evocation of the women's demonstration on 20 October–an event that has been often overshadowed by the violence of 17 October–also calls attention to the ways in which complex historical events are frequently simplified into more discrete historical narratives. The high production values make *17.10.61* very convincing, yet therein lies a danger if the materials are taken out of context. For example, on YouTube, a user by the screen name "R DZ" has re-posted the fictionalized "witness testimony" of "Lucien", a French soldier, as if it were real. As of April 2014, the video, which recounts a graphic gang rape of an Algerian woman by French soldiers in addition to the events of 17 October, has been viewed more than 70,000 times and inspired 124 comments, many of them quite virulent, and none of which seem to realize that the video in question is a fictionalized representation of a testimony created for a web-documentary[32]. It is a sobering yet urgent reminder of the volatility of the issue, of the ways in which memories and materials can be instrumentalized, and finally, of the work that remains to be done to untangle the knots of history, both for historians and for citizens around the world.

32 <http://www.youtube.com/watch?v=7QEasP7YziI&list=PLD2eGZp5_B-EHI5JDOctRE8b-9DRihyQT5> [nous n'avons pas pu consulter cette page].

LA NUIT OUBLIÉE

The web-documentary *La Nuit oubliée*, created by the journalist Olivier Lambert and the photographer Thomas Salva, is hosted on the website of the French newspaper *Le Monde*[33]. *La Nuit oubliée* combines video interviews with witnesses and other relevant figures–including the politicians Michel Rocard and Constantin Melnik, and Fédération de France FLN member Ali Haroun, among others–with archival photos and videos in a series of video segments, each four to nine minutes long. Visually, the background image of the site is a close-up photo of a cobblestone street, over which hovers a rectangular window with an embedded video frame and short caption describing the video. On the left-hand side of the page, there are six thumbnail images showing the faces of the witnesses, which when clicked on, start playing the video testimony of the witness in the central portion of the webpage. On the top of the page, there are four navigational tabs marked "*Dans la manifestation* / At the protest march", "*En coulisses* / Behind the scenes", "*Un jour dans la guerre d'Algérie* / A day in the Algerian War", and "*Se souvenir* / To Remember". Each tab leads the user to a different section of the web-documentary. The first time that a user visits each of the different sections, a pop-up screen appears with an image taken from *Octobre noir*, the *bande dessinée* created by Daeninckx and Mako to commemorate the fiftieth anniversary of 17 October. *Octobre noir* has an explicitly pedagogical focus, and the creators of *La Nuit oubliée* utilize the "*bande dessinée*" / "comic" as a "main thread" / "*fil conducteur*" connecting the different sections of the web-documentary, as the initial pop-up screen notes: "On each page, the characters from the comic *Octobre noir* guide you[34]". The website of Ad libris, the publisher, describes *Octobre noir* as "Pedagogy and fiction" and states "it is in order to better reach

33 This new and unconventional form was supported by a variety of different funding sources, from the CNC to the "crowdfunding" website Kiss Kiss Bank Bank. Lambert and Salva discuss the creation of the webdocumentary in an interview with the website "Le Blog documentaire" at < https://cinemadocumentaire.wordpress.com/2012/02/06/webdocu-entretien-avec-o-lambert-et-t-salva/> [consulté le 19 juillet 2016].

34 *La Nuit oubliée*, home page: "*À chaque page, les personnages de la BD* Octobre noir *vous guident*".

the intended audience, the young generations, that Ad libris chose the comic format[35]". *Octobre noir* begins with a preface written by Benjamin Stora that describes the events of 17 October, and which concludes with the sentence: "This powerful, moving, and erudite comic participates in the transmission of memory, essential to comprehend the present and to define the contours of the future of French society[36]". Stora's comment is revealing in its double appeal to emotion ("émouvante") as well as intellect ("érudite"). Wieviorka argues that an "appeal to emotion", through the foregrounding of witnesses' testimonies, "as opposed to the supposedly 'cold' character of history written from archival documents", has become a defining feature of twentieth-century representations of history[37]. She quotes the memoirs of Gideon Hausner, the principal organizer of the Eichmann trial:

> The only way to concretize it [...] was to call surviving witnesses, [...] and to ask each of them to tell a tiny fragment of what he had seen and experienced. [...] Put together, the various narratives of different people about diverse experiences would be concrete enough to be apprehended. In this way I hope to superimpose on a phantom a dimension of reality[38].

Such an appeal to emotion through an emphasis on the concrete details of testimony is evident in *La Nuit oubliée*, for the most prominent section of the web-documentary is devoted to six interviews with witnesses to the events of 17 October. The web-documentary is far more complex than a simple series of interviews, however, and the multimedia capabilities offered by the website are harnessed to "superimpose [...] a dimension of reality" far beyond what Gideon Hausner might have conceived of in the 1960s. Lambert and Salva attempt to concretize the events of 17 October through an almost seamless combination of present-day still photos and video footage of Parisian landmarks; archival photos, videos, and sound clips; graphic images from *Octobre noir*; and videotaped interviews with witnesses and historians.

35 < http://www.adlibriseditions.com/catalogue/bandes-dessinees/bande-dessinee-octobre-noir/> : *"C'est pour mieux toucher le public visé, les jeunes générations, qu'Ad libris a choisi le format bande dessinée".*

36 B. Stora, "Préface", *Octobre noir*, p. 12 : *"Cette bande dessinée, forte, émouvante et érudite participe de la transmission mémorielle, essentielle pour comprendre le présent et définir les contours du futur de la société française."*

37 A. Wieviorka, *The Era of the Witness*, p. 70.

38 A. Wieviorka, *The Era of the Witness*, p. 69-70.

The very first image that the user sees when entering the web-documentary is a face from *Octobre noir*, along with a short introductory text signed by Lambert and Salva. The first word, written in red capital letters in a larger font, is *OUBLI* / "Omission", followed by the sentences "But also censorship, dissimulation or denial. [...] 50 years later, we are trying here to reconstruct a piece of this common history. IN ORDER TO NOT FORGET [Also written in red capital letters]. And to avoid repeating the errors of the past[39]". The description of 17 October as "this common history" / "*cette histoire commune*" lays the foundation for an assertion that Rothberg makes in his discussion of *Meurtres pour mémoire*. He argues that the novel articulates "an increasingly stringent ethical demand: by virtue of the accident of birth, national (and other) subjects inherit the imperative to investigate the multiple forms of violence that have been perpetrated in their name[40]". Lambert and Salva's introductory text formulates a second, related ethical demand–not only should the user of *La Nuit oubliée* investigate the past violence of "this shared history", he or she should also take action in the present, in order to avoid re-committing past errors. While on the surface this exhortation seems laudable, the extreme complexity of the events of 17 October makes it difficult to know precisely to which errors the authors are referring. "The errors of the past" / "*[Les] erreurs du passé*" seems like an exceptionally broad category when referring to a multidirectional event such as 17 October, with its connections to larger issues such as colonialism, the legacy of the Vichy era, state violence, and individual, collective, and state silence, among other topics. This point is not intended to deprecate Lambert and Salva's proposal, but rather as a reminder that learning from the past is not necessarily a simple proposition. As Rousso describes, in contemporary French society, the past is no longer simply an object of study for academic historians: "The past has thus become a field upon which one can, one even must constantly act in order to adapt it to the needs of the present. It is now a public sphere[41]". The

39 *La Nuit oubliée* : "*Mais aussi censure, dissimulation ou déni. [...] 50 ans après, nous tentons ici de reconstruire une parcelle de cette histoire commune. POUR NE PAS OUBLIER. Et éviter de reproduire les erreurs du passé*".

40 M. Rothberg, *Multidirectional Memory*, p. 279.

41 H. Rousso, *La Dernière Catastrophe*, p. 25 : "*Le passé est ainsi devenu une matière sur laquelle on peut, on doit même constamment agir pour l'adapter aux besoins du présent. Il est désormais un champ de l'action publique*".

testimonies of the witnesses appear in the section titled "At the protest march" / "*Dans la manifestation*", under a red banner stating "they experienced the bloody repression[42]". That banner serves to establish the authority of the witnesses that appear, and significantly, it also echoes the language employed in the commemorative plaque inaugurated by the mayor of Paris Bertrand Delanoë in 2001. That plaque, dedicated "To the memory of the numerous Algerians killed during the bloody repression of the peaceful protest march of 17 October 1961[43]", was the first official act of commemoration of the events of 17 October, and it sparked sharp reactions[44]. Fragmented images of the plaque appear briefly in the video testimony of Khaled Benaissa, the first witness to speak in *La Nuit oubliée*, highlighting the need for a more adequate commemoration of the events. As space is limited and the testimonies all share a common format, I will focus more closely on several key aspects of the testimonies that are most exemplary of the issues that are raised throughout the web-documentary.

Each testimony begins with a brief sound bite spoken by the witness framed in a medium close-up camera shot, followed by a short introductory montage of archival and present-day images and video spliced together, juxtaposing images from 1961 with scenes from modern-day Paris. For the rest of each video, as each witness speaks, the image shifts from shots of their faces or hands to still photographs or footage from 17 October. The witnesses continue to speak in voice-over as the archival footage unrolls, and the image oscillates back and forth between scenes from the past and the present-day interview. It is important to note that while I describe the photographs and video footage as "archival" based on their appearance, the provenance of the photos and images is not clearly stated, and they are not captioned. Some of the images are clearly identifiable as iconic photographs taken on 17 October by Élie Kagan and Georges Azenstarck (who is one of the witnesses in *La*

42 *La Nuit oubliée* : "*Ils ont vécu la répression sanglante*".

43 "*À la mémoire des nombreux Algériens tués lors de la sanglante répression de la manifestation pacifique du 17 octobre 1961*".

44 P. Bernard and C. Garin, "Archives du 'Monde' (17 octobre 2001) – Le massacre du 17 octobre 1961 obtient un début de reconnaissance officielle", *Le Monde*, 17 October 2011, < http://www.lemonde.fr/societe/article/2011/10/17/archives-du-monde-17-octobre-2001-le-massacre-du-17-octobre-1961-obtient-un-debut-de-reconnaissance-officielle_1588198_3224.html> [consulté le 19 juillet 2016].

Nuit oubliée), but many of the images are of unknown (or undeclared) provenance. The credits page of the web-documentary lists Kagan and Azenstarck under the section "archive credits", alongside the INA and BDIC-MHC[45], but there is surprisingly little documentation for a web-documentary with a proclaimed pedagogical mission. The overall effect of the mash-up aesthetic does create both a feeling of immediacy and an impression of the complex layers of history. At times, the past seems to pervade–or haunt–the present, such as when an archival photo of a wounded Algerian protestor hovers like a ghostly palimpsest over an image of present-day tourists standing in front of a Parisian landmark. At other moments, however, Lambert and Salva's aesthetic choices can become distracting, particularly during the witnesses' direct testimonies. The testimonies are filmed from multiple camera angles, and there are frequent cuts from one camera angle to another. The quick cuts and profusion of imagery may have been conceived to keep younger viewers' attention and to transmit a great deal of information in a short period of time (the longest witness testimony, Benaissa's, is only six minutes and forty-two seconds long), but some viewers might find it distracting, and the gravity of the witnesses' testimony is arguably downplayed. However, one (potentially inadvertent) positive aspect of this aesthetic strategy is to highlight the fragmentary nature of each witness's testimony, and at times, the camera does respect moments of silence as they recount their experiences, cutting to the witnesses' hands, or bowed heads, as they remain speechless.

The testimonies appear to be filmed at the various locations where the events actually occurred, and the ambient sounds of daily life in Paris, such as traffic noise or the sound of the Seine River, filter through the spoken word. Benaissa, who was thirteen years old in 1961, evokes a communal memory as he begins his testimony, using the pronoun *on* / "we" and stating that "everyone wanted the war to stop, and for everyone to regain their dignity[46]". He describes the personal, concrete details of life in the *bidonvilles* of Nanterre, and recounts his specific impressions of the evening of 17 October, some fifty years before.

45 The Institut National de l'Audiovisuel and the Bibliothèque de Documentation Internationale Contemporaine – Musée d'Histoire Contemporaine, respectively.

46 *La Nuit oubliée* : "*tout le monde était intéressé à ce que la guerre cesse, et que chacun retrouve sa dignité*".

Wieviorka describes how witnesses in the Eichmann trial were selected in part because they had already recorded their memories in writing previously, arguing that "It is the already-told story that becomes memory itself[47]". She cites the written testimony of Louise Alcan : "At the end of June, I wrote down what I remembered. Today, what I recall is in fact the memory of my memory[48]". Subtle signs of the "already-told story" can be found throughout *La Nuit oubliée*, as for example when Benaissa describes how his uncle saved him from being trampled in the crowd: "my uncle, who was with me, [...] recognized me, it seems, by my shoes[49]". In this case, it would seem that we hear not only Benaissa's original memory of the rescue, but also his memory of how the story was told to him, presumably by his uncle. Throughout the testimonies, the fragmentary perspective inherent in all witness accounts is revealed. While the events of 17 October that Benaissa experienced first-hand were obviously traumatic, he notes that it was only the following day, as people spoke to one another and when journalists arrived to interview people in the neighborhood, that "the idea that something very serious had happened started to take shape[50]". It is at the end of his testimony when the depth of his own silence is revealed, along with the importance of finally transmitting memory: "afterwards, it was like I shut the door on all these memories, I never talked about it to anyone, not my kids, not my family, [...] as if this event didn't concern me, it was a historic phenomenon[51]". Benaissa declares that it was only after the Papon trial, when Papon sued Jean-Luc Einaudi, that he felt compelled to share his story[52]. This moment of the web-documentary echoes closely a passage in Sebbar's *La Seine était rouge* when a character named Mourad claims, "it's the Papon affair that stirred everything up[53]". House and MacMaster note that the well-known time lag of trauma

47 A. Wieviorka, *The Era of the Witness*, p. 74.

48 A. Wieviorka, *The Era of the Witness*, p. 74.

49 *La Nuit oubliée* : *"mon oncle, qui était avec moi, [...] m'a reconnu, semble-t-il, par mes chaussures"*.

50 *La Nuit oubliée* : *"L'idée que, il y a eu quelque chose qui s'est passé de très grave commençait à se réaliser"*.

51 *La Nuit oubliée* : *"par la suite, c'est comme si j'ai fermé la porte à tous ces souvenirs, je n'en ai parlé à personne, ni mes enfants, ni ma famille, [...], comme si cet événement ne me concernait pas, c'était un phénomène historique"*.

52 *La Nuit oubliée.*

53 L. Sebbar, *La Seine était rouge : Paris, octobre 1961*, p. 103 : *"C'est l'affaire Papon qui a remué tout ça"*.

described by Henry Rousso as the "Vichy syndrome" also occurred following the Algerian War, and they argue that "if the trial of Maurice Papon marked a kind of closure it simultaneously opened the door to an 'Algerian syndrome'[54]". Here, the "duty to remember" / "*le devoir de mémoire*" takes on a slightly different meaning, in that it is not the state upon whom the duty is incumbent, but rather, one of the state's victims. *La Nuit oubliée* puts the greatest emphasis on the testimonies of the witnesses, but there are three other sections which I will discuss briefly. Like *Meurtres pour mémoire*, *La Nuit oubliée* can be envisioned as an investigation that progressively enlarges its scope, in this case beginning with the witness testimonies and then exploring the larger context in each of the following sections. The second section, "Behind the scenes" / "*En coulisses*", evokes the larger context of 17 October through interviews with political figures from both the French state and the Fédération de France du FLN. As in the first section, these interviews present useful, but subjective perspectives, rather than an historian's more neutral point of view. Along with those living figures, Papon is also presented in this section, and Jean-Luc Einaudi speaks about his role in the events, alongside a fascinating archival video from the INA entitled "A philosopher Chief of Police" / "*Un préfet philosophe*", in which Papon is interviewed by a journalist in 1960 regarding the publication of his book *L'Ère des responsables*[55]. Einaudi also plays a central role in the final section, "To Remember" / "*Se souvenir*" appearing in three of the four videos. Speaking primarily about the ways in which 17 October is remembered in the present day, Einaudi echoes Rothberg's argument that people "inherit the imperative" to investigate historical violence[56], stating "my initial approach is a citizen's approach, considering that it's the right and the duty of a citizen to try to find out what has after all been committed in one's name[57]".

The third section, "A day in the Algerian War" / "*Un jour dans la guerre d'Algérie*", provides a degree of further context while also demonstrating

54 J. House and N. MacMaster, *Paris 1961*, p. 10.

55 J. House and N. MacMaster, *Paris 1961*, p. 10. The interview is also available at <http://www.ina.fr/video/CPF08009278>.

56 M. Rothberg, *Multidirectional Memory*, p. 279.

57 *La Nuit oubliée*: "*ma démarche initiale est une démarche de citoyen, considérant qu'il est du droit et du devoir du citoyen, que de chercher à savoir ce qui s'est commis en définitive en son nom*".

some of the limits of the web-documentary form in its current state. The title of this section is misleading, for it actually addresses fourteen key moments related to the Algerian War over a seventeen-year period from 8 May 1945 to 5 July 1962. There is a timeline with two tabs, one of which shows seven important dates from "The Algerian War" / "*La guerre d'Algérie*", and the other showing seven instances of "The massacre of civilians[58]" / "*Les massacres de civils*". For each of the fourteen moments, there is a brief description of the event, and an archival video from the collection of the INA. Unfortunately, as of April 2014, several of the embedded videos are no longer functional, raising an important issue for the potential development of web-documentaries as a narrative form. If technological issues or changes quickly make it impossible for a user to access and interact with the interface, then web-documentaries could turn out to have a very limited future. It is unfortunate that this section is no longer fully functional, for it is important to remember that 17 October was but one in a series of massacres that tend to be overshadowed in collective memory, as Rousso points out: "the 'duty to remember' and the hypermnesia of certain episodes of History generate as much forgetting as they do memory[59]". Finally, on the far right-hand side of the web-documentary, there is an expandable map and a section labeled "archives". The map has three tabs–"protest/*manif*", "witnesses/*témoins*", and "places/*lieux*"–that allow the user to explore the layers of history in a virtual Paris. The "witnesses/*témoins*" page simply shows where the witnesses experienced the events of 17 October, but the "protest/*manif*" and "places/*lieux*" pages are more interesting, with the former presenting photos by Élie Kagan and Georges Azenstarck alongside Mako's illustrations from *Octobre noir*, and the latter revisiting some of the same sites today, through photographs taken by *La Nuit oubliée* co-creator Thomas Salva. This component is highly reminiscent of Amel and Omer's journeys through Paris in *La Seine était rouge*, as they compare past and present and attempt to inscribe the long-suppressed memories of violence in the present day. In Salva's photographs, captions detailing police violence contrast with the peaceful Parisian street scenes and seek to remind the user of what happened fifty years

58 *La Nuit oubliée.*

59 H. Rousso, "Les Raisins", in *La Guerre d'Algérie (1954-1962)*, p. 143 : "*'le devoir de mémoire' et l'hypermnésie de certains épisodes de l'Histoire génèrent autant l'oubli que le souvenir*".

ago, just as Amel and Omer create "their own commemoration through the mediation of transgressive red graffiti[60]".

In the "protest/*manif*" section, the juxtaposition of Mako's illustrations and Kagan's and Azenstarck's photos is unproblematic. In the final section "archives", however, as is the case with the testimonies of *17.10.61*, the line between fact and fiction is no longer clear, with troubling consequences. The archives are a logical final destination for the web-documentary, both in terms of its narrative structure as an investigation and in terms of its pedagogical mission. For the web-documentary, it is important to provide resources for those who wish to explore further the complex issues surrounding 17 October, but it is essential to indicate what belongs to the fictional realm and what belongs to the historical. In the case of the "archives", each of the downloadable documents *appears* at first glance to be a facsimile of archival material–that is to say, "real"–yet upon closer inspection, at least some of the documents are clearly not. For example, in the case of a document from the "Registry of the Medical-legal Institute / *Registre de l'Institut médico-légal*" that bears a list of names of the dead, the exact same image of an old, rumpled sheet of paper is used as a background image for all seven pages of the document, and after magnifying the image several times, it is clear that the "typed" list of names has in fact been digitally superimposed upon the background image (the black letters are superimposed on top of an image of a staple on several pages[61]). While fictional representations have of course played an essential role in bringing memories of 17 October to light, in this case such a juxtaposition of fiction and fact seems problematic for a cultural form that describes itself as a web-*documentary*.

The "duty to remember" has become a contemporary commonplace, along with the idea that historical narratives find their justification in the imperative to never repeat the mistakes of the past. But these notions ring hollow and lose their effect when they are not articulated from a precise historical discourse. As a consequence, the advantages offered by the web-documentary form are also, from a pedagogical perspective,

60 A. Donadey, "Retour de mémoire", in *Leïla Sebbar*, p. 195 : "*leur propre commémoration par l'entremise de graffiti rouges transgressifs*".

61 <http://s1.lemde.fr/webdocs_contenu/fichiers/la-nuit-oubliee/archives/pdf/autres/liste_disparus.pdf>.

impediments. The web-documentaries take advantage of the multimedia capacities offered by the Internet, potentially attracting a public who no longer reads books, and an online format is in some ways ideal for representing the multidirectional memory of 17 October.

Hyperlinks can show connections between different people and events, while the mashup aesthetic where past and present seem to merge together offers an effective representation of unresolved trauma and the ways in which the past seems to bleed into the present. The videotaped testimonies feel immediate and intimate, as if the witnesses were speaking directly to the viewer. At the same time, the fragmented, incomplete, non-linear, and in some cases fictional aspects of the testimonies perhaps serve as an obstacle to the formulation of a coherent narrative that could help untie the knots of history.

Philippe BRAND
Lewis & Clark College

FRANCK VENAILLE. LA GUERRE D'ALGÉRIE POUR MÉMOIRE

Désormais, simplement peut-être pour mémoire[1].

> La vérité historique est là : durant près de deux ans, le caporal-chef François Venaille a participé aux opérations de maintien de l'ordre en Algérie à la 3e Compagnie du 14e Bataillon de Chasseurs alpins. Son univers quotidien ? Un camp retranché avec réseaux de barbelés, miradors et blockhaus installé dans les bâtiments d'une ancienne ferme au lieu dit Bou-Naboussa. Son champ d'action ? La ligne Morice. Son rôle ? Combattre les maquisards algériens et les troupes du FLN venues des camps d'entraînement tunisiens voisins, prendre part activement à la pacification généralisée sur tout le territoire[2].

De cette « vérité historique » résumée dans l'« Ouverture » de *Capitaine de l'angoisse animale*, on trouvera peu de traces dans l'œuvre poétique de Franck Venaille. Même s'il reconnaît que, « dans tous ses ouvrages, (tous !), il raconte l'histoire d'une profonde blessure, durable, béante, que rien n'est venu cicatriser par la suite[3] », on y cherchera vainement un témoignage historique. Comme l'indique Catherine Brun dans son étude sur « Venaille l'Alguerrien », les circonstances sont rarement précisées : une trentaine de lieux sont nommés, peu de dates et, lorsqu'elles apparaissent, c'est « sur un fond d'indétermination temporelle[4] ».

---

1 F. Venaille, *Jack-to-Jack*, Paris, Luneau Ascot Éditeurs, 1981, p. 66.

2 F. Venaille, *Capitaine de l'angoisse animale*, « Ouverture », Obsidiane & Le Temps qu'il fait, 1998, p. 9.

3 F. Venaille, *Capitaine de l'angoisse animale*, p. 9.

4 C. Brun, « Venaille l'Alguerrien », *Franck Venaille, Europe*, n° 938-939, juin-juillet 2007, p. 96-105.

Il y a beaucoup de témoignages en revanche, dans les entretiens de Venaille, dans ses préfaces, sur les raisons de ne pas dire ce qu'on appelle aujourd'hui la guerre d'Algérie. Le jeune homme arrivé à Marseille en août 57 avant d'embarquer pour l'Algérie, ne peut parler ni avec les autres appelés, « heureux d'aller tuer les fellaghas », ni avec les civils qui « l'arrêt[ent] dans la rue pour [l]e remercier[5] » lorsqu'il est habillé en militaire pour sa permission. Au silence est condamné celui qui, caporal-chef et communiste, se trouve dans une position impossible, symbolisée par sa situation de soldat désarmé : il a caché sous son lit la culasse de sa mitraillette. Dans cette guerre, « tout est caché, jusqu'à cet ennemi sur lequel on tire sans le voir[6] ». Tout est tu, jusqu'à la torture : « C'était l'officier de renseignements assisté de quelques brutes qui s'en chargeait. Ça se passait pendant que la compagnie crapahutait. Quand on rentrait, on apprenait que tel ou tel prisonnier avait été tué lors d'une corvée de bois : officiellement, il avait essayé de s'échapper[7]… ». Du point de vue de la métropole, il n'y a pas de guerre, mais seulement ce que l'on appelle les « événements d'Algérie ». Il s'agit, officiellement, de « rétablir l'ordre menacé par quelques rebelles et la sécurité de l'état dans trois départements français[8] » :

> Cette guerre fut celle de la lâcheté. Longtemps elle n'a même pas osé dire son nom, préférant se cacher sous un concept flou : opérations de maintien de l'ordre en Algérie. Il s'agissait, disait-on, de traquer des braconniers et de rassurer leurs femmes[9].

En métropole, à leur retour, les jeunes gens des djebels découvrent une France amnésique. C'est précisément contre cette société qui les condamne au silence que le premier numéro de la revue *Chorus*, dont Venaille sera directeur de 1961 à 1974, ouvre, en décembre 1961, ses colonnes à des poètes contre la guerre d'Algérie.

La poésie de Venaille, en revanche, ne produira aucun témoignage mais tentera plutôt d'exprimer l'impossibilité du discours. C'est au silence que sera consacré un poème du recueil intitulé *La Guerre d'Algérie* publié en 1978 :

---

5 Entretien de F. Venaille avec T. Guichard, *Le Matricule des anges*, 37, 15 décembre 2001-15 février 2002, p. 16.

6 Entretien de F. Venaille avec T. Guichard, *Le Matricule des anges*, p. 16.

7 Entretien de F. Venaille avec T. Guichard, *Le Matricule des anges*, p. 16.

8 B. Stora, *Appelés en guerre d'Algérie*, Paris, Gallimard, 1997, p. 12.

9 F. Venaille, *Algeria*, Melville, Éditions Léo Scheer, 2004, p. 9.

> Ils aperçurent un lac (glacé), puis des oiseaux tombèrent, raidis, figés : le paraphe de la mort dit-il alors que non loin d'eux, ignoble, rigolard, le fou marron se signait, se signait tous ils entrèrent dans la. Lagune. Alors sur l'autre rive une femme hèle un enfant et dans le clapotis c'est sa jeunesse à lui qui par grandes brassées d'air au visage le fouette. L'enfant rame. Il est dans le soleil rouge aussi impénétrable que l'Impossible. Démesure. On le touche : il s'efface ! On le croit disparu : mais il est là qui vous regarde. Noire, la mère s'est assise. Comme on l'attend ! Comme on l'espère toujours semblable ! Noire est la barque qui bientôt disparaît. Toutes les cloches de brume se mirent alors, toutes les cloches ! Ils restèrent là : tous deux. Le froid. La couleur de la mer. Il n'y avait peut-être rien d'autre à faire qu'à : pleurer. Doucement. Au plus profond du cœur malade. Puis, jacassants, des enfants passèrent. Langue inconnue. Deux petites filles. Tous ces volets tirés. Lui dire : je suis coupable. Révoquons le destin. Mais telle une ville flottante s'arrachant du brouillard le bateau devant eux comme ses lèvres rouges les reprit. Alors, sorti de l'eau noire, s'é-le-va : le silence – le silence – le silence –[10]

Si le cadre évoqué est celui d'un lac, il ne s'agit pas cependant du « miroir amical des montagnes bleues[11] » évoqué plus tard dans un poème de *Tragique*. À sa fluidité est opposée une fixité mortifère qui peut rendre compte de l'impossibilité du discours sur la guerre d'Algérie. À l'écriture surtout est confiée la charge d'exprimer l'opacification du langage. Insistante dans un poème composé d'un grand nombre de phrases nominales, la ponctuation ne cesse d'interrompre le discours : « tous ils entrèrent dans la. Lagune. », « Toutes les cloches de brume se mirent alors, toutes les cloches ! », « Il n'y avait peut-être rien d'autre à faire qu'à : pleurer. ». Elle est utilisée, dans ce poème, plutôt comme une façon de rompre que comme une façon de lier : rupture entre l'action et sa conséquence (« On le touche : il s'efface ! »), entre l'attente et la réalité (« on le croit disparu : mais il est là qui vous regarde. »), entre la phrase préparée et la phrase prononcée (« Lui dire : je suis coupable. »). Les tirets répétés font entendre le silence entre les mots, coupent même certains mots pour faire entendre le son avant le sens. Ils freinent la lecture, l'empêchant d'être fluide, trop directement orientée vers la signification. Le poème est également construit sur des effets de reprise (« comme on l'attend, comme on l'espère toujours semblable »), de bégaiement (« se signait, se signait »). Les répétitions soulignées par le chiasme lié

10 F. Venaille, *La Guerre d'Algérie*, Paris, Éditions de Minuit, 1978, p. 21. Repris dans F. Venaille, *Algeria*, Paris, Melville, p. 32.

11 F. Venaille, *Tragique*, Bussy-le-Repos, Obsidiane, 2001, p. 62.

à l'inversion du sujet (« Noire, la mère s'est assise. [...]. Noire est la barque ») ou le rappel d'une chanson ancienne (« Toutes les cloches de brume se mirent alors, toutes les cloches ! ») suggèrent un temps arrêté. Le contexte général au passé isole cependant deux moments de rupture : le premier, au présent semble une image onirique rejouant ce qui n'est pas bien joué dans l'enfance, le second rompt le silence par une parole au style direct : « Lui dire : je suis coupable. Révoquons le destin. ». Ces deux moments ouvrent l'espoir d'un événement, d'un sursaut, espoir contredit par la continuité d'une théorie de couples (couple formé par la mère et l'enfant suivi par le couple formé par les deux petites filles) et par l'effet d'encadrement produit par le système des couleurs (rouge/noire/rouge/noire).

L'impossibilité du sursaut entraîne l'impossibilité du rachat. Le motif de la culpabilité, comme celui de la guerre d'Algérie, hante toute l'œuvre de Venaille qui va jusqu'à imaginer que la relation est réversible et que la guerre d'Algérie est le nom d'une fiction pour dire la culpabilité et la souffrance :

> Il est toutefois possible que le désir qu'a Venaille de placer son angoisse sous le seul signe algérien soit une sorte de leurre, une fausse piste savamment balisée, destinée à cacher les raisons plus personnelles de ce qui apparaît, parfois, comme un désespoir[12].

Entre ce que Venaille appelle la « logomachie » et le silence, il y a, pour le poète, les « privilèges des fantasmes[13] ». Dans le *Sultan d'Istamboul*, il se met en scène à Constantinople en 1453 sous le nom « Venaille le Magnifique », façon de « tourner une fois encore, autour de la guerre d'Algérie, de la contourner plutôt[14] ». « En fait », dit Venaille, « j'ai la sensation d'écrire constamment, d'être sans arrêt en train d'imaginer des fictions possibles et c'est là une manière très consciente je crois de réagir aux chocs[15] ».

---

12 F. Venaille, *Capitaine de l'angoisse animale*, p. 9.

13 « On sait encore un peu qu'il y a eu la guerre en Algérie et que nous y avons attrapé une maladie incurable : la haine. [...] Face aux techniques de la logomachie, il faut croire à la vie intérieure, aux privilèges des fantasmes », « Entretiens », Sensibilité, *Chorus* n° 1, 1968, p. 20.

14 F. Venaille, *L'Homme en guerre*, Paroles d'Aube, 1995, p. 161. F. Venaille, *Le Sultan d'Istamboul*, Salvy Éditeur, 1991.

15 F. Venaille, *L'Homme en guerre*, p 17.

Dans *Algeria*, Franck Venaille veut écrire autour de la guerre d'Algérie « dans son ombre, ses marges, dans ce qu'elle cachait à elle-même[16] ». À l'origine de ce recueil publié en 2004, il y eut d'abord trois ouvrages, *Caballero Hôtel, La Guerre d'Algérie* et *Jack-to-Jack*, parus de 1974 à 1981. Le premier titre envisagé pour cet ensemble, « Plusieurs êtres surpris rêvant devant la mer[17] », rappelle le début d'un poème présent dans *Jack-to-Jack* en 1981 et intégré dans *Algeria* en 2004 :

> ainsi des êtres – plusieurs – surpris – devant un fleuve – rêvant – des êtres – plusieurs êtres – que l'on surprend ainsi, rêvant devant le fleuve qui coule et coule – plusieurs êtres surpris je me souviens de l'Hudson river j'y jetais des cailloux de petits riens des bouts de vie, souvenirs, mémoire, tout cela autrefois dans. L'eau. Des silhouettes passent, s'arrêtent puis disparaissent. Appels. Chuchotements. Fou-rire intérieur qui jamais vraiment ne s'exprime sur la face des êtres. Face du jour, de la nuit. Face offerte à l'eau. On. Je. Ce fut en 1956 ou avant, autrefois, je ne sais. Plus. J'y jetais des cailloux des sortes d'offrandes ce que l'on dépose près d'un corps afin qu'il se dénude. Certains lui offrent une photo une lettre cela peut aller jusqu'aux gouttes de sang. On touche à peine du doigt ce corps amnésique c'est comme si l'on voulait conjurer le malheur d'être né. Tout ceci se passait près d'un garage non près d'un entrepôt où par centaines peut être, allongés, se reposaient les cars. Jaunes. Violets. Atlantic City. Mauves. On roule. On parle. Bientôt on va crier. Un entrepôt immense et calme au bord du fleuve de l'eau tranquille. Souvenirs. Qui remontent. Qui apparaissent à la surface. Je suis fleuve. Ces soirs-là nous étions quelques-uns bloqués dans une colère légitime. Devenir plus calme oui être enfin ce qui est écrit ici, regardez bien, dans. L'eau[18].

L'allusion biographique à l'Algérie – encore présente peut être dans la mention de la mer qui encadre l'expérience des années cinquante[19] – est éloignée par la référence dépaysante à un fleuve américain, l'Hudson river. Le fleuve évoqué dans le recueil de 2004 hérite cependant des images qui, dans le long poème de 1995 *La Descente de l'Escaut*, l'associent à l'espoir d'une guérison[20]. Cet espoir est également inscrit dans le poème de 2004 par l'allusion à des « offrandes » offertes, à des « petits cailloux ». Le fleuve est surdéterminé par plusieurs images légendaires : celle du

16 F. Venaille, *Algeria*, p. 11.
17 F. Venaille, *Algeria*, p. 11.
18 F. Venaille, *Jack-to-Jack*, p. 37. Repris dans F. Venaille, *Algeria*, p. 114-115.
19 « En mer : du 25-8-57 au 27-8-57. En Algérie : du 28-8-57 au 2-5-59. En mer : du 3-5-59 au 5-5-59. », F. Venaille, *Capitaine de l'angoisse animale*, p. 9.
20 F. Venaille, *La Descente de L'Escaut. Poème*, Obsidiane, 1995.

Nil, celle du Petit Poucet, mais aussi celles du Styx (« allongés », les cars « se reposaient » comme des cadavres) ou du Léthé. Les rectifications suggèrent en effet les doutes d'une mémoire hésitante : « Ce fut en 1956 ou avant, autrefois, je ne sais. », « Tout cela se passait près d'un garage non près d'un entrepôt ». Par déplacement, comme dans le rêve, le fleuve peut exprimer la réalité indicible de la guerre d'Algérie.

Le brouillage des éléments contextuels vient étayer cette hypothèse. Au présent de l'énonciation (« je me souviens »), sont associés des temps du passé : imparfait itératif (« j'y jetais », « ces soirs-là nous étions ») ou passé simple pour marquer la date de l'événement traumatique : « ce fut en 1956 ». L'incertitude temporelle est redoublée par le brouillage des identités : à côté du « je » et du « nous », le pronom indéfini « on » est utilisé pour évoquer le sujet lointain perdu dans le collectif qui peut être un substitut du sujet actuel : « On. Je. ». La collectivité suggérée, anonyme, n'existe que dans l'écho d'une chaîne phonique : « des êtres », « plusieurs êtres », « une lettre », « peut-être », « être enfin ». C'est bien le trajet d'une remémoration que désigne le poème par les multiples allusions aux « souvenirs », à la « mémoire » et au « corps amnésique ».

L'écriture cependant n'est pas le simple véhicule de la souffrance. Elle est aussi le lieu d'un travail, d'une activité dont témoignent les effets de rupture marquée par le jeu des déterminants : « un fleuve » devient « le fleuve », avant de produire l'identification : « Je suis fleuve. ». Cette métaphore, si elle dit l'opposition, commune au fleuve et aux êtres, entre une « surface » et une profondeur, ne formule rien qui lui préexiste. Elle est création d'une réalité nouvelle produite par l'écriture. Elle indique qu'un « devenir » est engagé qui peut rappeler le fleuve héraclitéen mais ne doit rien au témoignage.

Le titre retenu dans la version définitive associe la mémoire de la guerre « qui n'ose pas dire son nom[21] » au nom d'une femme : *Algeria*. Ce nom, venu de *La Guerre d'Algérie*, est l'élément qui semble assurer la cohérence du nouveau recueil. Ainsi, certains poèmes issus du recueil de 1981 *Jack to Jack* sont transformés pour être intégrés dans celui de 2004 : « Mon amour nous regarde » devient « Algeria nous regarde[22] », la « femme étrange nommée Amour » devient la « femme étrange nommée

21 F. Venaille, *Algeria*, p. 9.

22 F. Venaille, *Jack-to-Jack*, p. 42. Repris dans *Algeria*, p. 121.

Algeria », « Mon amour blond et moi », « Algeria blonde et moi[23] ». Un paragraphe est ajouté sur « Algeria transparente[24] ».

Algeria permet de parler du sexe à la place de la guerre, de rendre « compte de l'horreur » en prenant ses « distances avec le politique ». À l'origine de la représentation de la « tragédie » par ses « *dessous* », l'évocation de coïncidences douloureuses : « avoir fait la guerre à l'âge où d'autres font l'amour[25] », « avoir entendu s'élever le rire de jeunes femmes au moment où, là-bas, il décidait d'accomplir pour son salut ce geste irrémédiable : enlever la culasse de sa mitrailleuse MAT 49, la cacher sous son lit de camp, partir ainsi désarmé au combat[26] ». L'ambivalence du rapport à l'Algérie passe par les mots et la coïncidence devient métaphore. Dans l'énumération des activités d'une journée « ordinaire », où le « ticket pour le Bordel Militaire Contrôlé » est associé – dans une même « discipline » – à la « torture », Venaille, pour qui « Algeria et la guerre d'Algérie c'est la même chose[27] », utilise les mêmes mots pour le sexe et pour la guerre :

> Avez-vous tiré ?
> Vous êtes-vous fait tirer dessus[28] ?

Algeria, cependant, n'est pas une égérie. C'est une figure ambivalente, à la fois « sainte » et « putain[29] ». Elle est une fiction, projection fantasmatique de la féminité, de ses poses et de ses variations :

> Algeria rit aux éclats. Se
> passe du vernis
> aux ongles des pieds
> L'attend
> Se maquille
> Passe une nouvelle robe et se
> Plait
> Se déplait
> A les larmes aux yeux[30]

23 F. Venaille, *Jack-to-Jack*, p. 42-43. Repris dans *Algeria*, p. 122.
24 F. Venaille, *Jack-to-Jack*, p. 18. Repris dans *Algeria*, p. 100.
25 F. Venaille, *Capitaine de l'angoisse animale*, p. 10.
26 F. Venaille, *Capitaine de l'angoisse animale*, p. 11.
27 F. Venaille, *Algeria*, p. 48.
28 F. Venaille, *Algeria*, p. 66.
29 F. Venaille, *Algeria*, p. 27.
30 F. Venaille, *Algeria*, p. 33.

Dans la suite du poème cependant, l'allusion à la profession d'Algeria, « une histoire compliquée de recouvrement de créance[31] », interrompt la projection fantasmatique. « La fiction », dit Venaille, « vient buter sur du fric[32] ».

Lorsqu'il compose le recueil *Algeria*, Venaille ajoute, à l'ouverture de ses poèmes, la mention d'une couleur bleue qui n'était pas présente dans les premiers textes. Le début d'un poème consacré à des scènes d'amour dans *La Guerre d'Algérie* (« Il retrouva le gant avec lequel il l'avait longuement lavée [...][33] ») devient dans *Algeria* : « Dans la chambre bleue, il retrouva le gant avec lequel il l'avait longuement lavée [...][34] ». Cette même couleur bleue, absente là encore du dernier poème de *La Guerre d'Algérie*[35], vient, dans le poème d'*Algeria*, colorer la salle de torture :

> La chambre bleue est bien aménagée. Outre les longues tables de zinc sur lesquelles les prisonniers, nus, sont étendus à leur arrivée, il y a là quelques étaux d'établi qui se révèlent très utiles : leurs mâchoires de fonte servent à broyer les parties les plus vulnérables du corps humain le plus souvent les parties sexuelles[36].

Si, comme le personnage d'Algeria, la couleur bleue permet d'associer l'obscénité du sexe à celle de la guerre, la violence érotique à la violence de la torture, elle est aussi une façon de lier l'Algeria de Venaille à la Paulina de Pierre Jean Jouve qui, elle aussi, donne son titre à un roman qui s'ouvre précisément par la description d'une chambre bleue pleine du souvenir du crime de Paulina[37]. Le poème d'*Algeria* lui emprunte son « inventaire », sa « fenêtre étroite », son « grillage » et une « sonorité bleue[38] », qui n'existaient pas dans la première version :

> Les lourdes bottes de saut aux semelles cannelées écrasent aussi beaucoup de pieds nus et révulsés par la peur il faut – fenêtre étroite, grillage, sonorité bleue qui provient de ses murs – affoler la souffrance.

---

31 F. Venaille, *Algeria*, p. 34.
32 F. Venaille, *L'Homme en guerre*, p. 35.
33 F. Venaille, *La Guerre d'Algérie*, p. 44.
34 F. Venaille, *Algeria*, p. 48.
35 F. Venaille, « La chambre est bien aménagée », in *La Guerre d'Algérie*, p. 102.
36 F. Venaille, *Algeria*, p. 82.
37 F. Venaille, *Pierre Jean Jouve, l'Homme grave*, Jean-Michel Place, 2004, p. 5.
38 P. J. Jouve, *Paulina 1880* (1925), Paris, Folio Gallimard, 2007, p. 13-15.

La couleur de la chambre de Jouve, « silencieuse, ayant beaucoup d'histoire », par ses matières, ses murs, ses étoffes, offre un espace de résonance pour l'horreur de la guerre d'Algérie. Il ne s'agit pas cependant d'une couleur pure. En elle, se mélangent le souvenir du blues (« Alors pour lui seul se siffle le blues en grattant sur ses côtes ole man trouble oh man dans la ville noire[39] ») et l'actualité de l'œuvre du peintre Jacques Monory. Celle-ci est caractérisée par une lumière bleutée qui est la couleur de la nuit, du rêve mais qui est aussi un écran pour dire, comme les fictions de Venaille, la dure violence du présent :

> J'ai donc eu le souci de réfléchir sur la fonction de ce bleu qui est devenu l'image, la matérialisation d'une sorte de rêve, absolument pas onirique : un rêve réaliste si je puis dire que l'on porte en soi et que l'on ne peut nommer. Tout autour de cet écran, tout autour d'une certaine écriture que je souhaite de plus en plus lointaine, tendresse, violence et sexualité se heurtent[40].

Pas plus que le nom d'Algeria ne vient unifier le recueil de 2004, la couleur bleue ne vient donc lisser l'ensemble. Impure comme elle, cette couleur bleue, qui porte à la fois la mélancolie du passé et « la violence froide et bleutée de l'acier meurtrier[41] », exhibe le caractère hybride d'un recueil réunissant des poèmes écrits près de vingt ans après Bou-Naboussa, pour les premiers, et cinquante ans après pour les derniers.

Franck Venaille parle du poète comme d'un « fossoyeur » ou d'une « taupe » et de l'écriture poétique comme d'une « sorte d'excavatrice qui remonte en pleine lumière drames et bonheurs divers puisés là, dans le trou, la béance, les creux de la pensée[42] ». Faut-il imaginer que les poèmes peuvent ramener à la lumière du présent le trésor enfoui du passé et qu'*Algeria* apporte une « vérité historique » sur la guerre d'Algérie ? Non, sans doute. L'image archéologique éclaire cependant la démarche de Venaille parce qu'elle nous fait comprendre que la vérité recherchée n'est pas celle de l'objet, la guerre, mais du travail de la mémoire constituée de traces appartenant à des temporalités différentes :

39 F. Venaille, *Algeria*, p. 54.

40 F. Venaille, *Construction d'une image*, Poésie 77, Paris, Éditions Seghers, 1977, p. 79.

41 F. Venaille, « Le bleu paradis des amours enfantines », Collages, *Chorus* n° 3, 1969, p. 20.

42 « Temps de parole », entretien de F. Venaille avec J.-B. Para et P. Vilar, *Franck Venaille, Europe* 938-939, 2007, p. 9.

> Il est plus que temps de dire que, pour moi, l'écrivain est celui qui n'oublie rien. Il était déjà là lorsque le Christ a douté de son père, Lénine des soviets, lors des incendies et des épidémies de peste, lors des guerres et des batailles. Il fut médecin, malade, archer, officier. Il a combattu. Il a vu mourir. Il a dressé des plans, un peu stratège, un peu architecte. Il était là bien sûr lorsque sa mère et son géniteur se sont rencontrés et aimés. L'écrivain dit, non pas une mémoire collective ou sociale, mais une mémoire sans âge [...][43].

C'est précisément contre le temps unilinéaire de notre expérience ordinaire que Laurent Olivier définit la spécificité du temps archéologique, « temps pluri-temporel, comme l'est celui de la mémoire, en ce sens que plusieurs temporalités sont ici à l'œuvre et se recouvrent[44] ». Plutôt, dit-il, que de « raconter le passé », il faut reconnaître « les vestiges du passé comme les symptômes d'une mémoire qui continue à travailler le présent, renoncer à cette espérance d'un passé enfin saisissable en tant que tel[45] ». Nulle « vérité historique » à attendre donc sur la guerre d'Algérie mais tout à attendre du travail sur la mémoire de celle-ci que le poète effectue, au présent, par le montage des textes et leur disposition formelle sur l'espace de la page. Une façon de rester maître du jeu.

Martine CRÉAC'H
Université Paris 8
Vincennes Saint Denis

43 F. Venaille, « Une trace maudite. Réponse à Hubert Lucot », *L'Homme en guerre*, p. 75.
44 L. Olivier, *Le sombre abîme du temps : mémoire et archéologie*, Paris, Seuil, 2008, p. 14.
45 L. Olivier, *Le sombre abîme du temps : mémoire et archéologie*, p 17.

MEMORY IN THE AFTERMATH

Maïssa Bey's *Entendez-vous dans les montagnes...*

Contemporary scholarship on historical memory in Algeria abounds[1], but recent fictional returns to the National Liberation Struggle have often failed to catch the attention of critics, and the literary output of the 1990s and early 2000s has been unfairly described as obsessed with testifying to the horrors of the political present through graphic realism[2]. Such critiques miss the ways in which the past is being used by contemporary authors as an antidote to daily headlines that numb an increasingly fatigued Algerian public. By exploring the present through a messy and at times contradictory past, fictional works are challenging the mythologies of independence that the state has worked so hard to maintain.

A new concept in Maghrebi studies is that of the "transnational" or "postnational" Maghreb[3]. Recent attention to globalization, nomadism, cosmopolitanism, immigration, diaspora, and exile has fueled a prismatic approach to the literary works of North African authors, while

1 M. Harbi et B. Stora, *La Guerre d'Algérie : 1954-2004, la fin de l'amnésie* (2004); P. Lorcin (édit.), *Algeria and France 1800-2000: Identity, Memory, Nostalgia*, Syracuse, Syracuse University Press, 2006, and her most recent book, *Historicizing Colonial Nostalgia: European Women's Narratives of Algeria and Kenya 1900-Present*, New York, Palgrave, 2012; and most of B. Stora's œuvre, particularly *La Gangrène et l'oubli* (1998), and *La Guerre des mémoires* (2007).

2 Chief among them Charles Bonn, who lamented the fact that in Algerian novels of the 1990s, "*La seule référence est bien le contexte politique duquel le texte est présenté comme le reflet fidèle, à travers un quotidien le moins distancié possible*" / "The only reference is to the political context, of which the text is presented as a faithful reflection through a representation of daily life that includes as little distance as possible". C. Bonn et F. Boualit, *Paysages littéraires algériens des années 90 : Témoigner d'une tragédie*, Paris, L'Harmattan, p. 16.

3 E. Tamalet, *Modernity in Question: Retrieving Imaginaries of the Transcontinental Mediterranean (thèse)*, San Diego, University of California, 2009; and A. Gueydan, *(Post)national ImagiNation of Algeria: Identity Politics and Practice in Algerian Francophone Literature (thèse)*, New Haven, Yale University, 2008; and A. Hargreaves, C. Forsdick, and D. Murphy (édit.), *Transnational French Studies*, Liverpool, Liverpool University Press, 2010.

historians like Julia Clancy-Smith and Nabil Matar have reframed the historic Maghreb as having long been a fluid and multicultural space of exchange[4]. These new approaches complicate regional and national historical narratives, and they enrich the field by reminding us that the globalized Maghreb is not such a new thing after all. A thick spot on the present fabric of Maghrebi cultural studies is the question of Jewish history in twentieth-century North Africa[5]. And growing bodies of both historical research and fiction have also made lateral, comparative moves from Maghrebi to Holocaust history, suggesting that a shift from empirical and linear linkages toward what Michael Rothberg has termed a "multidirectional" approach can yield a potentially productive study of both histories.

Connections between colonialism and the Holocaust have been drawn before. Aimé Césaire argued that Nazism visited Europe as a "boomerang effect" of colonialism. He posited that Europeans, "before they were [Nazism's] victims [...] were its accomplices [...] they tolerated Nazism before it was inflicted on them, [...] they absolved it, shut their eyes to it, legitimated it, because, until then, it had been applied only to non-European peoples[6]". Other anti-colonialists used the Holocaust as what Gilles Manceron termed a "mobilizing metaphor that makes an appeal against colonialism with the same reflexes of indignation that Nazism has aroused[7]". Referring to the Shoah, Rothberg writes that "there is probably no other single event that encapsulates the struggles for recognition that accompany collective memory in such a condensed and global form[8]". And Ross Chambers points to the utility of a global referent to make historical trauma legible, "to provide a semiotic referent

4 J. Clancy-Smith, *Mediterraneans: North Africa and Europe in an Age of Migration, c. 1800-1900*, Berkeley, University of California Press, 2010; N. Matar, *Turks, Moors, and Englishmen in the Age of Discovery*, New York, Columbia University Press, 1999.

5 Cf. *The Journal of North African Studies* 17/5 (2012), a special issue dedicated to the study of "Jews and French Colonialism in Algeria"; for cinematic examples, see I. Ferroukhi, *Les Hommes libres*, Pyramide Productions, 2011; for a literary example, see L. Sebbar, *La Seine était rouge: Paris Octobre 1961.*

6 A. Césaire, *Discourse on Colonialism*, trad. J. Pinkham, New York, Monthly Review Press, 2000, p. 35.

7 M. Rosello, "Guerre des mémoires ou parallèles dangereux dans *Le Village de L'Allemand* de Boualem Sansal", *Modern & Contemporary France* 18/2, 2010, p. 204 : *"une métaphore mobilisatrice pour faire appel contre le colonialisme aux mêmes reflexes d'indignation que le nazisme a suscités".*

8 M. Rothberg, *Multidirectional Memory*, p. 6.

for an experience without such a referent", without which, "there can be no communication[9]". The readership for Maghrebi literature in French is a global one, and the prohibitive cost of books, various flavors of state censorship, and dearth of bookstores in many towns in North Africa make for a consuming public often located in Europe or North America, and the Holocaust-*qua*-referent grants texts an ease of mobility that more localized referents may not.

But evoking the Holocaust in a comparative register is risky. Rothberg responds to critics who insist on the singularity of the Shoah, and he argues that while the Holocaust is indeed unique, comparison neither impoverishes its import nor diminishes its significance:

> [W]hile it is essential to understand the specificity of the Nazi genocide (as of all events), separating it off from other histories of collective violence–and even from history as such–is intellectually and politically dangerous. The dangers of the uniqueness discourse are that it potentially creates a hierarchy of suffering (which is morally offensive) and removes that suffering from the field of historical agency (which is both morally and intellectually suspect[10]).

Instead of bracketing the Holocaust from other histories, Rothberg considers how Holocaust memory and other memories (namely, decolonization) might be productively thought together. In place of collective memory as a "zero-sum struggle over scarce resources", he describes a multidirectional relationship between memories, "subject to ongoing negotiation, cross referencing, and borrowing[11]". The tangling of unlikely memorial threads performs memory's multidirectionality, and recent attention to Holocaust memory in Algerian fiction shows authors' willingness to cooperate with alternative memorial traditions.

Maïssa Bey's *Entendez-vous dans les montagnes...* is a text that expresses memory's prismatic force through two returns to a shared and painful past. The story unfolds on a train headed (the text suggests) from Paris to Marseille, and the protagonist, an Algerian woman, recently arrived in France after fleeing the unrest of the *décennie noire*, finds herself sitting across from a retired French doctor who, we learn, participated in her father's torture, death, and burial during the War for Independence. The

9 R. Chambers, "The Long Howl: Serial Torture", *Yale French Studies* 118 & 119, 2010, p. 39.

10 M. Rothberg, *Multidirectional Memory*, p. 8-9.

11 M. Rothberg, *Multidirectional Memory*, p. 2-3.

word "Holocaust" makes no appearance in Bey's text, but the woman on the train is reading Bernhard Schlink's *Le Liseur* (*The Reader / Der Vorleser*), the story of one German man's confrontation with the enduring legacies of the Shoah. At various moments in *Entendez-vous dans les montagnes…*, passages from the French translation of Schlink's novel interrupt the narrative and call any reader familiar with *Le Liseur* to draw comparisons. The act of following Michael Berg (Schlink's protagonist) through *his* various attempts at coming to grips with a difficult history pushes the woman to confront the man sitting across from her. Without this mitigating third term, it is unlikely any meaningful dialogue would have taken place, and the journey would have been a silent one.

Entendez-vous dans les montagnes… is not a memoir, but Bey doesn't hide the similarities she shares with the book's unnamed protagonist. Opposite the first page, we see a picture of the author with her father taken in 1955, during the second year of the National Liberation Struggle, two years before he was "dragged out of his house in the village of Boghari, south of Algiers, tortured by French gendarmes for an entire night, and summarily executed the next morning[12]". The woman in Bey's story is from this same village and also lost a father under similar circumstances, but unlike the author, she is given the opportunity to confront one of the men responsible for her father's death. The text mocks the contrived nature of the meeting between the daughter of a murdered *résistant*/resistant, a French war veteran (Jean), and the granddaughter of *pieds noirs* (Marie):

> It's almost unreal. Who could have imagined such a scene? It looks like a TV panel reunited for a show put on by journalists in search of truth, eager to lift the veil, to shed light on 'the painful past of France.' All that's missing is a Harki. And above all, to highlight the absurdity or strangeness of the situation, don't forget to present her as not only the daughter of fellaga, but as someone who was herself forced to flee her country to escape the fundamentalist madness. One could almost make it the subject of a play by choosing a trivial title, some trendy banality, for example: *'Conversation on a Train'*[13].

12 S. Ruta, "The Rebel's Daughter: Algerian Novelist Maïssa Bey", *Women's Review of Books* 23/4, 2006, p. 16.

13 M. Bey, *Entendez-vous dans les montagnes*, p. 43-44 : "*C'est presque irréel. Qui donc aurait pu imaginer une scène pareille ? Cela ressemble à un plateau télé, réuni pour une émission par des journalistes en quête de vérité, désireux de lever le voile pour faire la lumière sur 'le passé douloureux de la France.' Il ne manque plus qu'un harki. Et surtout, pour mettre en relief l'absurdité ou l'étrangeté de cette situation, il ne faudrait pas omettre de la présenter non seulement comme*

The situation *is* absurd and strange, but it forces an encounter among what have traditionally been disparate memorial constituencies: the *anciens combattants*, Algerian survivors of French colonialism, and the pied-noir community. Bey's three characters–an elderly man, a middle-aged woman, and a teenager–foreground memory's intergenerational multidirectionality through what Marianne Hirsch calls "postmemory [...] a *structure* of inter- and trans-generational transmission of traumatic knowledge and experience. It is a *consequence* of traumatic recall but [...] at a generational remove[14]". The chance meeting compels both Jean and the woman to face past traumas they would rather not, and Marie–the inquisitive teenager who seeks answers–represents a generation that may know little about this particular history. While the story could function without *Le Liseur*, the woman's literary pursuit of Michael Berg on his journey into the darker recesses of German history encourages her to walk into the mnemonic unknown and confront the man sitting across from her.

The first sentence of *Entendez-vous dans les montagnes...* makes clear the woman's intention of putting the past behind her: "She closes the door of the car behind her, hoping not to be disturbed, to travel alone[15]". When the elderly Jean arrives, he too "closes the door behind him[16]". These are travelers looking to move forward, "to escape...to leave everything behind without looking back[17]". But seated in the same train compartment, their hopes of escape are thwarted and their memorial collision, set on course. Each passenger arrives armed with distraction: Jean carries a newspaper; Marie, a Walkman (it's the 1990s); and the woman, Schlink's novel, "the book she has randomly chosen in a bookstore, not really randomly, but for some excerpts she read while browsing through[18]". *Le Liseur* is the story of Michael Berg, a teenager

une fille de fellaga, mais elle-même contrainte à fuir son pays pour échapper à la folie intégriste. On pourrait presque en faire le sujet d'une pièce de théâtre, en choisissant un titre anodin, d'une banalité recherchée, par exemple : 'Conversation dans un train'."

14 M. Hirsch, "The Generation of Postmemory", in *The Collective Memory Reader*, édit. J. Olick, V. Vinitzky-Seroussi, D. Levy, Oxford, Oxford University Press, 2011, p. 347.

15 M. Bey, *Entendez-vous dans les montagnes*, p. 11 : *"Elle renferme derrière elle la porte du compartiment dans l'espoir de ne pas être dérangée, de faire seule le voyage"*.

16 M. Bey, *Entendez-vous dans les montagnes*, p. 11 : *"referme la porte derrière lui"*.

17 M. Bey, *Entendez-vous dans les montagnes*, p. 30 : *"s'enfuir...tout quitter sans regarder derrière soi"*.

18 M. Bey, *Entendez-vous dans les montagnes*, p. 18-19 : *"ce livre qu'elle a choisi au hasard en passant dans une libraire, non pas vraiment au hasard, mais pour quelques passages lus en le feuilletant"*.

in postwar Germany who falls in love with Hanna, a woman in her thirties. Years after the affair has ended, Michael learns that she was a concentration camp guard who must now stand trial for her crimes. As a law student, he attends Hanna's trial, visits the Natzweiler-Struthof camp in Alsace, and even travels to Israel to try to understand her hidden past. His investigation uncovers a secret buried even more deeply than her involvement with the Nazi genocide: Hanna is illiterate. While the Hanna-Michael relationship has been the focus of the vast majority of scholarship on the novel–much of it highly critical–it is Michael's relationship with his father, a professor of Enlightenment philosophy, which speaks most directly to the questions raised by *Entendez-vous dans les montagnes*[19]…

Like the train passengers in Bey's novella, Michael's father "did not want to talk about himself[20]". During the war, he was fired for scheduling a lecture on Spinoza and subsequently took a job publishing hiking maps. Absent any horrific crime of which to accuse his father, Michael writes that he, like much of his generation, "condemned our parents to shame, even if the only charge we could bring was that after 1945 they had tolerated the perpetrators in their midst[21]". In a series of lectures delivered at Oxford in 2008, Schlink remarked that "the act of not renouncing, not judging and not repudiating carries its own guilt with it […] to not renounce others includes one in that person's guilt for past crimes, so that a new sort of guilt is created[22]". Berg *père* is a silent and "undemonstrative" father who "could neither share his feelings with [his children] nor deal with the feelings [they] had for him[23]". The guilt that stems from his silence during and after the war produces still more silence, and torments both father and son through the muffled suffering of the *non-dit.*

19 Cf. O. Bartov, "Germany as Victim", *New German Critique* 80, 2000, p. 29-40; C. Ozick, "The Rights of History and the Imagination", *Commentary* 107/3, 1999, p. 22-27; I. Sansom, "Doubts about *The Reader*", *Salmagundi* 124/5, 1999-2000, p. 3-16; and W.C. Donahue, "Illusions of Subtlety: Bernhard Schlink's *Der Vorleser* and the Moral Limits of Holocaust Fiction", *German Life and Letters* 54/1, 2001, p. 60-80.

20 B. Schlink, *The Reader* [1995], trans. Brown Janeway, Carol, New York, Pantheon, 1997, p. 92.

21 B. Schlink, *The Reader*, p. 92-93.

22 B. Schlink, *Guilt About the Past*, Queensland, Queensland University Press, 2009, p. 15.

23 B. Schlink, *The Reader*, p. 139.

Silence–thick, freighted, and suffocating–also takes up a lot of space in the train compartment of *Entendez-vous dans les montagnes...*When Marie complains that no one wants to talk about the Algerian War for Independence–neither her grandparents nor her teachers–the woman and Jean respond that while one cannot forget, "we can keep quiet [...] it is the only recourse...the only healing[24]". But silence as a remedy doesn't seem to work. Jean is haunted by memories of the war that he is unable to suppress, "[even] when eyes are closed. Even in the illusory nothingness of sleep[25]". In one of his flashbacks, he recalls the moment he buried the dead bodies of tortured detainees in an unmarked grave. A fellow soldier told him not to worry, "we will find them tomorrow[26]". "Tomorrow" for Jean would mean every day of his life–the memory of the bodies, a constant presence. For the woman, silence permeates the country she has fled:

> There are still silences ... there are plenty of blank spaces in our history, even in the history of this war. For years, we have heard only one chorus, sung to the same tune. A patriotic air, of course. And it goes on ... Our fathers were all heroes. [...] Only heroes have the right to speak. [...] And they speak so loudly that they're able to believe that we only hear them. And this contrasts with the silence and the lies of the executioners, and the complicit silence of those who cannot look their history in the eyes[27].

Silence in Algeria perpetuates violence and works to mythologize a particular reading of national history, one designed to legitimate *le pouvoir* / power and obscure inconvenient historical truths[28]. Silence

24 M. Bey, *Entendez-vous dans les montagnes*, p. 62-63 : *"on peut se taire [...]le seul recours...ou le seul remède".*

25 M. Bey, *Entendez-vous dans les montagnes*, p. 17 : *"[m]ême sous les yeux fermés. Même dans le néant illusoire du sommeil."*

26 M. Bey, *Entendez-vous dans les montagnes*, p. 94 : *"on les retrouvera demain!"*

27 M. Bey, *Entendez-vous dans les montagnes*, p. 65 : *"[I]l y a encore des silences...il y a plein de blancs dans notre histoire, même dans l'histoire de cette guerre. Pendant des années, nous n'avons entendu qu'un seul refrain, dit sur le même air. Un air patriotique, forcément. Et ça continue...Nos pères étaient tous des héros. [...] Les héros seuls ont le droit de parler. [...] Et ils parlent tellement fort qu'ils peuvent croire qu'on n'entend qu'eux. Et cela tranche avec le silence et les mensonges des bourreaux, et le silence complice de ceux qui ne peuvent pas regarder leur histoire en face."*

28 In addition to the many "blank pages" surrounding the War for Independence, a legislated culture of silence also surrounds the *décennie noire.* The 2006 *"Charte pour la paix et la réconciliation nationale"* / "Charter for Peace and National Reconciliation", adopted by referendum, not only protects government actors and select categories of "terrorists" from any criminal or monetary sanctions, it outlaws conversations

also frustrates and inhibits more banal types of speech. In a 66-page novella, there are 275 sets of ellipses and aposiopeses. No one seems able to formulate a complete thought, and the narrator reminds us frequently that Jean, in particular, never finishes a sentence[29]. Silence doesn't make room for other, less threatening forms of dialogue; it fragments thinking, short circuits conversational attempts at moving on, and prevents healing.

When silence doesn't work, the characters in *Entendez-vous dans les montagnes…* and *Le Liseur* seek refuge in various alibis. Recalling the early days of his relationship with Hanna, Michael Berg describes rationalizing his desire as "an entry in a strange moral accounting" that muted his "bad conscience[30]". He recognizes that, like his father, he early established a pattern "in which thinking and doing have either come together or failed to come together[31]". His retreat to paralytic analysis produces "a narrator who remains locked in the realm of thought, unable or unwilling to reach conclusions because they call for clear action[32]". But he can't seem to think his way out of his guilt as a German, the son of parents who remained silent during and after the war, and the former lover of a Nazi war criminal. And so Michael seeks other avenues for emotional release, and begins to identify with the victims of the Shoah. He attends the trials of former war criminals in an attempt to "share in the general passion[33]". He

about the conflict that might embarrass or shame the state. Article 49 declares: "*Est puni d'un emprisonnement de trois (3) ans à cinq (5) ans et d'une amende de 250.000 DA à 500.000 DA [3,400-6,800 USD] quiconque qui, par ses déclarations, écrits ou tout autre acte, utilise ou instrumentalise les blessures de la tragédie nationale, pour porter atteinte aux institutions de la République algérienne démocratique et populaire, fragiliser l'État, nuire à l'honorabilité de ses agents qui l'ont dignement servie, ou ternir l'image de l'Algérie sur le plan international*" / "Anyone using declarations in written or in any other forms, to instrumentalize wounds related to the national tragedy, to harm the institutions of the Democratic and Popular Republic of Algeria, to weaken the State, to damage the honor of the agents who served it faithfully, or to tarnish the image of Algeria at an international level will be convicted to 3 to 5 years of prison and a fine of 250.000 DA à 500.000 DA [3,400-6,800 USD]" : <http://www.interieur.gov.dz/Dynamics/frmItem.aspx?html=1&s=3>.

29 M. Bey, *Entendez-vous dans les montagnes*, p. 52, p. 57, p. 58, p. 62.

30 B. Schlink, *The Reader*, p. 19.

31 B. Schlink, *The Reader*, p. 20.

32 D. Reynolds, "A Portrait of Misreading: Bernhard Schlink's *Der Vorleser*", *Seminar* 39/3, 2003, p. 250.

33 B. Schlink, *The Reader*, p. 93.

compares sitting in the courtroom to "being a prisoner in the death camps who survives month after month and becomes accustomed to the life[34]". But with the hindsight of age, Michael grows to view this mode of sympathetic (mis)identification with skepticism, noting that "when I likened perpetrators, victims, the dead, the living, survivors, and their descendants to each other, I didn't feel good about it[35]". His inherited propensity for silence and rationalization fail to comfort, heal, or resolve anything, and neither does co-opting the suffering of others. These strategies fail to provide him with a narrative path out of his guilt, and as alibis, they fall short.

In Bey's novella, however, Jean's guilt is that of the perpetrator. Unlike Michael, Jean carries with him the direct memory of his crimes and must therefore construct more elaborate alibis to defend against the weight such guilt carries. He pleads his own version of the Nuremberg defense[36] and legitimates the Algerian War by equating it with France's participation in both world wars: "It was his war. Yes, it was a real war. His father had experienced his war as well. And before him, his father's father[37]". Each alibi is its own form of self-deception and when the conversation turns to murder and torture, Jean must summon the newspeak he learned as a French soldier to avoid having to pronounce those unsavory words:

> The words are still imprinted on his memory [...] the same words, the same arguments: refusal to collaborate, rebellion, pacification, interrogations, prioritized information searches, prevention, protection of European civilians... so nothing is erased. But that word...never! We never spoke about torture, abuse...no. It was interrogations... enhanced, some said...muscular. Get the maximum amount of information[38].

34 B. Schlink, *The Reader*, p. 102.

35 B. Schlink, *The Reader*, p. 103.

36 M. Bey, *Entendez-vous dans les montagnes*, p. 57-58 : *"Il y avait ceux qui donnaient des ordres... et ceux qui...exécutaient. [...] Inutile de se poser des questions...de chercher à discuter les ordres. Il fallait servir et obéir".*

37 M. Bey, *Entendez-vous dans les montagnes*, p. 56 : *"C'était sa guerre à lui. Oui, c'était une vraie guerre. Son père avait eu lui aussi sa guerre. [...] Et avant lui, le père de son père."*

38 M. Bey, *Entendez-vous dans les montagnes*, p. 72 : *"[L]es mots sont encore imprimés dans sa mémoire [...] les mêmes mots, les mêmes arguments : refus de collaborer, rébellion, pacification, interrogatoires, recherche prioritaire de renseignements, prévention, protection des civils Européens... ainsi rien n'est effacé. Mais ce mot–là...jamais ! On ne parlait jamais de tortures, de sévices... non. C'était des interrogatoires...poussées, certains disaient...musclés. Obtenir le maximum de renseignements."*

So "imprinted" on his memory are these obfuscating terms and the rationales that produced them, Jean can't bring himself to say the words "torture" or "murder", but he *can* think them. Neither Jean nor Michael can avoid with any finality the guilt carried with them from their pasts, and only through a return to the initial trauma–an honest moral accounting of their responsibilities–are they able to begin a process of psychic mending. The female protagonist of *Entendez-vous dans les montagnes…* reminds us repeatedly of her need to escape, "to protect oneself from the fear that grinds, that breaks, that petrifies and above all that finally diverts him from all human feelings[39]". But the train she rides is not headed away from Algeria, but rather towards it. Bey could have structured her text around a northward ferry trip from Algiers to Marseille, followed by a train ride to Paris, but she didn't. The woman on the train, having flown to Paris, is headed south, and so inescapable is her past that even her attempts at literary distraction return her to Boghari. A particular scene in *Le Liseur*, in which "a man[…] interviews his father to understand the past", stands out for the woman, so much so that it is quoted in Bey's text:

> No, I'm not talking about orders received and obedience. The executioner doesn't obey orders. He does his job. He doesn't hate those he executes, he doesn't take revenge on them, he doesn't eliminate them because they annoy, threaten, or attack him. He's completely indifferent to them[40].

This passage from *Le Liseur* is not, in fact, from a scene between Michael and his father; it takes place in a taxi, and the words we read are from a lecture the driver delivers to Michael, unsolicited, on the road to the Struthof concentration camp in Alsace. The woman on the train is so fixated on the memory of her father that she misreads the passage and filters it through the exclusive lens of paternity. Michael's cloistered father (he asks that his children make appointments to see him during office hours) never offers any kind of defense for his or anyone else's behavior, whereas the taxi driver rehearses Hannah Arendt's

39 M. Bey, *Entendez-vous dans les montagnes*, p. 39 : "*se préserver de la peur qui broie, qui brise, qui pétrifie et surtout qui finit par détourner de tout sentiment humain.*"

40 M. Bey, *Entendez-vous dans les montagnes*, p. 19 : "*Non, je ne parle pas d'ordres reçus et d'obéissance. Le bourreau n'obéit pas à des ordres. Il fait son travail. Il ne hait pas ceux qu'il exécute, il ne se venge pas sur eux, il ne les supprime pas parce qu'ils le gênent ou le menacent ou l'agressent. Ils lui sont complètement indifférents.*"

argument about evil's banality, and he speaks an ugly truth that Jean–still clinging to the "following orders" defense–cannot or will not face. The chauffeur presents to the reader of Bey's novella (including the woman on the train) the unspoken truth behind Jean's stilted rationalizations of war's universal cruelty. The woman's attempt at distracting herself by reading Schlink's novel fails, and she cannot divorce the text from her own history.

Le Liseur not only leaks prose onto the pages of Bey's novella, it begins to inhabit the consciousness of the female protagonist, provoking in her distinct psychological and physiological responses ("She doesn't feel well [...] perhaps because of what she just read[41]."). But just as the book affects her by calling to the surface past traumas, she reshapes the book through her misreading and projects onto it what she most needs to see, creating a mutually transformative feedback loop between reader and text that ignites the mnemonic encounter with Jean. Such a process of adaptation across cultural contexts echoes David Damrosch's argument that "[w]orld literature is writing that gains in translation[42]". He explains that

> [t]raveling abroad [...] a text does indeed change, both in its frame of reference and usually in language as well. In an excellent translation, the result is not the loss of an unmediated original vision but instead a *heightening* of the naturally creative interaction of reader and text. In this respect a poem or novel can be seen to achieve its lasting effect precisely by virtue of its adaptability to our private experience[43].

The woman's misreading of Schlink's text meets with a very specific set of local circumstances (sitting in a train compartment across from her father's torturer) to stimulate a conversation that in turn becomes the basis for Bey's novella. A reader familiar with *Le Liseur* is in the slippage, gaining in the process a fuller appreciation of the woman's fixation. But even for a reader who does not catch it, the scene still works. A woman reads a German text (in translation), reflects on her own Algerian past, and as a result, adjusts her actions in present-day France.

41 M. Bey, *Entendez-vous dans les montagnes*, p. 18 : "*elle ne se sent pas très bien [...] c'est peut-être à cause de ce qu'elle vient de lire*".

42 D. Damrosch, *What is World Literature?*, Princeton, Princeton University Press, 2003, p. 288.

43 D. Damrosch, *What is World Literature?*, p. 292.

Der Vorleser–become *Le Liseur* and embedded in Bey's novella–expresses a key function of Damrosch's concept of world literature as "elliptical refraction", with texts reflecting "as much about the host culture's values and needs as [...] a work's source culture [...] with the source and host cultures providing the two foci that generate the elliptical space within which a work lives[44]".

Within this elliptical space, Enlightenment thinking (both French and German varieties) plays a critical role. A second quoted passage in *Entendez-vous dans les montagnes...*(this time correctly read as taking place between Michael and his father) puts the Kantian ethos that Berg *père* holds so dear into the defendant's box along with Hanna. When Michael figures out that Hanna is illiterate, he wants to inform the judge presiding in her trial. Conflicted about betraying a secret that Hanna guards so dearly, Michael approaches his father for advice, only to receive a lesson on ethics: "he gave me a presentation on personood, freedom, dignity, on human being as an agent and on the fact we have no right to treat him as an object[45]". But Michael has always been treated like an object by his father, as he is here. And while we get the sense that this encounter leaves Michael unsatisfied, he remains unwilling to blame his father and still less, the positivist rationality that frames his worldview.

Throughout much of *Le Liseur*, Michael believes in "progress in the history of law, a development towards greater beauty and truth, rationality and humanity[46]". Selecting books to read aloud to Hanna on audio tapes that he regularly sends her in prison, Berg avoids experimental literature, claiming of these texts: "I did not recognize the story or like any of the characters. To me it was obvious that experimental literature was experimenting with the reader, and Hanna didn't need that and neither did I[47]". The "great and fundamental confidence in bourgeois culture[48]" that led Michael to select canonical figures of German literature (Frisch, Bachmann, Lenz), as well as his resurrection of a Third

44 D. Damrosch, *What is World Literature?*, p. 283.

45 Quoted in M. Bey, *Entendez-vous dans les montagnes*, p. 37 : "*il me fit un exposé sur la personne, la liberté et la dignité, sur l'être humain comme sujet et sur le fait qu'on n'avait pas le droit de le traiter en objet*".

46 B. Schlink, *The Reader*, p. 182.

47 B. Schlink, *The Reader*, p. 185.

48 B. Schlink, *The Reader*, p. 185.

Reich aesthetic ideology that viewed modernism and the avant-garde with great suspicion, all cast doubt on the reliability of Michael as a clear-sighted narrator. He seems to believe that both he and Hanna need "the aesthetic illusion such texts offer" as a means of escaping to a "*heile Welt*, a world in which conflict and ambivalence get resolved[49]". Only at the end of the novel does he come to doubt the efficacy of the *heile Welt* fantasy and the soundness of the Enlightenment value system he inherited.

Entendez-vous dans les montagnes… invites us to reflect on the French Enlightenment before we even open the book. The novella's title is lifted (in slightly altered form) from a line in Rouget de Lisle's 1792 "War song for the Rhin Army" / "*Chant de guerre pour l'Armée du Rhin*"–a song that would become the anthem of the young *République*. Bloody and jingoistic, it calls the citizens of France to rise up against tyranny (and foreign invaders) in defense of liberty. By substituting *montagnes* for *campagnes*, Bey relocates the hymn to Algeria and reverses the invader/defender binary, casting French troops in the role of the former:

> What! These foreign cohorts
> Would make laws in our courts!
> What! These mercenary phalanxes
> Would cut down our warrior sons!
> Good Lord! By chained hands
> Our brows would yield under the yoke of
> The vile despots who would become
> The masters of our destiny[50]!

This most Republican of songs–complete with chains, masters, and despots–describes the behavior of the French Third and Fourth Republics in Algeria, behavior that exposed the emptiness of the *liberté, égalité, fraternité* mythologies as they were experienced by the colonized. But the myths didn't go down without a fight, and Bey has described her father, the French teacher, as a "native [who] would

49 U. R. Mahlendorf, "Trauma Narrated, Read and (Mis)understood: Bernhard Schlink's *The Reader: …irrevocably complicit in their crimes…*", *Monatschefte* 95/3, 2003, p. 470.

50 See: http://www.assemblee-nationale.fr/12/evenements/rouget-de-lisle/marseillaise-paroles.asp [consulté le 7 septembre 2016] : "*Quoi ! des cohortes étrangères / Feraient la loi dans nos foyers ! / Quoi ! Ces phalanges mercenaires / Terrasseraient nos fiers guerriers ! / Grand Dieu ! Par des mains enchaînées / Nos fronts sous le joug se ploieraient /De vils despotes deviendraient / Les maîtres de nos destinées*".

absorb this civilization and this culture and transmit it to other natives, [who] could implant it deeply in their minds, thereby hastening the accomplishment of the colonizers' noble mission[51]". Even during the National Liberation Struggle, when he was an active *moudjahid*, Bey's father clung to a certain faith in the legitimacy of French Republican ideology. She writes that

> perhaps because he had been educated in the French school system, because he had been inculcated with ideals of justice and liberty that he in turn was teaching his pupils to cherish, he hoped and believed [...] he thought he would be tried in a court of law, and convicted quite probably, but that like every man accused in a nation ruled by laws, he would have been granted a lawyer to defend him[52].

When the French authorities came to arrest Bey's father, his last words to his wife were "[d]on't forget the lawyer's address in the notebook"–but there was no need for a lawyer. Instead of a trial, "he was tortured. Then executed[53]".

Jean, as an agent of the French state in Algeria, saw firsthand and participated in the lie of the Republic and the hypocrisy of the *mission civilisatrice.* The Orwellian language designed to insulate soldiers from the violence of their actions failed to blind him to the wrongs he committed. And decades after the war, he remains a haunted man. Marie, the *lycéenne*, is shielded from the war's harsher truths by teachers who don't want to talk about it. As an appendix to *Entendez-vous dans les montagnes...*, Bey includes images of her father's various official documents, including his "Certificat of Nationality" / *"Certificat de Nationalité"* and "Certificat of Good conduct" / *"Certificat de bonnes vie et mœurs"*. These pieces of paper–heavily stamped and elegantly signed–proved worthless at the moment of his arrest. The rule of law meant little in the village of Boghari, both for Bey's family and for the woman on the train. These appended artifacts create a bridge between Bey and her protagonist, and they give the text a translational quality, with the novella tacking between fiction and autobiography. As Siobhán McIlvanney has argued, by "fictionalising the father", Bey creates an autobiographical *mise-en-scène* that "acts as as a conduit for validating the significance of more extensive

51 M. Bey, "My Father the Rebel", trad. S. Ruta, *World Literature Today*, 2007, p. 28.
52 M. Bey, "My Father the Rebel", trad. S. Ruta, *World Literature Today*, 2007, p. 30.
53 M. Bey, "My Father the Rebel", trad. S. Ruta, *World Literature Today*, 2007, p. 30.

national reconciliations[54]". Fiction and history meet at the absent space created by the father's death and the reader is invited to grapple with the unresolved legacy of such absences and the myths that created them.

Exposing the gap between the official myths of the nation-state and the lived reality is central to the reparative work of Bey's text. The woman on the train must confront another mythology, one in which her father's killers are faceless, "monsters [...] hooded men, dressed in all black [...] executioners like the ones in books and history films[55]". Confronting one of her father's killers on the train and recognizing that "executioners have the faces of men [...] they have men's hands, sometimes even the reactions of men[56]" is a frightening but necessary revelation. Looking into Jean's face, sitting in close proximity to him, alerting him to her pain, and comparing him to "all the others. First blind and deaf, and for a long time now...mute...and even amnesiac[57]" untangles and unknots something inside her ("something unraveled inside her[58]"). While not exactly justice, a version of closure happens on the train. The woman puts *Le Liseur* back in her bag, noting that "she has time to read, to look for answers [...] she'll be somewhere else perhaps [...] she'll go on other trips[59]". Replacing the faceless monster with the image of Jean–old, sad, and distracted–frees the woman to think in the future tense and imagine other journeys and other days. Schlink's *Le Liseur* spurs this encounter that works to untie this particular *nœud de mémoire*[60].

Leaving the train, Jean asks the woman if he can help her with her suitcase, to which she responds "no thank you...it's not that heavy[61]".

---

54 S. McIlvanney, "Fictionalising the Father in Maïssa Bey's *Entendez vous dans les montagnes...*", *Journal of Women of the Middle East and the Islamic World* 12, 2014, p. 196.

55 M. Bey, *Entendez-vous dans les montagnes*, p. 41-42 : "*des monstres [...] des hommes encagoulés, entièrement vêtus de noir [...] des bourreaux représentés dans les livres et les films d'histoire.*"

56 M. Bey, *Entendez-vous dans les montagnes*, p. 75 : "*les bourreaux ont des visages d'homme [...] ils ont des mains d'homme, parfois même des réactions d'homme.*"

57 M. Bey, *Entendez-vous dans les montagnes*, p. 75 : "*tous les autres. D'abord aveugles et sourds, et depuis longtemps...muets...et même amnésiques*".

58 M. Bey, *Entendez-vous dans les montagnes*, p. 75 : "*quelque chose s'est dénoué en elle*".

59 M. Bey, *Entendez-vous dans les montagnes*, p. 76 : "*elle a du temps pour lire, pour chercher des réponses [...] elle sera ailleurs peut-être [...] elle fera d'autres voyages*".

60 The term comes from *Nœuds de mémoire: Multidirectional Memory in Postwar French and Francophone Culture*, édit. M. Rothberg, D. Sanyal, and M. Silverman, *Yale French Studies* 118 & 119, 2010.

61 M. Bey, *Entendez-vous dans les montagnes*, p. 77 : "*non, merci...elle n'est pas trop lourde*".

He carries it anyway and follows her to the exit of the station. And before she can thank him, Jean tells her that she has "the same eyes… the same look as…as [her] father[62]". It is the first and only time he admits to having met her father. Gone are his alibis and obfuscations, his *langue de bois* hedges and circumlocutions. He finishes *this* sentence and leaves the woman having eased the weight of his own baggage as well. The two depart in a politeness of a *déjà dit* that replaces the *non dit* of the novella's preceding pages, a conclusion that attests to the potential value of confrontation and dialogue as productive first steps in a process of reconciliation.

It might be tempting to conclude that the inclusion of Holocaust history and German fiction preordains Bey's text as global, investing it with a marketability and *laissez-passer* / "a pass" that more localized frames would not. And there is likely some truth in this. But it would be wrong to assume that external pressures alone drive the decisions of an author like Bey. She lives in Sidi Bel-Abbes, where she teaches French and runs a local library and literary workshop, Bibliothèque paroles et écritures. When asked about the genesis of the *Bibliothèque*, she described having had

> a very hard time winning acceptance for the idea–just the idea–of a space open to all, where the shelves could hold, side by side, books in every language–French, Arabic, German, English, and others–of every literary genre, and available to everyone who longs to renew the contact–lost decades ago in our country–with the physical reality of books[63].

Entendez-vous dans les montagnes… creates space on the bookshelf of its pages for Schlink's *Le Liseur.* The protagonist's journey is in part a literary one, and speaks to the value of having diverse literary works live side by side on a shelf. Reconciliation requires more than historical memory, it requires imagination. And the proximity of disparate narratives–in a novella or a library–encourages the kind of cognitive elasticity needed for a reparative form of memory work.

When Algerian history is characterized as a never-ending cycle of violence, the sclerotic state of aftermath remains. But when Algerian

62 M. Bey, *Entendez-vous dans les montagnes*, p. 77 : "*les mêmes yeux…le même regard que…que [son] père*".

63 S. Ruta, "The Rebel's Daughter: Algerian Novelist Maïssa Bey", *Women's Review of Books* 23/4, 2006, p. 17.

authors return to the historical past not to celebrate or even to understand it, but to turn it into what Deepika Bahri calls "a transforming utopian vision […] a potential drawn from the broken promises of the past rather than from the past as such[64]", they combat this paralysis and complicate attempts at reading into Algeria a singular history of bloodshed and suffering. Alternative histories, cultures, and literatures are being put to work by authors like Bey who are eager to discard the stale clichés that so heavily populate conversations on or about Algeria, and texts that reach outside the limiting framework of Franco-Algerian history to other places and other times are rewriting Algerian cultural production out of the straitjackets that so often bind it.

Corbin TREACY
Florida State University

64 D. Bahri, *Native Intelligence: Aesthetics, Politics, and Postcolonial Literature*, Minneapolis, University of Minnesota Press, 2003, p. 115-118.

HEROISM BETWEEN HISTORY AND FICTION

Maïssa Bey's *Entendez-vous dans les montagnes...* and Leïla Marouane's *La Jeune Fille et la mère*

In a short piece entitled "*Les Cicatrices de l'histoire*" / "The Scars of History", Maïssa Bey discusses her concerns over writing about her father, who was tortured and killed during the Algerian War:

> For a long time I hesitated because I did not want my writing to focus–as do many writers from my country and elsewhere–on condemning and / or celebrating a past that, while certainly glorious, has been held up as a myth that determines the entire future of the generations that follow it. It isn't easy–as thousands of young Algerians will tell you–to be the successors of heroes, or to identify with them. Especially when the (occasionally self-proclaimed) heroes hold on to a truth that is theirs, are alive, and claim privileges because they are heroes[1].

Despite these concerns, in *Entendez-vous dans les montagnes...*, Bey does indirectly deal with her father's death. In the *récit*, an Algerian woman, whose father was–like Bey's–tortured and murdered during the Algerian War, shares a train carriage with a Frenchman who was complicit in these crimes, and who recounts them in italicized sections throughout the text. In this way, fiction allows Bey to explore the aspects of her father's death that she cannot know because of the

1 M. Bey, "Les cicatrices de l'histoire" in *Histoires inventées: la représentation du passé et de l'histoire dans les littératures française et francophones*, édits E. Arend, D. Reichardt et E. Richter, Oxford, Peter Lang, 2008, p. 34 : "*J'ai longtemps hésité parce que je ne voulais pas qu'à l'instar de beaucoup d'écrivains de mon pays ou d'ailleurs, mon travail d'écriture soit centré sur la déploration et/ou la célébration d'un passé forcément glorieux élevé au rang de mythe qui détermine tout le devenir des générations suivantes. Il n'est pas facile, et des milliers de jeunes Algériens vous le diront, de succéder ou de s'identifier à des héros. Surtout quand les héros (parfois autoproclamés) porteurs d'une vérité, la leur, sont vivants et qu'ils s'arrogent des privilèges à ce titre.*" For historical details of this mythologization and other abuses of memories see, for example, B. Stora, *La Gangrène et l'oubli*, p. 227-231.

amnesty in France (an amnesty that was implemented immediately after the Algerian War and that silenced any investigation into the crimes[2]). Leïla Marouane also uses fiction to fill in historical gaps in *La Jeune Fille et la mère* (2005)–she fictionalizes a real-life heroine and so combats the effacement of female participation in the war. Marouane's text explores the relationship between the narrator and her mother, and although Marouane does not present the mother as a real person in the text itself, she has stated that the text is "*biographique*"/"biographical" in the sense that the mother in the text is based on her own mother, who was a freedom fighter during the war nicknamed Jeanne d'Arc[3], just like the mother in the text[4]. The above passage consequently sums up the dilemma for both authors: on the one hand there is a desire to bear witness, to fill in the blanks of history; on the other, the very act of writing about hero(in)es upholds discourses of heroism and martyrdom that continue to shape a rigid understanding of Algerian national identity within the post-independence state.

It is my contention that fiction offers peculiar resources in confronting this dilemma. I will draw on arguments made, in a very different context, by Judith Butler, in her article "Gender is Burning: Questions of Appropriation and Subversion", where Butler argues that although the appropriation of femininity by drag artists undermines the gender divide, it also upholds femininity in a misogynistic way. According to Butler, drag artistry highlights this ambivalence and so creates a gap between that which has been appropriated and its new form, and it is in this gap that subversion can take place[5]. The literary "appropriation" of hero(in)es in the two texts presents a similar ambivalence: literature (as a medium through which history transforms to cultural memory) perpetuates notions of heroism, while literary devices allow the authors to undermine heroism as defined by the post-independence

2 For details about the amnesty see Stora, *La Gangrène et l'oubli*, p. 281-283.

3 Sang d'encre, "Leïla Marouane *La Jeune Fille et la mère* et Sophie Dubreuil *Sous le voile*", (2005), consulted 20/09/2011 <http://www.tsr.ch/video/emissions/archives/sang-encre/440294-leila-marouane-la-jeune-fille-et-la-mere-et-sophie-dubreuil-sous-le-voile.html#id=440294;nav=>.

4 L. Marouane, *La Jeune Fille et la mère*, Paris, Seuil, 2005, p. 21. Subsequent references to this text will follow quotations.

5 J. Butler, "Gender is Burning: Questions of Appropriation and Subversion", in *Dangerous Liaisons: Gender, Nation and Postcolonial Perspectives*, édits. A. McClintock, A. Mufti and E. Shohat, Minneapolis, University of Minnesota Press, 2004, p. 392-393.

state (such as reinserting women into the historical record). I contend that overt fictionality–suggested by an angel in Marouane's text and metafictional elements in Bey's–foregrounds the gap between history and fiction by reminding the reader of the gap between the real person and the *representation* of the person. This casts new light on the instability of all discourses about heroism, both by the state and the texts, and means the texts avoid replacing one monolithic interpretation of history with another.

More than simply highlighting the gap between history and historical representations, however, overt fictionality reminds the attentive reader that she is implicated in the creation of the fictional world of the text through her reading. In *Entendez-vous dans les montagnes…* the Algerian protagonist is herself a reader of Bernhard Schlink's *The Reader* (*Der Vorleser*), a German novel about the effects of the Nazi atrocities on the generation who came after the Second World War[6]. *The Reader* acts as a trigger for the reader-protagonist's interaction with the Frenchman, resulting in a cross-cultural exploration of the past. Taking my lead from Bey's model of fiction as a trigger for the exploration of history from a transnational perspective, this chapter explores the extent to which the lineage of female resistance Marouane champions can also be said to encourage a transnational solidarity with an international readership. Setting aside *Entendez-vous dans les montagnes…* for the moment, then, I will focus first on Marouane's representation of this female lineage.

WRITING AS RESISTANCE

The fight for independence from France may have ended with the Algerian War, but the battle to secure the post-independence equality promised to women when they joined the anti-colonial struggle has continued into the twenty-first century. Marouane's *La Jeune Fille et la mère* presents writing as a continuation of this battle by placing the narrator in a female lineage of resistance traced back to a heroine of

6 B. Schlink, *The Reader*, trans. C. Brown Janeway, New York, Pantheon, 1997.

the Algerian War: the titular mother. Towards the end of the text, an angel–who has visited the narrator periodically throughout the text–discusses the narrator's future as a writer:

> – [...] your mother has never known anything except pain.
> – Is that to say I'll know kindness?
> – Yes, replied the angel, as long as the laws of your country change and stop discriminating against you.
> – That sounds like it's straight out of a leaflet, angel.
> – Don't smile. It's how you're going to talk, and how other women from your country will talk, just as others have before you, and others will after you. You need to start now, because the fight is going to be long and hard.
> – And if the laws, as you say, were never to change?
> – You'll have to leave for a land where you will be respected and protected. But know that although we need laws to free us from oppression and hegemony, they don't necessarily change attitudes.
> – What do you mean?
> – Wherever you are, there will always be someone–a man, or for that matter a woman–who will tell you directly, or indirectly, that you are doing a good job... for a woman. That your work is almost as good as a man's. Or they will suspect that it was a man who did it.
> – Damn...
> – Indeed! I could give you a pile of examples in that vein. But all that will be a minor concern that you'll ignore in the same way that a passing caravan ignores the dogs that bark at it. Above all else you must flee those who kill for an ideology, and then fight them with weapons or words. Your mother, as it happens, already contributed greatly to the fight with weapons, and anyway, you won't like that[7]...

7 L. Marouane, *La Jeune Fille et la mère*, p. 161-162: – *[...] ta mère n'a jamais connu autre chose que la douleur. / – Est-ce à dire que je connaîtrai la douceur ? / – Oui, répondait l'ange. À condition que les lois de ton pays changent. Qu'elles cessent de te défavoriser. / – Tu parles comme un tract, l'ange. / – Ne souris pas, car c'est ainsi que tu parleras et que parleront les femmes de ton pays, comme ont parlé d'autres femmes avant vous et d'autres parleront après vous. Il faudra t'y faire dès maintenant, le combat sera long et dur. / – Et si les lois, comme tu dis, ne changeaient jamais ? / – Il te faudra alors partir vers une contrée où tu serais respectée et protégée. Sache aussi que les lois, nécessaires pour s'affranchir de la force et des hégémonies, ne changent pas obligatoirement les mentalités. / – Comment ça ? / – Où que tu sois, il se trouvera toujours quelqu'un, un homme ou une femme d'ailleurs, pour te dire directement ou indirectement que tu fais du bon boulot... pour une femme. Que c'est presque l'œuvre d'un homme. Ou pour soupçonner un homme derrière ton travail. / – Mince... / – Si ! J'aurais une pile d'exemples dans ce goût-là à te citer. Mais tout ça est un moindre mal que tu ignoras comme la caravane qui passe ignore les chiens qui aboient. Il te faudra surtout fuir ceux qui tuent pour une idéologie, ensuite les combattre par les armes ou par les mots. De toute façon, pour les armes, ta mère a largement donné, et puis tu n'aimeras pas ça...*

The narrator's writing is directly linked to the fight for gender equality through the evocation of the problems she will face as a woman writer–and implicitly because the text, and thus this conversation, are set at the end of the 1970s, a period marked by the rise of conservative Islam that would lead to the implementation of the Family Code in 1984, which significantly reduced the civil rights of women in Algeria[8]. The text was published in 2005 and so the narrator, and her resistance through *mots*–which is to say her writing–are placed in a line of female resistance that stretches past the end of the text (because of the use of the future tense and evocation of women who will resist after the narrator) and into (and beyond) the reader's present-day in the twenty-first century.

It is important to note that this lineage of female resistance is directly linked to the anti-colonial resistance of the narrator's mother who, as I already mentioned, was a freedom fighter during the Algerian War. Marouane consequently risks mythologizing heroines in the same way as the post-independence state, of suggesting that female resistance is only legitimate when linked to a *moudjahida*. In real life, for example, much of the credit for a 1981 victory in shelving the Family Code went to female veterans of the war who had participated in demonstrations alongside younger women. Algerian feminist Khalida Messaoudi claims that:

> the revolt of the 'history-makers' put him [President Chadli Ben Djedid] in a difficult situation. He could not claim that this was a revolt led by women on the extreme left who sought to take revenge on the bourgeois government, or by feminists who were fighting a misogynous state. The moudjahidat are the most legitimate women in the eyes of the people[9].

As Marie-Blanche Tahon points out, however, framing the victory in this way played into the existing power structure, which excluded

8 The details of the family code are discussed by a number of critics such as K. Aitsiselmi, "La femme algérienne : de *La Bataille d'Alger* au Code de la Famille", in *French and Francophone Women Facing War*, edit. A.S. Fell, Oxford, Peter Lang, 2009, p. 252. The code as it appeared in 1984 is available in full on a website run by a protest group who campaign against it (Collectif 20 ans barakat) available at: http://20ansbarakat.free.fr/codedelafamille.htm

9 K. Messaoudi and E. Schemla, *Unbowed: An Algerian Woman Confronts Islamic Fundamentalism*, trans. A.C. Vila, Philadelphia, University of Pennsylvania Press, 1998, p. 50.

younger women by emphasizing only the role of the heroines of the war. By attributing the capitulation of the government to the women's demands solely to the intervention of the heroines of the war, the state in effect could ignore any other feminist voices and any change they may call for[10]. Marouane is in a similar position to the protestors: including the mother's resistance lends legitimacy to her female lineage of resistance, but it also upholds discourses that only value female resistance when it is linked to the war.

Marouane does, however, undermine the mythologized symbol of the heroine. First, the mother continually talks about her friends from the war whom she says will help her when the narrator's father threatens to repudiate her, evoking the idea that she holds a special place and power in society because she was a heroine. This is contrasted with her mistreatment at the hands of the narrator's father, who calls her "Folcoche" and repudiates her repeatedly–in fact, the father directly talks about how her notion of the position of former heroes in society does not correspond to reality: "The fighters that you're talking about are long gone, you old fool. They were quickly replaced by turncoats and traitors who laugh at you and your revolution[11]". Second, at the end of the text, the mother loses her mind when she finds out about her daughter's sexual awakening, beats the daughter repeatedly, but while doing so tells her: "I've put my plan into action. I've managed to contact my comrades, my comrades in the struggle [...] and you're going to go and join them in the mountains where they're waiting for you[12]". Eventually she is found wandering the streets with a knife in her hand saying that she is going to *prendre le maquis*[13] or "join the maquis" to save the world and her daughter. The abuse of her daughter becomes associated with her role as heroine, something that undermines the nobility of her position as savior of the nation (since her daughter, as a

10 M.-B. Tahon, "The Anti-Heroine in the Algerian Revolution", in *Women and Counter Power*, edit. Y. Cohen., New York, Black Rose Books, 1989, p. 86-87.

11 L. Marouane, *La Jeune Fille et la mère*, p. 104 : "*Les combattants dont tu parles, vieille folle, ne sont plus. Ils ont été vite remplacés par des transfuges et des traîtres qui se moqueront de toi et de ta révolution*".

12 L. Marouane, *La Jeune Fille et la mère*, p. 169-170 : "*j'ai mis mes plans à exécution, j'ai réussi à contacter des camarades, mes camarades de lutte [...] et tu les rejoindras dans les montagnes où ils t'attendent*".

13 L. Marouane, *La Jeune Fille et la mère*, p. 176.

member of the next generation, is the future of the nation). Moreover, while I agree with Siobhan McIlvanney when she claims that the mother's madness is one of the only forms of self-expression that is available to her because of the prevailing patriarchy[14], her madness, I would add, subverts any claim she may have to political legitimacy within the post-independence state.

Nonetheless, the subversion of the figure of the heroine on its own does not negate the potential complicity with discourses of mythologization that the linking of the lineage of resistance to the female resistance fighter implies. Rather, I maintain–in line with Butler's arguments about drag artistry–that it is the overt fictionality of the text that negotiates the tension between the desire to include heroines and the need to undermine discourses of heroism. To exemplify this, I will turn briefly to another text by an Algerian *écrivaine*: Assia Djebar's *La Femme sans sépulture*. Like Marouane, Djebar also places a heroine of the Algerian War between history and fiction–the text deals with the return of the narrator to her home town of Césarée to make a film about a childhood neighbor, Zoulikha, who was a real-life female resistance fighter and the *femme sans sépulture* / "*The Woman without a Tomb*" of the title. Djebar starts the text by stating both that she talks about Zoulikha "with a concern for historical detail" / "*avec un souci de fidélité historique*" and that she employs "the liberty of a novelist[15]" immediately highlighting the difference between the heroine and the *representation* of the heroine. Djebar then explicitly foregrounds this reconfiguration through the motif of a mosaic depicting the story of Ulysses and the sirens. Djebar flags up to the reader that the mosaic is a reconfiguration of the original myth, since the narrator notes that in the mosaic the sirens are "bird-women" / "*femmes-oiseaux*[16]", but emphasizes that "normally the sirens are imagined as fish-women[17]". The narrator sees Zoulikha as one of the bird women, thus linking the reworked sirens to the reworked heroine, and reminding the reader of the gap between

14 S. McIlvanney, "Fighting for Independence: Leïla Marouane's *La Jeune Fille et la mère* and Maïssa Bey's *Cette fille-là*", in *Experiment and Experience: Women's Writing in France 2000-2010*, édit. G. Rye and A. Damlé, Oxford, Peter Lang, 2013, p. 59.

15 A. Djebar, *La Femme sans sépulture*, Paris, Albin Michel, 2002, p. 9: "*ma liberté romanesque*".

16 Id., ibid., p. 116.

17 Id., ibid., p. 117-118: "*d'ordinaire, les sirènes sont imaginées en femmes-poissons*".

the representation and the represented. The rewriting of the heroine may risk being read as a new or different form of mythologization, but in overtly signalling to the reader that the dominant discourse has been reconfigured, Djebar brings into question the very stability and universality of the dominant discourse.

In the case of *La Jeune Fille et la mère*, the disconnect between Marouane's real-life mother and the representation of her mother is not expressed in such a direct manner. Nevertheless, I maintain that the overt fictionality–signalled by the angel–is a means of drawing the reader's attention to the same gap that Djebar directly links to her heroine, Zoulikha. Bouzoul, the angel, is the only supernatural element in *La Jeune Fille et la mère*, but there is no indication that he should be read in any way other than as being real within the world of the text. His status as the lone supernatural element makes him stand out all the more, since the text does not draw the reader into an entirely supernatural world, instead presenting her with a periodic reminder of the fictionality of the text through the angel's visits to the narrator. With each appearance his overt fictionality stands in contrast to the more or less realist tone of the rest of the novel and reminds the reader that the text is fictional, that there is a disconnect between real-life heroines like Marouane's mother and the depiction of a heroine in fiction. In highlighting this gap, Marouane destabilizes discourses surrounding heroines, while ensuring she does not lay a new–albeit much less glorified–monolithic construction of heroism in place of the old.

TRANSNATIONAL READING

Bey's *Entendez-vous dans les montagnes...* also draws the reader's attention to the interaction of history and fiction. As I mentioned earlier, Bey's own father was killed in a similar manner to that of her fictional protagonist's, and the text is framed by historical documents which evoke his death. An appendix includes documents that belonged to the author's father, and a photograph of him precedes the text, the caption underneath which reads: "The only photo of Maïssa's father, summer 1955[18]". This is followed by the immediate use of the third person, the first word of the text being *elle*, rather than the first person which one might expect since the photo is directly linked to the author. The fictionality this implies is then underlined through metafictional elements, such as when the protagonist thinks to herself: "It could almost be the topic of a play, which would be given a benign title with an affected banality, for example: *Conversation on a train.* Act 1. The characters are in their seats[19]". The details that we learn about the protagonist's father mirror the details about Bey's own father presented in the documents–for example, both were teachers[20]. The juxtaposition of the autobiographical document with the fictional third person narrative consequently invites the reader to question where traditional historical documentation ends and fiction begins, drawing the reader's attention to the gap between the represented and the representation and destabilizing discourses of martyrdom.

It is important to stress that, as I noted earlier, the Algerian woman is herself a reader within the text–something highlighted by the title of the novel she reads (*The Reader*). At the start of *Entendez-vous dans les montagnes…*, her first impression of the Frenchman is mediated through her reading: "Why did she have this thought as she furtively glanced at him as he sat down: he must have been handsome in his youth! Without doubt it was *because of the sentence she had just read*[21]". Reading acts as a catalyst for the protagonist's interaction with the Frenchman, suggesting it can act as a trigger for cross-cultural interactions. Arguably, in this case, the interaction is only a constructive one because the past is explored separately by the two characters–the Algerian woman's and Frenchman's two different perspectives about the same events only come into contact with each other within the dialogue. The text permits multiple perspectives to co-exist

18 M. Bey, *Entendez-vous dans les montagnes…*, op. cit., p. 11 : "*La seule photo du père de Maïssa, été 1955*". Subsequent references to this text will follow quotations.

19 Id., ibid., p. 43-44: "*On pourrait presque en faire le sujet d'une pièce de théâtre, en choisissant un titre anodin, d'une banalité recherchée, par exemple: 'Conversation dans un train'. Acte l. Les personnages sont en place*".

20 Id., ibid., p. 38, p. 83.

21 Id, ibid., p. 12, [my emphasis in the translation]: "*Pourquoi a-t-elle eu cette pensée en le regardant furtivement pendant qu'il s'installait: il a dû être beau dans sa jeunesse ! Sans doute à cause de la phrase qu'elle vient de lire*".

independently of each other and so the history of one nation does not overwrite that of another. Birgit Mertz-Baumgartner highlights that the text is not a novel about the historical events of the Algerian War, but about the different individual and collective ways to write about, commemorate, remember, forget and falsify those events[22] . In this respect, *Entendez-vous dans les montagnes...* moves towards a transnational understanding of history. Where Mertz-Baumgartner foregrounds writing, however, I want to focus specifically on how the text represents *reading* as a mode of commemoration. Through its link to *The Reader* (which is about confronting the past in Germany), the text suggests a transnational approach to history that surpasses the Franco-Algerian relationship. Reading is presented as a potential gateway to a transnationalism that rejects not only discourses of martyrdom, but *any* monolithic construction of the past. The conversation about Algeria starts in earnest after the Frenchman picks up *The Reader* when the Algerian reader-protagonist drops it–an interaction initiated by a third person in the carriage, a young girl called Marie (whose grandfather was a *pied-noir*, implying she embodies the present-day French colonial legacy):

> [Marie] sits down again, with her legs curled underneath her, and turns towards the woman opposite her:
> – You dropped your book, Madame.
> The man bends over, picks it up, and hands it to her, but not without first glancing at the title, *The Reader*, by Schlink.
> He nods to her. She thanks him in a barely audible voice, without even looking at him[23].

Marie's questioning of the past drives the dialogue between the three characters and when the Algerian woman wants to end the conversation,

22 B. Mertz-Baumgartner, "Les Écrivains algériens contemporains face à la guerre d'Algérie (1954-1962) : contre-narrations et/ou métahistoires ?", in *Histoires inventées : la représentation du passé et de l'histoire dans les littératures française et francophones*, édit. E. Arend, D. Reichardt et E. Richter, Oxford, Peter Lang, 2008, p. 47 : "*n'est pas un roman sur les événements historiques de la guerre d'Algérie, mais sur les différentes manières (individuelles et collectives) de les écrire, commémorer, remémorer, oublier et falsifier*".

23 M. Bey, *Entendez-vous dans les montagnes*, op. cit., p. 27: *[Marie] regagne sa place, s'assoit en repliant les jambes sous elle et se tourne vers la femme assise en face d'elle : / – Vous avez fait tomber votre livre, Madame. / L'homme se penche, le ramasse et le lui tend, non sans avoir jeté un coup d'œil sur le titre,* Le Liseur, *de Schlink. / Il hoche la tête. D'une voix à peine audible, elle le remercie, sans même le regarder.*

Marie's questions keep her talking: "it is to her that the woman wants to talk[24]". As Susan Ireland notes, Bey is suggesting that the past needs to be questioned by the younger generation in order to explore the collective history of the shared nations[25]. To this I add that the text thus implies that it is through Marie that the text comes into dialogue with the present. Marie is a symbol of the present, and so by forcing the Algerian reader-protagonist to engage with her, she forces her to engage with her own history in terms of the present, rather than simply dwelling on the past.

Bey herself (in an interview) said about the process of writing *Entendez-vous dans les montagnes…*: "this incursion into history is not so much motivated by a desire not to forget, as by a desire to shed light on the present[26]". This emphasis on the present–which is also suggested by the use of the present tense, meaning that whenever the text is read there is always an immediacy to it–is important because Bey is concerned, as I mentioned earlier, with the mythologization of heroes. In *Entendez-vous dans les montagnes…* Bey addresses this issue directly: "there are a lot of gaps in our history, even in the history of that war. […] Only heroes have the right to have a say. […] And they talk loud enough to be able to believe that it is only them that we hear[27]". The focus on the present is arguably an attempt to avoid recreating the harmful mythologization of the past she talks about here–something that is all the more significant because Bey's father's death at the hands of the French marks him as a martyr and so the very gaps she criticizes are perpetuated in his name. The forward momentum of the train ride stresses that the past needs to be confronted in order to move *forward*. Bringing the past into dialogue with the present is a way of focusing on the past while still moving forward.

24 Id., ibid., p. 47: *"c'est à elle que la femme a envie de parler"*.

25 S. Ireland, "The Algerian War Revisited", in *Memory, Empire, and Postcolonialism*, édit. A. G. Hargreaves, Oxford, Lexington, 2005, p. 208.

26 Z. Ali Benali et F. Simasotchi-Bronès, "D'îles en îles, Antilles et Algérie: entretiens avec Daniel Maximin et Maïssa Bey", in *Littérature* 154, 2009, p. 51 : *"cette incursion dans l'histoire est motivée non par un désir de non oubli, mais plutôt par un désir d'élucidation du present"*.

27 M. Bey, *Entendez-vous dans les montagnes*, op. cit., p. 65 : *"il y a plein de blancs dans notre histoire, même dans l'histoire de cette guerre. […] Les héros seuls ont le droit de parler. […] Et ils parlent tellement fort qu'ils peuvent croire qu'on n'entend qu'eux"*.

Reading in *Entendez-vous dans les montagnes...* is another way that the past comes into dialogue with the present. As I discussed earlier, the reader-protagonist begins her interaction with the Frenchman by mediating the present in terms of her reading–and she also grounds her later investigation of the past in this initial present-day encounter. Arguably, this emphasis on the exploration of history in terms of the present acts as a model for the reader of *Entendez-vous dans les montagnes...*, a suggestion that any interrogation of the past needs to start in the present, and maintain its link to the present. The link between the past and the present is possible because reading is an interaction between the text and the reader: Derek Attridge, for example, argues that we experience a literary work not as an object but as an event, whose meaning is created as we read it[28]. The version of the fictional world created by the reader during this process cannot help but be linked to the reader's present in the same way that the Algerian woman's reading in *Entendez-vous dans les montagnes...* is experienced in relation to *her* present. Overt fictionality reminds the attentive reader that she is reading fiction and is therefore involved in the interactive process of bringing the past into dialogue with her present–in other words, that she is in part responsible for the creation of the fictional world[29].

INTERNATIONAL SOLIDARITY

The implication of the reader in the creation of the fictional world is, I think, vital in terms of transnational readerships because it negotiates what Butler calls "ethnographic conceit". Butler's article is about the documentary *Paris is Burning* (which deals with the drag ball culture in New York City) and Butler–after bell hooks–criticizes the documentary because the white documentary maker, Jennie Livingston, makes the camera act as a white gaze looking upon predominantly

28 D. Attridge, *The Singularity of Literature*, New York, Routledge, 2004, p. 2.

29 This is what Attridge characterizes as an invitation to engage with what he calls the "singularity" of the text–this so-called "singularity" being derived from the manner in which literature invites its readers to experience the uniqueness of the work they are reading, D. Attridge, *The Singularity of Literature*.

non-white subjects, thus exoticizing them. As Butler summarizes: "the ethnographic conceit of a neutral gaze will always be a white gaze, an unmarked white gaze, one that passes its own perspective off as the omniscient, one that presumes upon and enacts its own perspective as if it were no perspective at all[30]". In this respect, the fictional texts examined here stand in contrast to a text such as *Algérienne*, Louisette Ighilahriz's "autobiography"–in actual fact written by Anne Nivat–about her torture and rape during the Algerian War. Nivat does not acknowledge her position as a collaborator in the writing process–the only authorial intrusions in *Algérienne* are in the form of historical or linguistic footnotes, casting Nivat in the role of ethnographer, and exoticizing Ighilahriz by positioning her as the Other (in relation to a presumed audience to whom the historical context and Arabisms must be explained). There is an introduction credited to Nivat, but at the end of this introduction Nivat claims about Ighilahriz's testimony: "I leave her to speak[31]". Nivat is in control of Ighilahriz's words, but presents the text as if, to echo Butler's phrasing, hers were no perspective at all[32].

The presumed objectivity of texts such as *Algérienne* invites the reader to join the author's "ethnographic conceit". In contrast, openly fictional fiction–that is to say fiction that does not claim to present reality in an objective way–reminds the attentive reader that she is not an objective spectator, but a participant in the construction of the fictional world that is created for her, and partially by her. This is not to say that all non-fictional texts invite ethnographic conceit–for example, *Unbowed: An Algerian Woman Confronts Islamic Fundamentalism* is written by Elisabeth Schemla about the earlier mentioned Algerian feminist Khalida Messaoudi, and Schlema inserts herself into the text through the use of an interview format that suggests that the creation of the text was an interaction

30 J. Butler, "Gender is Burning", op. cit., p. 392-393.

31 L. Ighilahriz et A. Nivat, *Algérienne*, Paris, Fayard, 2001, p. 20 : *"Je lui laisse la parole"*.

32 Others have discussed similar instances of women's voices being appropriated by authors. See, for example, G. C. Spivak, "Imperialism and Sexual Difference" in *Oxford Literary Review* n° 8, 1986, p. 225-244. This is also something that Djebar struggles with, as she discusses in her 1980 collection of short stories *Femmes d'Alger dans leur appartement* : *"Ne pas prétendre 'parler pour', ou pis, 'parler sur', à peine parler près de, et si possible tout contre"* / "Not to claim to 'speak for' [Algerian women], or worse 'talk about' them, barely speak near to them, and if possible right beside them", A. Djebar, *Femmes d'Alger dans leur appartement*, Paris, Albin Michel, 1980, p. 9.

between herself and her subject[33]. Equally, nor is it to suggest that all fiction somehow inherently negates the ethnographic conceit which Butler talks about. In fact, literature, just as it has been a means to romanticize hero(in)es, has also been used, as Edward Saïd famously demonstrated, in the exoticization of (ex-)colonies[34]. Rather, I contend that the reader finds herself implicated in whatever the author has created.

In *Entendez-vous dans les montagnes…*, the reader is therefore implicated in the creation of a transnational approach to history, one that encourages the reader to find commonalities between their own history and that of other people and nations–all without overwriting one experience with another. This is important because *Entendez-vous dans les montagnes…* was published in France, so the readership is a transcontinental one. Encouraging any international readers to avoid exoticizing the texts is therefore of paramount importance, for example, to avoid discourses of victimization (something that is especially problematic for women, due to the way that so-called "Western" feminists often cast "Third-World" women as victims[35]). As I mentioned at the start of this chapter, it is my contention that Bey's characterization of fiction as a trigger for transnational interactions can be used as an ideal reading model for other overtly fictional works with a transnational readership, such as *La Jeune Fille et la mère.* In this reading, Marouane's international reader is invited to join the female lineage of resistance through an interaction with the text–just like the narrator, the reader resists through *mots*/ "words", but through reading them, rather than writing them. Using Bey's reading model, the reader cannot homogenize female experience and "colonize" the text because rather than assume her perspective is no perspective (as does Nivat) she brings her perspective into dialogue with the perspective of the Other (which in this case is the text and what is represented within the text). Of course, the gap between the represented and the representation might destabilise discourses of martyrdom, but the reader is still implicated in the potential mythologization of heroines through her participation in a lineage that relies on their importance. What is particularly important about Bey's reading model

33 K. Messaoudi and E. Schemla, op. cit.

34 E. W. Said, *Orientalism*, London, Penguin, 2003.

35 This is discussed in C. T. Mohanty, *Feminism Without Borders: Decolonizing Theory, Practicing Solidarity*, Durham, Duke University Press, 2003, p. 22-33.

is, therefore, its emphasis on the link of the past to the present–for the female lineage to continue and move forward the reader must bring the past represented in the text into dialogue with her present in order to avoid further mythologizing heroines (and the lineage of resistance they are linked to) by confining them to the past.

There is one final thing that the gap created through overt fictionality does: it reminds the reader that she must step away from the text at some point. Although fiction acts as a trigger for the interaction in *Entendez-vous dans les montagnes…*, the dialogue does not start in earnest until the Algerian reader-protagonist has, as Marie says, let the book fall. This is arguably a suggestion that fiction can invite the reader to interact on a transnational basis, but that in order to make any actual difference she must put down the book and engage in real life. Indeed, the limitations of fiction are flagged in the very last line of the text, which is an indirect confession by the Frenchman to the Algerian woman: "I want to say to you… it seems to me… yes… you have the same eyes… the same look as… as your father. You look a lot like him[36]". The confession is barely a confession–the ellipses suggest that the real-life amnesty in France after the Algerian War means that he is still unable to fully admit to his actions. That is to say, Bey suggests that although the Frenchman makes a tentative step towards fully disclosing his crimes, fiction can only go so far in righting real-life historical wrongs, and so it is forced to work between these real-life silences. Similarly, *La Jeune Fille et la mère* may invite the reader to join a fictional lineage of resistance, but the transition to any kind of real-world female political solidarity by the reader is out of the scope of the novel. Nevertheless, Marouane's fictional text encourages the reader to emulate the Frenchman at the end of *Entendez-vous dans les montagnes…*, and take the first tentative step.

Jenny KOSNIOWSKI
King's College London

36 M. Bey, *Entendez-vous dans les montagnes…*, op. cit., p. 77 : "*Je voulais vous dire… il me semble… oui… vous avez les mêmes yeux… le même regard que… que votre père. Vous lui ressemblez beaucoup.*"

POSTFACE

Les soubresauts de la guerre d'indépendance algérienne en France

Dans son ouvrage phare sur le difficile souvenir de la Deuxième Guerre mondiale, l'historien Henry Rousso théorisait quatre étapes de ce qu'il appelait *Le Syndrome de Vichy* : « la phase de deuil » (1944-1954) ; le refoulement (1954-1971), avec des « rejeux sporadiques » dus à la guerre d'Algérie ; « le "retour du refoulé" » et l'éclatement des mythes de la guerre (1971-1974) ; et enfin une phase d'obsession, qui n'était terminée ni au moment de la publication du livre en 1987[1] ni au moment de la publication de la 1e édition du livre de Eric Conan et de Rousso, *Vichy, un passé qui ne passe pas* en 1994. Dans une 3e édition de ce dernier ouvrage publiée en 2013, ces auteurs notaient dans une postface le début d'une manière plus complexe et plus généralisée d'appréhender cette histoire au tournant du siècle, marquant la fin du syndrome de Vichy[2]. Dans notre ouvrage *Recasting Postcolonialism*, nous avions adapté le concept de Rousso pour développer un concept parallèle de syndrome de l'Algérie[3] : une courte phase de deuil à partir de 1962 (dont on peut décoder les prémices en filigrane dans le film *Le Joli Mai* de Chris Marker, analysé par Emi Koide dans le présent volume), vite remplacée par une seconde phase de refoulement orchestrée officiellement par le truchement de lois d'amnisties pour crimes commis en Algérie à partir de 1964[4]. Cette longue période a duré jusqu'aux années 1990. À l'occasion du trentième anniversaire de la fin de la guerre et de l'ouverture de certaines archives début 1990, les travaux d'historiens comme

1 H. Rousso, *Le Syndrome de Vichy (1944-198…)*, *op. cit.*, p. 20-21.

2 E. Conan et H. Rousso, *Vichy, un passé qui ne passe pas*, Paris, Fayard, 2013.

3 A. Donadey, *Recasting Postcolonialism: Women Writing between Worlds*, Portsmouth, NH, Heinemann, 2001, p. 6-9. Un extrait de ce travail a été publié en français sous le titre « Retour sur mémoire : *La Seine était rouge* de Leïla Sebbar », in *Leïla Sebbar*, *op. cit.*, p. 187-198.

4 B. Stora, *La Gangrène et l'oubli…*, *op. cit.*, p. 215, 281-283, 289.

Charles-Robert Ageron, Benjamin Stora, Mohammed Harbi, Guy Pervillé, Jean-Pierre Rioux, Laurent Gervereau, Omar Carlier, et Jean-Luc Einaudi avaient grandement fait avancer le domaine des recherches historiques sur la guerre d'indépendance algérienne. Ceci ne veut pas dire qu'il n'y ait pas eu de travaux d'historiens avant cette période. Dans les années 1960 et 70, des publications importantes par Mohammed Harbi, Alistair Horne, Pierre Vidal-Naquet, et le journaliste Yves Courrière avaient déjà bien débroussaillé le terrain. À l'occasion du quarantième anniversaire de la fin de la guerre au début du XXIe siècle, des universitaires comme Linda Amiri, Raphaëlle Branche, Gilbert Meynier, et Sylvie Thénault continuent à faire avancer la connaissance historique sur cette guerre qui demeure un sujet toujours délicat. Bien que la plupart des faits soient connus depuis la période de la guerre, ils semblent être oubliés périodiquement du grand public et refont surface par à-coups. Comme le précise Jo McCormack dans son ouvrage *Collective Memory : France and the Algerian War*, « la tension constante entre mémoire et oubli se maintient[5]. » C'est pourquoi nous parlons de soubresauts de la mémoire. Il apparaît que la France demeure aujourd'hui engagée dans la période du retour du refoulé et que l'on soit loin d'une période d'obsession. On peut même se demander dans quelle mesure cette dernière période se produira un jour. En effet, il est possible que la période d'obsession par rapport à la Deuxième Guerre mondiale ait été à la fois précipitée et prolongée par la phase de refoulement de la guerre d'indépendance algérienne, lui servant alors de « souvenir-écran[6] ». De retentissants événements comme la décennie noire en Algérie dans les années 1990, l'attaque terroriste sur les tours du World Trade Center à New York le 11 septembre 2001, les émeutes de 2005 en France, et les attaques terroristes du 7 juillet 2005 à Londres ainsi que celles de janvier 2015 et du 13 novembre 2015 à Paris, qui ont un lien avec l'histoire coloniale, raciste, et islamophobe de l'Occident, sont peut-être plutôt l'occasion de revenir sur la mémoire de la guerre d'indépendance algérienne sans que celle-ci ne devienne une obsession. L'historienne Sylvie Thénault note ainsi que les violences de la décennie noire en Algérie « incitent en effet à un retour sur celles du passé, par une interrogation rétrospective : c'est

5 J. McCormack, *Collective Memory: France and the Algerian War (1954-1962)*, Lanham, MD, Lexington Books, 2007, p. 24 : « the constant tension between remembering and forgetting continues ».

6 H. Rousso, *Le Syndrome de Vichy* : note 1, p. 15, 25 ; voir aussi B. Stora, *La Gangrène et l'oubli…*, *op. cit.*, note 4, p. 222 et A. Donadey, *Recasting Postcolonialism*, *op. cit.*, note 3, p. 7.

en partie comme sources lointaines de la violence contemporaine que les violences de la guerre d'indépendance sont revisitées[7]. »

Rousso dégageait quatre « vecteurs du souvenir » : officiels (commémorations nationales, législatives et juridiques, « fruit, en général, de compromis ») ; associatifs (garant de mémoires partielles appartenant à des groupes ayant des enjeux différents dans la transmission de la mémoire) ; culturels (« littérature, cinéma, télévision ») ; et savants (les historiens, dont les travaux finissent par influencer l'instruction à l'école)[8]. Comme nous l'avons vu ci-dessus, les travaux savants ont été fondamentaux pour le passage à la 3e phase du syndrome. Quant à la reconnaissance officielle de cette histoire, elle semble là encore se faire par à-coups, sa date la plus remarquable étant le 10 juin 1999, lorsque l'Assemblée nationale reconnut enfin que ces « événements » avaient effectivement bien constitué une guerre[9]. C'est cette date qui marque la fin définitive de la période de refoulement et le début de la troisième phase, celle du retour du refoulé et de la fin de certains silences[10]. Rousso ne mentionne pas les médias, qu'il convient d'inclure ici expressément. Comme l'indique Elisabetta Bevilacqua dans le présent ouvrage, journaux et journalistes, notamment *Le Monde*, ont eu une importance particulière dans diverses révélations sur les aspects les moins reluisants de la conduite de l'armée et de la police françaises pendant cette guerre. Ne donnons pour exemple que les révélations sur le massacre du 17 octobre 1961 à travers un article de l'historien Jean-Luc Einaudi dans *Le Monde* en 1998 et celles sur l'usage du viol sur les combattantes algériennes par l'armée française en Algérie par *Le Monde* en 2000[11]. Le rôle du système éducatif est également à noter, dans la mesure où les programmes scolaires sont décidés à l'échelle nationale. C'est donc aussi en grande partie par l'éducation nationale que la reconnaissance officielle se fait. Bien que la guerre d'Algérie soit au programme d'histoire en classe de terminale en France depuis 1983 selon Branche[12], en fait, la période de décolonisation est rarement traitée

7 S. Thénault, *Histoire de la guerre d'indépendance algérienne*, Paris, Flammarion, 2005, p. 13.

8 H. Rousso, *Le Syndrome de Vichy*, *op. cit.*, note 1, p. 235.

9 B. Stora, « 1999-2003, guerre d'Algérie, les accélérations de la mémoire », in *La Guerre d'Algérie…*, *op. cit.*, p. 505.

10 A. Donadey, *Recasting Postcolonialism*, *op. cit.*, note 3, p. 17.

11 Voir J.-L. Einaudi, « Octobre 1961 : Pour la vérité, enfin », *Le Monde* (20 mai 1998) et F. Beaugé, « Le tabou du viol des femmes pendant la guerre d'Algérie commence à être levé », *Le Monde* (11 octobre 2001).

12 R. Branche, *La Guerre d'Algérie*, *op. cit.*, p. 32.

ou passée très rapidement en revue à la fin de l'année scolaire, ce que Jo McCormack démontre admirablement. Depuis des décennies, les jeunes générations qui ont accès à des programmes culturels sur la guerre d'Algérie et que l'on interroge ensuite à ce sujet tiennent le même refrain, quel que soit leur groupe mémoriel d'origine – enfants de rapatriés, d'appelés du contingent, de harkis, et d'Algériens – je n'en avais jamais entendu parler avant, personne ne m'en avait parlé. Dans son livre, Mc Cormack confirme que les familles (un 7e vecteur de mémoire), de quelle origine qu'elles soient, parlent généralement peu de la guerre, un aspect sur lequel la littérature insiste également[13]. Tout ceci confirme que l'on est encore bien loin d'une possible période d'obsession par rapport à cette guerre.

Le syndrome de l'Algérie est illustré par l'évolution de la mémoire du massacre du 17 octobre 1961 à Paris. Dans les années 1960 et 70, cette mémoire est refoulée en France bien que les faits soient connus historiquement, recouverte par celle des morts français de gauche pendant la manifestation au métro Charonne le 8 février 1962. Dans les années 1980, cette mémoire est portée surtout en littérature, par des écrivains d'origine maghrébine comme Mehdi Lallaoui ainsi que par Didier Daeninckx. En 1990, Mehdi Lallaloui et Anne Tristan participent à la création d'une association, Au nom de la mémoire, dont le but sera la reconnaissance et commémoration de cette page noire de la guerre d'indépendance algérienne sur le sol français[14]. Cette association avait organisé un colloque universitaire et Mehdi Lallaoui et Anne Tristan avaient réalisé un documentaire sur le sujet, *Le Silence du fleuve*, au début des années 1990[15]. Comme l'explique Leïla Sebbar dans son beau roman sur le massacre, *La Seine était rouge* (1999), le procès de Maurice Papon pour crimes contre l'humanité durant la Deuxième Guerre mondiale avait mis en lumière son rôle dans le massacre du 17 octobre. Elle fait dire à un de ses personnages : « C'est l'affaire Papon qui a remué tout ça[16] ». La mise en place en 2001 d'une plaque commémoratrice sur le massacre du 17 octobre 1961 par le maire de Paris de l'époque, Bertrand Delanoë, bien qu'elle ait soulevé des récriminations de la part des partis

13 J. McCormack, *Collective Memory*, *op. cit.*, note 5.

14 R. Branche, *La Guerre d'Algérie*, note 6, p. 45.

15 *Id.*, *ibid.*, p. 47.

16 L. Sebbar, *La Seine était rouge*, Paris, Thierry Magnier, 1999, p. 103 ; voir aussi Stora, « 1999-2003 », in *La Guerre d'Algérie*, *op. cit.*, note 3, p. 505.

de droite, marque un tournant dans le passage de la période de répression à celle du retour du refoulé et représente un symbole important de reconnaissance officielle. Depuis, il semble que le souvenir de ce massacre se soit relativement enraciné. Il joue un rôle important dans deux films qui ont chacun enregistré environ un demi-million d'entrées en France, *Caché* de Michael Haneke en 2005 (un film qui sert peut-être à la fois de vecteur de mémoire et de souvenir-écran) et le beau film sur la guerre d'indépendance algérienne de Rachid Bouchareb, *Hors la loi*, en 2010, ainsi que dans plusieurs documentaires dont deux sont étudiés en détail par Lia Brozgal dans son texte pour ce volume. Didier Daeninckx, l'un des premiers écrivains à avoir fait entrer le 17 octobre en littérature, publiait en 2011 avec le dessinateur Mako une bande dessinée sur le sujet, *Octobre noir*. En 2011, deux web-documentaires interactifs sur le sujet sont sortis, dont l'un est un projet lié au journal *Le Monde* et basé en partie sur les personnages de la BD de Daeninckx et Mako. L'article de Philippe Brand dans le présent ouvrage analyse ces web-documentaires en profondeur. Comme l'indique Fiona Barclay au sujet du 17 octobre 1961 dans son ouvrage *Writing Postcolonial France*, « depuis sa position initiale en tant qu'événement exclu du discours officiel, il est devenu un symbole fréquemment invoqué non seulement par les romanciers et réalisateurs mais [...] par les jeunes qui manifestaient pendant les émeutes de 2005[17]. » Nous en sommes maintenant au point où, dans sa préface à une autre bande dessinée de 2012 sur la répression de la manifestation au métro Charonne, *Dans l'ombre de Charonne*, Benjamin Stora explique que cet événement, qui avait servi de souvenir-écran au 17 octobre après la guerre, est aujourd'hui méconnu, au contraire de celui du 17 octobre dont la mémoire a été portée par de nombreux vecteurs du souvenir[18]. À part l'éducation nationale, tous ces vecteurs (chercheurs, associations, médias, productions culturelles, ainsi que l'état et la justice dans une moindre mesure) ont contribué à faire en sorte que la manifestation du 17 octobre et sa sanglante répression prennent aujourd'hui une place plus importante dans la mémoire de la guerre d'indépendance algérienne.

---

17 F. Barclay, *Writing Postcolonial France : Haunting, Literature, and the Maghreb*, Lanham, MD, Lexington Books, 2011, p. 33 : "from its initial position as an event excluded from official discourse, it has become a symbol invoked commonly not only by novelists and directors but [...] by young people demonstrating during the 2005 riots."

18 B. Stora, « Préface : Charonne ou l'oubli impossible », in *Dans l'ombre de Charonne*, édit. D. et A. Frappier, Paris, Mauconduit, 2012, p. 9.

Dans son ouvrage *La Guerre d'Algérie : une histoire apaisée ?*, Raphaëlle Branche fait la remarque suivante :

> [L]a reconnaissance peut être acquise *de facto* : on la constate en observant que certains récits sont repris dans l'opinion publique. Elle peut aussi être acquise *de jure* par un acte de l'autorité publique. Ces deux types de reconnaissance entretiennent des relations complexes. Une reconnaissance *de jure* n'entraîne pas nécessairement une reconnaissance *de facto*, pas plus que le fait de voir sa cause popularisée n'entraîne nécessairement un discours officiel en prenant acte et lui donnant un solennel écho. Mais les revendications circulent toujours entre ces pôles[19].

L'évolution de la mémoire du 17 octobre représente un exemple où ces deux formes de reconnaissance ont été présentes pour remédier à l'oubli. Il illustre aussi le fait que la frontière entre les vecteurs du souvenir – officiels, scolaires, savants, journalistiques, associatifs, familiaux, et culturels – est bien évidemment poreuse : Rousso met l'enseignement scolaire dans la catégorie savante et les médias pourraient peut-être entrer dans sa catégorie culturelle. Les associations et vecteurs culturels reçoivent en général des subventions régionales ou d'état ; d'autre part, les associations ainsi que les médias font souvent effet de pression sur les vecteurs officiels ; les historiens peuvent faire partie d'associations ou participer à des documentaires pour la télévision, comme l'a fait Benjamin Stora dans son engagement auprès de l'association « Au nom de la mémoire » dans les années 1990[20], avec sa réalisation du film *Les années algériennes* (1991) et sa participation au web-documentaire du journal *Le Monde* sur le 17 octobre 1961 – Stora représente en fait ce que Raphaëlle Branche appelle « un passeur privilégié[21] » depuis le début des années 1990, et on peut avancer qu'il a joué un rôle central dans le passage de la 2e à la 3e phase du syndrome de l'Algérie ; enfin, les associations utilisent de plus en plus l'accès direct aux médias par le truchement de l'Internet. McCormack développe en détail les contributions des historiens, des enseignants, et des médias à la représentation de la guerre d'indépendance algérienne.

Le travail des historiens n'ayant pas toujours une vaste portée parmi le public, les universitaires participent à des projets associatifs d'intellectuels

19 R. Branche, *La Guerre d'Algérie*, *op. cit.*, note 6, p. 67.
20 *Id.*, *ibid.*, p. 90.
21 *Id.*, *ibid.*, p. 91.

publics afin de travailler les mémoires plus en profondeur. Il faut ici mentionner pour exemple le travail du groupe de recherche ACHAC (Association pour la connaissance de l'histoire de l'Afrique contemporaine), constitué en 1989 et co-dirigé par Pascal Blanchard, et qui offre une pléiade d'expositions, débats, colloques, séminaires, festivals et projections sur des sujets ayant à voir avec l'histoire coloniale française et ses conséquences contemporaines. Y participent souvent des universitaires (pour la plupart historiens et sociologues) comme Benjamin Stora, Ahmed Boubeker, Nicolas Bancel, Sandrine Lemaire, le réalisateur et producteur Rachid Bouchareb, et l'écrivain engagé Didier Daeninckx[22]. Un autre groupe créé et supervisé par un couple d'universitaires, Esther Benbassa et Jean-Christophe Attias, « Le Pari(s) du vivre-ensemble », propose conférences, publications, vidéos et travaille sur les rapports entre Juifs et Musulmans. La présence de Benbassa en politique (elle est sénatrice depuis 2011) peut faire espérer quelques mouvements au niveau des politiques d'état. D'autres initiatives associatives rassemblent des membres issus de communautés diverses, universitaires et activistes, au sein de divers mouvements de terrain comme par exemple, hors de la capitale, le groupe Grand Ensemble dans la région lyonnaise, créé en 2006 et dirigé par la réalisatrice Béatrice Dubell avec le concours d'historiens tels que Gilbert Meynier et Sylvie Thénault et d'enseignants comme Arthur Grosjean. Le groupe se focalise sur les mémoires ouvrières, y compris celles de la guerre d'Algérie et des femmes. Diverse personnes basées dans la région et ayant participé à la guerre d'Algérie font des interventions dans les lycées, où les documentaires de Béatrice Dubell sont également présentés et font l'objet de discussions avec les élèves. Ce souci pédagogique est central pour faire avancer et apaiser les mémoires. Les documentaires sont également présentés dans des cinémas régionaux. Enfin, le groupe a réalisé plusieurs expositions sur la guerre et enseigne les techniques du documentaire aux lycéens et à un public régional. Cette association travaille donc en concertation avec tous les autres vecteurs du souvenir : elle est subventionnée par l'état et les pouvoirs publics

22 L'ACHAC comprend sept groupes de recherches : Colonisation et Post-Colonialisme (http://achac.com/colonisation-et-post-colonialisme/) ; Immigration des Suds (http://achac.com/immigration-des-suds/) ; Diasporas en France (http://achac.com/diasporas-en-france/) ; Mémoires Combattantes (http://achac.com/memoires-combattantes/) ; Sports & Diversité (http://achac.com/sports-et-diversites/) ; Zoos Humains (http://achac.com/zoos-humains/) ; et Artistes de France (http://achac.com/artistes-de-france/).

régionaux, collabore avec des professeurs d'histoire dans le secondaire afin d'inclure l'enseignement de cette guerre aux jeunes de manière efficace, et organise des expositions dans les musées afin de toucher un public plus large. Des historiens connus participent à sa démarche et les journaux locaux couvrent leurs activités. Enfin, des films comme le très beau, sobre et pudique documentaire *El Bi'r* par Béatrice Dubell représentent des productions culturelles de qualité. Bien que ces associations n'aient qu'un public relativement restreint, leurs interventions régulières dans le débat public font avancer les choses même si ce n'est que pas à pas.

Dans le domaine des représentations fictionnelles et artistiques, de nombreux auteurs et réalisateurs cherchent à faire s'ouvrir les mémoires de la guerre algérienne d'indépendance. Dans ce volume, nous nous penchons plus particulièrement sur ces vecteurs culturels. Littérature et cinéma permettent une identification du spectateur à des personnages le représentant ou non par le biais d'une focalisation interne. Littérature et cinéma permettent également d'imaginer un futur différent du présent et de mettre en contact des mémoires qui demeurent toujours relativement cloisonnées[23]. Ce volume s'inscrit dans cette mouvance. Durant la période de refoulement qui avait mené à une résurgence du racisme colonial en France dans les années 1980[24], le souvenir de la guerre était véhiculé principalement par des écrivains. La première partie du présent ouvrage (comprenant les textes de Souria Grandi, Marion Kühn, et Elisabetta Bevilacqua) effectue un tour d'horizon des œuvres littéraires et cinématographiques qui ont participé à la troisième phase du syndrome de l'Algérie dans les années 2000 en France et en Algérie. D'autres contributions se concentrent sur certaines mémoires spécifiques. Le roman de Laurent Mauvignier, *Des hommes*, publié en 2009, propose un regard sur la guerre du point de vue d'appelés du contingent qui reviennent sur ce passé quarante ans plus tard. Comme le démontre Pascale Perraudin, des deux cousins qui ont fait la guerre, l'un reste embourbé dans ce passé et son refoulement, alors que l'autre (le narrateur) parvient à la fin du livre à commencer à faire face à ce passé et à envisager une communication possible à ce sujet. Martine Créac'h analyse la perspective différente mais complémentaire d'un ancien soldat, Franck Venaille, qui

23 B. Stora avec T. Leclère, *La Guerre des mémoires*, *op. cit.*, p. 15.
24 A. Donadey, *Recasting Postcolonialism*, *op. cit.*, note 3, p. 11-15.

insiste sur l'impossible situation d'un soldat qui ne veut pas participer à cette guerre. L'auteure algérienne Maïssa Bey, dans son beau et court texte de 2002 publié à la fois en France et en Algérie, *Entendez-vous dans les montagnes...*, met en scène trois personnages dont les mémoires ne s'entrecroisent que rarement : un ancien soldat français en Algérie, la fille d'un combattant algérien qu'il avait torturé pendant la guerre, et une jeune Française d'origine rapatriée qui n'a jamais rien appris sur la guerre mais cherche à en savoir plus. Cette mise en scène de mémoires qui ont du mal à affleurer et à se dire représente une solution possible au blocage actuel par le partage des mémoires. Les analyses de Corbin Treacy et de Jenny Kosniowski sur ce texte insistent sur l'importance de la médiation d'un texte littéraire qui ramène à un autre contexte historique et géographique, celui de la deuxième guerre mondiale en Allemagne, et qui permet aux personnages d'aborder le traumatisme par ce biais ou détour nécessaire. Le texte de Maïssa Bey, comme l'avait fait *La Seine était rouge* de Leïla Sebbar quelques années plus tôt, propose un modèle d'entrecroisement des mémoires de membres de groupes divers, ce qui demeure relativement rare dans les représentations de la guerre d'indépendance algérienne. Ces deux textes demeurent un modèle en ce qui concerne la recherche d'apaisement des mémoires et d'un futur positif pour le vivre-ensemble. Ce volume a ainsi cherché à rassembler ces mémoires et à les faire se côtoyer et dialoguer dans l'esprit des lecteurs d'une manière que nous espérons fructueuse[25].

Anne DONADEY
San Diego State University

---

25 Postscriptum : nos recherches récentes ont modifié notre périodisation du syndrome de l'Algérie. Nous considérons à présent que la France est engagée dans la quatrième phase du syndrome depuis l'année de la reconnaissance officielle que les « événements d'Algérie » constituaient bel et bien une guerre en 1999. Contrairement au syndrome de Vichy, cette dernière phase ne représente en rien une période d'obsession. Comme le démontrent clairement les analyses ici présentes de textes sortis depuis l'an 2000 en France, il s'agit plutôt de ce que nous dénommons une période de difficile anamnèse.

BIBLIOGRAPHIE

SOURCES PRIMAIRES

ALLEG, Henri, *La Question*, suivi de *Une Victoire* par Jean-Paul Sartre, Lausanne, La Cité-éditeur, 1958.

AMIRI, Linda, *Les Fantômes du 17 octobre*, Paris, Mémoire-Génériques, 2005.

ATTIA, Maurice, *Alger la noire*, Arles, Actes Sud, 2006.

BELEZI, Mathieu, *C'était notre terre*, Paris, Albin Michel, 2008.

BELEZI, Mathieu, *Les Vieux Fous*, Paris, Flammarion, 2011.

BEN SALEM, Bachir, Captation inédite. Archives du Théâtre régional de Sidi Bel Abbes.

BERTINA, Arno, *Le Dehors ou la Migration des truites*, Arles, Actes Sud, 2001.

BESNACI-LANCOU, Fatima, *Fille de harki*, Ivry-sur-Seine, Les Éditions de l'Atelier, 2003.

BEY, Maïssa, *Bleu, blanc, vert*, Paris, L'Aube, 2006.

BEY, Maïssa, « My Father the Rebel », trad. Suzanne Ruta, *World Literature Today*, Nov.-Déc. 2007, p. 27-30.

BEY, Maïssa, *Entendez-vous dans les montagnes…*, La Tour-d'Aigues, L'Aube, 2008.

BOIDÉ, Caroline, *Les Impurs*, Paris, Serge Safran, 2011.

BOUDJEDIR, Ali, *Qu'elle était belle la révolution*, Alger, Houma, 2002.

BOULANGER, Jean, *L'Impossible Choix, un kabyle pendant la guerre d'Algérie*, Paris, L'Harmattan, 2008.

BOUZAHER, Hocine, *Des Voix dans la Casbah*, Paris, Maspero, 1960.

BRESSANT, Marc, *La Citerne*, Paris, Éditions de Fallois, 2009.

BUISSON, Virginie, *Le Silence des otages*, Paris, le Cherche midi, 2002.

CHARBIT, Tom, *Les Harkis*, Paris, la Découverte, 2006.

CHAUMET, Stéphane, *Même pour ne pas vaincre*, Paris, Seuil, 2011.

COURRIÈRE, Yves, *Les Fils de la Toussaint*, Paris, Fayard, 1968.

DAENINCKX, Didier, *Meurtres pour mémoire*, Paris, Gallimard, 1983.

DAENINCKX, Didier, MAKO, *Octobre noir*, préface de Benjamin Stora, Anthy-sur-Léman, Ad Libris, 2011.

DIDI-HUBERMAN, Georges, Ce *que nous voyons, ce qui nous regarde*. Minuit, 1992.

DJEBAR, Assia, GARN, Walid, *Iḥmirār al-fajr* [*Rouge l'aube*], 1969, texte original inédit, archives du Théâtre national d'Alger (TNA).

DJEBAR, Assia, GARN, Walid, *Rouge l'aube*, Alger, SNED, 1996.

DJEBAR, Assia, *La Femme sans sépulture*, Paris, Albin Michel, 2002.

DOS PASSOS, John, *42e Parallèle* [1930], Paris, Gallimard, 1985.

FERNEY, Alice, *Passé sous silence*, Arles, Actes Sud, 2010.

FERRARI, Jérôme, *Où j'ai laissé mon âme*, Arles, Actes Sud, 2010.

GUEMRICHE, Salah, *Un Été sans juillet : Algérie, 62*, Paris, le Cherche midi, 2004.

GUENASSIA, Jean-Michel, *Le Club des incorrigibles optimistes*, Paris, Albin Michel, 2009.

HADDAD, Malek, *La Dernière Impression*, in *Algérie, les romans de la guerre*, édit. Guy Dugas, Paris, Omnibus, 2002.

HAMELIN, Lancelot, *Le Couvre-feu d'octobre*, Paris, Gallimard, 2012.

IGHILAHRIZ, Louisette, NIVAT, Anne, *Algérienne*, Paris, Fayard, 2001.

JACOB, Fabienne, *L'Averse*, Paris, Gallimard, 2012.

JENNI, Alexis, *L'Art français de la guerre*, Paris, Gallimard, 2011.

JOUVE, Pierre Jean, *Paulina 1880* [1925], Paris, Folio Gallimard, 1974.

KATEB, Yacine, *al-Ḫubz al-murr* (*Le pain amer*) [1971], version originale (en arabe dialectal) de *Mohamed prends ta valise*, inédite. Archives du Théâtre régional de Sidi Bel Abbes.

KATEB, Yacine, *Boucherie de l'espérance : œuvres* théâtrales, textes établis par Zebeida Chergui, Paris, Seuil, 1999.

KEMOUM, Hadjila, *Mohand le harki*, Paris, Anne Carrière Éditions, 2003.

KERCHOUCHE, Dalila, *Mon père, ce harki*, Paris, Seuil, 2004.

KERCHOUCHE, Dalila, *Leïla, avoir dix-sept ans dans un camp de harkis*, Paris, Seuil, 2006.

KHADRA, Yasmina, *Ce que le jour doit à la nuit*, Paris, Julliard, 2008.

LECLAIR, Bertrand, *Une Guerre sans fin*, Paris, Libella / Maren Sell Éditions, 2007.

LECONTE, Daniel, *Les Pieds-noirs : histoire et portrait d'une communauté*, Paris, Seuil, 1980.

LÉPRONT, Catherine, *Le Beau Visage de l'ennemi*, Paris, Seuil, 2010.

LONGUESPÉ, Bertrand, *Le Temps de rêver est bien court*, Vincennes, Éditions Thierry Marchaisse, 2012.

MAROUANE, Leïla, *La Jeune Fille et la mère*, Paris, Seuil, 2004.

MARTINOIR, Francine de, *L'Aimé de juillet*, Arles, Actes Sud / Éditions Jacqueline Chambon, 2009.

MAṬRŪD, Qāsim, *Mujarrad nifāyāt* (*Rien que des ordures*), spectacle créé en juin 2013.

MAUVIGNIER, Laurent, *Des Hommes*, Paris, Minuit, 2009.

MICHEL, Éric, *Algérie ! Algérie !*, Paris, Presses de la Renaissance, 2007.

RAÏS, Abdelhalim, *Abnā' al-Qaṣaba* (*Les enfants de la Casbah*) [1963], texte original inédit. Archives du TNA.

RIVET, Monique, *Le Glacis*, Paris, Éditions Métailié, 2012.

ROUX, Annelise, *La Solitude de la fleur blanche*, Paris, Sabine Wespieser, 2009.

SCHLINK, Bernhard, *The Reader* [1995], trans. Brown Janeway, Carol, New York, Pantheon, 1997.

SCHLINK, Bernhard, *Guilt About the Past*, Queensland, University of Queensland Press, 2009.

SCHLOGEL, Gilbert, *Toubib*, Paris, Fayard, 2002.

SCHNEIDER, Michel, *Comme une ombre*, Paris, Grasset, 2011.

SEBBAR, Leïla, *La Seine était rouge : Paris, octobre 1961*, Paris, Thierry Magnier, 1999.

SEBBAR, Leïla (édit.), *Une Enfance algérienne*, Paris, Gallimard, 1999.

SEBBAR, Leïla, *Journal de mes Algéries en France*, Saint-Pourçain-sur-Sioule, Bleu autour, 2005.

SEBBAR, Leïla, *La Seine était rouge : Paris, octobre 1961*, Arles, Actes Sud, 2009.

SEBBAR, Leïla (édit.), *Une Enfance juive en Méditerranée musulmane*, Saint-Pourçain-sur-Sioule, Bleu autour, 2012.

SEIGLE, Jean-Luc, *En vieillissant les hommes pleurent*, Paris, Flammarion, 2011.

SIMON, Pierre-Henri, *Contre la torture*, Paris, Seuil, 1957.

SOUVESTRE, Pierre, ALLAIN, Marcel, *Fantômas*, New York, Dover, 2006.

TADJER, Akli, *Le Porteur de cartable*, Le Mans, Libra Diffusio, 2003.

VENAILLE, Franck, « Entretiens », Sensibilité, *Chorus* n°1, 1968, p. 6-13.

VENAILLE, Franck, « Le bleu paradis des amours enfantines », Collages, *Chorus* n°3, 1969, p. 20.

VENAILLE, Franck, *Caballero Hôtel*, Paris, Les Éditions de Minuit, 1974.

VENAILLE, Franck, *Construction d'une image*, Paris, Seghers, 1977.

VENAILLE, Franck, *La Guerre d'Algérie*, Paris, Les Éditions de Minuit, 1977.

VENAILLE, Franck, *Jack-to-Jack*, Paris, Luneau-Ascot éditeurs, 1981.

VENAILLE, Franck, *Le Sultan d'Istamboul*, Paris, Salvy, 1991.

VENAILLE, Franck, *La Descente de l'Escaut : poème*, Bussy-le-Repos, Obsidiane, 1995.

VENAILLE, Franck, *L'Homme en guerre*, entretiens avec Dominique Labarrière, Thierry Renard et Hubert Lucot, Venissieux, Paroles d'Aube, 1996.

VENAILLE, Franck, *Capitaine de l'angoisse animale : une anthologie, 1996-1997*, Obsidiane & Le Temps qu'il fait, 1998.

VENAILLE, Franck, *Tragique*, Bussy-le-Repos, Obsidiane, 2001.

VINCENT, Gilles, *Djebel*, Boulogne, Timée, 2008.

SOURCES SECONDAIRES

AA.VV., *1954-2004. France, Algérie, mémoires en marche*, Numéro spécial, *Le Monde*, 28 octobre 2004.

AA.VV., *Guerre d'Algérie. Mémoires parallèles*, Hors-série, *Le Monde*, février-mars 2012.

ACHAC (Association pour la connaissance de l'histoire de l'Afrique contemporaine), <http://www.achac.com> [consulté le 7 avril 2018].

ABDERREZAK, Hakim, « Entretien avec Boualem Sansal », *Contemporary French and Francophone Studies* 14/4, 2010, p. 339-347.

ACHOUR, Christiane, « La guerre de libération nationale dans les fictions algériennes », in *Trente ans après, Nouvelles de la guerre d'Algérie*, Paris, Le Monde-Éditions et Nouvelles-Nouvelles, 1992, p. 145-168.

ADI, Yasmina, « Note d'intention de la réalisatrice », in réal. Yasmina Adi, *Ici on noie les Algériens*, AGAT Films et Cie en coproduction avec l'Ina, DVD, 90 min, 2011.

AGERON, Charles-Robert (édit.), *La Guerre d'Algérie et les Algériens*, Paris, Armand Colin / IHTP, 1997.

AITSISELMI, Kamila, « La femme algérienne : de *La Bataille d'Alger* au Code de la Famille », in *French and Francophone Women Facing War*, édit Alison S. Fell, Oxford, Peter Lang, 2009, p. 243-260.

ALDRICH, Robert, « Introduction : Colonies et commémoration », in *Outre-mers* 93/350-351, 2006, Sites et moments de mémoire, p. 5-26.

ALI BENALI, Zineb, SIMASOTCHI-BRONÈS, Françoise, « D'îles en îles, Antilles et Algérie : entretiens avec Daniel Maximin et Maïssa Bey », in *Littérature* 154, June 2009, p. 43-52.

ALTER, Nora, *Chris Marker*, Champaign, Illinois University Press, 2006.

AMIRI, Linda, *La Bataille de France : La Guerre d'Algérie en métropole*, Paris, Robert Laffont, 2004.

ARENDT, Hannah, *Penser l'événement*, trad. (de l'anglais et de l'allemand) par Éric Adda, édit. Anne-Sophie Astrup, Antoine Calon (et al.), Paris, Belin, 1989.

ASSMAN, Aleida, « Cannon and Archive », *The Collective Memory Reader*, édit. Jeffrey K. Olick, Vered Vinitzky-Seroussi, and Daniel Levy, Oxford, Oxford University Press, 2011, p. 334-337.

ATTRIDGE, Derek, *The Singularity of Literature*, New York, Routledge, 2004.

BAHRI, Deepika, *Native Intelligence : Aesthetics, Politics, and Postcolonial Literature*, Minneapolis, University of Minnesota Press, 2003.

BARCLAY, Fiona, *Writing Postcolonial France: Haunting, Literature, and the Maghreb*, Lanham, MD, Lexington Books, 2011.

BARTHES, Roland, *La Chambre claire : Note sur la photographie*, Paris, Gallimard, 1980.

BARTOV, Omer, « Germany as Victim », *New German Critique* 80, 2000, p. 29-40.

BAUSSANT, Michèle, *Pieds-Noirs, mémoires d'exils*, Paris, Stock, 2002.

BAUSSANT, Michèle, « Pied-noir, une figure de l'exil », in *La Guerre d'Algérie dans la mémoire et l'imaginaire*, édit. Anny Dayan Rosenman, Lucette Valensi, Saint-Denis, Bouchène, 2004, p. 103-117.

BEAUGÉ, Florence, « Le tabou du viol des femmes pendant la guerre d'Algérie commence à être levé. » *Le Monde* (11 octobre 2001), <http://www.lemonde.fr/imprimer_article/0,6063,233346,00.html> [dernière consultation le 22/20/2001, la page n'est plus disponible].

BEDJAOUI, Ahmed, *Cinéma et guerre de libération : Algérie, des batailles d'images*, Alger, Chihab Éditions, 2014.

BENAYOUN, Robert, « Où commence le témoignage ? » *Positif* 49, 1962, p. 23-28.

BENSMAÏA, Réda, *Alger ou la maladie de la mémoire : l'année des passages*, Paris, L'Harmattan, 1997.

BENSMAÏA, Réda, *Experimental Nations or, The Invention of the Maghreb*, Princeton, Princeton University Press, 2003.

BENSMAÏA, Réda, « The War that Hunts France », in *L'Esprit créateur*, 54/4, 2014, p. 6-14.

BEY, Maïssa, « Les cicatrices de l'histoire », in *Histoires inventées : la représentation du passé et de l'histoire dans les littératures française et francophones*, édit. Elisabeth Arend, Reichardt Dagmar et Richter Elke, Oxford, Peter Lang, 2008, p. 33-37.

BONN, Charles, BOUALIT, Farida, *Paysages littéraires algériens des années 90 : Témoigner d'une tragédie ?*, Paris, L'Harmattan, 1999.

BORNE, Dominique, NEMBRINI, Jean-Louis, RIOUX, Jean-Pierre, Buc, CRDP de l'Académie de Versailles, 2002.

BOUAYED, Mahmoud (édit.), *Bibliographie de la guerre de libération de l'Algérie -1-, La guerre de libération dans la littérature et l'audiovisuel, Production en langue arabe*, Alger, ENAL, 1984.

BOUCHERON, Patrick, « Ce que la littérature comprend de l'histoire », <www.scienceshumaines.com/ce-que-la-litterature-comprend-de-l-histoire_fr_25809.html>, le 17 juin 2014.

BOUTAGHOU, Maya, « Trois puissantes femmes : Simone de Beauvoir, Gisèle Halimi, Djamila Boupacha, entre lutte anticoloniale et combat féministe », *Dalhousie French Studies* 103, 2014, p. 9-21.

BOUTAGHOU, Maya, « The Legacy of the Algerian War of Independence in Algeria, in France, and Beyond », *L'Esprit créateur* 54/4, 2014.

BOUTAGHOU, Maya, « Introduction : l'héritage de la guerre d'indépendance algérienne », *L'Esprit créateur*, 54/4, p. 1-5, 2014.

BOUTAGHOU, Maya, *Occidentalismes, romans historiques postcoloniaux et identités nationales au dix-neuvième siècle*, Paris, Honoré Champion, 2016.

BRAHIMI, Denise, « La guerre d'Algérie dans le film *Hors-la-loi* », *Dire, écrire, représenter, lire l'Histoire*, Les Revues de l'Université d'Oran, 2012, hors-série, p. 63-69.

BRANCHE, Raphaëlle, *La Torture et l'Armée pendant la guerre d'Algérie (1954-1962)*, Paris, Gallimard, 2001.

BRANCHE, Raphaëlle, *La Guerre d'Algérie : une histoire apaisée ?*, Paris, Seuil, 2005.

BRANCHE, Raphaëlle, « The State, the Historians and the Algerian War in French Memory, 1991-2004 », in *History on Trial: The Public Use of Contemporary History in Europe since 1989*, édit. Harriet Jones, Kjell Ostberg and Nico Randeraad, Manchester UP, 2007, p. 159-173.

BRETON, Michel, GÉRARD, Jean-Louis, « La guerre d'Algérie au miroir de la fiction française », *Trente ans après, Nouvelles de la guerre d'Algérie*, Paris, Le Monde-Éditions et Nouvelles-Nouvelles, Paris, 1992, p. 169-189.

BROZGAL, Lia, « In the Absence of the Archive », *South Central Review* 31/1, 2014, p. 34-54.

BRUN, Catherine, « Venaille l'Alguerrien », *Franck Venaille, Europe* 938-939, 2007, p. 96-105.

BUTLER, Judith, « Gender is Burning: Questions of Appropriation and Subversion », in *Dangerous Liaisons: Gender, Nation and Postcolonial Perspectives*, édit. Anne McClintock, Aamir Mufti and Ella Shohat, Minneapoli, University of Minnesota Press, 2004, p. 381-395.

CAPONE, Carine, « À qui parler des silences ? Une Étude de "Des Hommes" de Laurent Mauvignier », *Revue Critique de Fixxion Française Contemporaine / Critical Review of Contemporary French Fixxion* 2, 2011, p. 39-51.

CARLIER, Omar, *Entre nation et jihâd : Histoire sociale des radicalismes algériens*, Paris, Presses de la fondation nationale des sciences politiques, 1995.

CARON, Michel, « L'héritage de la commune, un héritage à l'actualité reformulée », in *La Commune de Paris aujourd'hui*, édit. Jacques Zwirn, Paris, les Éditions de l'Atelier, 1999, p. 17-26.

CÉSAIRE, Aimé, *Discourse on Colonialism* [1955], trad. Joan Pinkham, New York, Monthly Review Press, 2000.

CHAMBERS, Ross, « The Long Howl : Serial Torture », *Yale French Studies* 118 & 119, 2010, p. 39-51.

CHAMPRENAULT, Julie, AUGUSTIN, Jomier, « *Histoire et mémoire de la guerre d'Algérie*, entretien avec Raphaëlle Branche », <http://www.laviedesidees.fr/IMG/pdf/20120702_algerie.pdf>.

CLANCY-SMITH, Julia, *Mediterraneans: North Africa and Europe in an Age of Migration, c. 1800-1900*, Berkeley, University of California Press, 2010.

CLARKE, Isabelle, COSTELLE Daniel, *La Blessure : la tragédie des harkis*, Paris, Acropole, 2010.

COHEN, Evelyne, *Paris dans l'imaginaire national dans l'entre deux guerres*, Paris, Université de la Sorbonne, 1999.

CONAN, Éric, ROUSSO, Henry, *Vichy, un passé qui ne passe pas*, Paris, Fayard, 1994.

CONAN, Éric, ROUSSO, Henry, « Prolongements II : 1996-2013 », in *Vichy, un passé qui ne passe pas*, Paris, Fayard, 2013, p. 311-340.

COOPER, Sarah, *Chris Marker*, Manchester, Manchester University Press, 2008.

COOPER, Sarah, « Montage, Militancy, Metaphysics : Chris Marker and André Bazin » In *Image & Narrative* 11/1, 2010.

DAMROSCH, David, *What is World Literature?*, Princeton, Princeton University Press, 2003.

DE BRUYN, Olivier, « Octobre à Paris et Ici on noie les Algériens : l'histoire dans le viseur… » <http://www.lepoint.fr/cinema/octobre-a-paris-ici-on-noie-les-algeriens-l-histoire-dans-le-viseur-18-10-2011-1386154_35.php>.

DENIS, Sébastien, *Le Cinéma et la guerre d'Algérie, La propagande à l'écran, des origines du conflit à la proclamation de l'indépendance* (1945-1962), Alger, Éditions Sedia, 2013.

DI IORIO, Sam, « Chris Marker – The Truth about Paris: Reconsidering *Le Joli Mai*'s investigation of French Social Attitudes in the Early Sixties », in *Film Comment*, May-June 2003, p. 46-47.

DINE, Philip, *Images of the Algerian War, French Fiction and Film, 1954-1962*, New York, Oxford University Press, 1994.

DONADEY, Anne, « 'Une certaine Idée de la France': The Algeria Syndrome and Struggles over 'French Identity' », in *Identity Papers, Contested Nationhood in Twentieth-Century France*, édit. Steven Ungar and Tom Conley (Minneapolis: University of Minnesota Press, 1996), p. 215-231.

DONADEY, Anne, « Anamnesis and National Reconcilitation: Re-membering October 17, 1961 », *Immigrant Narratives in Contemporary France*, édit. S. Ireland et P. Proulx, Westport, Greenwood Press, 2001, p. 47-56.

DONADEY, Anne, *Recasting Postcolonialism: Women Writing between Worlds*, Portsmouth, NH, Heinemann, 2001.

DONADEY, Anne, « Retour sur mémoire : *La Seine était rouge* de Leïla Sebbar », *Leïla Sebbar*, édit. Michel Laronde, Paris, L'Harmattan, 2003, p. 187-198.

DONAHUE, William Collins, « Illusions of Subtlety : Bernhard Schlink's

Der Vorleser and the Moral Limits of Holocaust Fiction », *German Life and Letters* 54/1, 2001, p. 60-80.

Droz, Bernard, Lever, Évelyne, *Histoire de la guerre d'Algérie 1954-1962*, Paris, Seuil, 1982.

Ducas, Sylvie, « "Refigurer le temps humain par le récit" : un espace d'invention auctoriale (à propos Des hommes de Laurent Mauvignier) », *Études Romanes de Brno : Sborník Prací Filozofické Fakulty Brněnské Univerzity*, Řada Romanistická / Series Romanica 33/1, 2012, p. 83-95.

Duquesnes, Jacques, *L'Algérie ou la guerre des mythes*, Paris, Descalée de Brouwer, 1958.

Eibl, Doris G., « Les Symptômes de l'histoire : l'intime et le collectif dans *Des hommes* de Laurent Mauvignier », *Études Romanes de Brno : Sborník Prací Filozofické Fakulty Brněnské Univerzity*, Řada Romanistická / Series Romanica 33/1, 2012, p. 97-104.

Einaudi, Jean-Luc, *La Bataille de Paris : 17 octobre 1961*, Paris, Gallimard, 1991.

Einaudi, Jean-Luc, « Octobre 1961 : pour la vérité, enfin. » *Le Monde* (20 mai 1998).

Einaudi, Jean-Luc, Kagan, Elie, *17 octobre 1961*, Arles, Actes Sud, 2001.

Einaudi, Jean-Luc, <http://www.france24.com/fr/20121016-algerie-france-17-octobre-1961-jour-ebranla-pas-paris-jean-Luc-einaudi-massacre-manifestation-guerre>, le 25 septembre 2016.

Ferhat, Abbas, *L'Indépendance confisquée*, Paris, Flammarion, 1984.

Ferré, Vincent, « La mare et le pavé – U.S.A ou comment écrire une contre-Histoire au lance pierre », in *Littérature, histoire et politique au XXème siècle : hommage à Jean Pierre Morel*, édit. V. Ferré et D. Mortier, Paris, Le Manuscrit, 2010, p. 325-339.

Gervereau, Laurent, Rioux, Jean-Pierre, Stora, Benjamin (édit.), *La France en guerre d'Algérie : Novembre 1954-juillet 1962*, Paris, Musée d'histoire contemporaine-BDIC, 1992.

Golsan, Richard J., *Vichy's Afterlife: History and Counterhistory in Postwar France*, Lincoln, University of Nebraska Press, 2000.

Gorarra, Claire, « Tracking Down the Past: The Detective as Historian in Texts by Patrick Modiano and Didier Daeninckx », in *Crime Scenes: Detective Narratives in European Culture Since 1945*, édit. Anne Mullen et Emer O'Beirne, Amsterdam, Rodopi, 2000, p. 281-290.

Gueydan, Alexandra, *(Post)national ImagiNation of Algeria: Identity Politics and Practice in Algerian Francophone Literature* (thèse), New Haven, Yale University, 2008.

Guidée, Raphaëlle, « Les accords d'Évian, le 18 mars 1962 », <http://www.axl.cefan.ulaval.ca/afrique/algerie-accords_d'Evian.htm>, le 10 mai 2014.

GUIDÉE, Raphaëlle, « L'écriture contemporaine de la violence extrême : à propos d'un malentendu entre littérature et historiographie », *Fabula / Les colloques*, Littérature et histoire en débats, <www.fabula.org/colloques/document2086.php>, le 17 juin 2014.

HARBI, Mohammed, *Aux origines du FLN : le populisme révolutionnaire en Algérie*, Paris, Christian Bourgois, 1975.

HARBI, Mohammed, STORA, Benjamin, *La Guerre d'Algérie. 1954-2004, la fin de l'amnésie*, Paris, Robert Laffont, 2004.

HARGREAVES, Alec G., FORSDICK, Charles, MURPHY, David, *Transnational French Studies: Postcolonialism and Littérature-monde*, Liverpool, Liverpool University Press, 2010.

HARGREAVES, Alec G., *Expressions Maghrébines*, « Traversées franco-maghrébines », 12/2, hiver 2013.

HIRSCH, Marianne, « The Generation of Postmemory », *Poetics Today* 29/1, Spring 2008, p. 103-128.

HIRSCH, Marianne, « The Generation of Postmemory », in *The Collective Memory Reader*, édit. Jeffrey K. Olick, Vered Vinitzky-Seroussi, and Daniel Levy, Oxford, Oxford University Press, 2011, p. 346-347.

HIRSCH, Marianne, « Postmémoire », traduit par P. Mesnard, *Témoigner entre histoire et mémoire* 118, Septembre 2014, p. 205-206.

HORKHEIMER, Max, ADORNO, Theodor W. [1944], *Dialektik der Aufklärung. Philosophische Fragmente*, Frankfurt, M. Fischer, 1988.

HORNE, Alistair, *A Savage War of Peace: Algeria 1954-1962*, London, Macmillan, 1977.

HUBBELL, Amy L. « Unspoken Algeria : Transmitting Traumatic Memories of the Algerian War », in *The Unspeakable : Representations of Trauma in Francophone Literature and Art*, édit. Amy L. Hubbell et Nevine El Nossery, Newcastle upon Tyne, Cambridge Scholars Publishing, 2013, p. 305-324.

HOUSE, Jim, MACMASTER, Neil, *Paris 1961: Algerians, State Terror, and Memory*, Oxford, Oxford University Press, 2006.

HOUSE, Jim et MACMASTER, Neil, *Paris 1961, Les Algériens, la République et la terreur d'État*, trad. de l'anglais par Christophe Jaquet, Paris, Tallandier, 2008.

HUTCHEON, Linda, *A Poetics of Postmodernism: History, Theory, Fiction*, New York, Routledge, 1988.

IRELAND, Susan, « The Algerian War Revisited », in *Memory, Empire, and Postcolonialism*, édit. Hargreaves, Alec G., Oxford, Lexington, 2005, p. 203-215.

JAILLET, M-C., PERRIN Évelyne, MÉNARD, François, *Diversité sociale, ségrégation urbaine, mixté*, Paris : Plan Urbanisme, construction et architecture, 2008.

Jameson, Fredric, « War and Representation », *PMLA* 124/5, 2009, p. 1532-1547.

Kant, Immanuel, *Critique of Pure Reason*, traduction Paul Guyer, édit. Paul Guyer and Allen W. Wood, Cambridge, Cambridge University Press, 1998.

Kateb, Yacine, « Dans la gueule du loup », *Jeune Afrique* 90, 25 juin 1962, p. 22-23.

Laronde, Michel, « "Effets d'Histoire" : Représenter l'Histoire coloniale forclose », *International Journal of Francophone Studies* 10, 2007, p. 139-155.

Laplanche, Jean, Pontalis, J.-B. *Vocabulaire de la psychanalyse*, Paris, P.U.F., 2007.

Lechemin, Anne, « Les plus faibles, ils les achevaient jusqu'à la mort », *Le Monde*, oct. 17 2011 : <http://www.lemonde.fr/culture/article/2011/10/17/17-octobre-1961-toute-une-histoire_1587334_3246.html> [consulté le 19 juillet 2016].

Lemire, Vincent, Potin, Yann, « "Ici on noie les algériens" : Fabriques documentaires, avatars politiques et mémoires partagées d'une icône militante (1961-2001) », *Genèses* 49, déc. 2002, p. 140-162.

Leonel, Nicolau Bruno de Almeida, *Percursos de formação de Chris Marker : cinéma militante, dissidência e profanação*, Thèse de doctorat, São Paulo, ECA-USP, 2015.

Lewis, Jonathan, « Filling in the Blanks: Memories of 17 October 1961 in Leïla Sebbar's *La Seine était rouge* », *Modern & Contemporary France* 20/3, 2012, p. 307-322.

Liauzu, Claude, *Passeurs de rives : changements d'identité dans le Maghreb colonial*, Paris, L'Harmattan, 2000.

Lorcin, Patricia, *Algeria and France, 1800-2000: Identity, Memory, Nostalgia*, Syracuse, Syracuse University Press, 2006.

Lorcin, Patricia, *Historicizing Colonial Nostalgia: European Women's Narratives of Algeria and Kenya 1900-Present*, New York, Palgrave Macmillan, 2012.

Lupton, Catherine, *Chris Marker – Memories of the future*, London, Reaktion Books, 2005.

Mahlendorf, Ursula R., « Trauma Narrated, Read and (Mis)understood: Bernhard Schlink's *The Reader*: '...irrevocably complicit in their crimes...' », *Monatschefte* 95/3, 2003, p. 458-481.

Mal, Cédric, « Webdocu : Entretien avec Thomas Salva et Olivier Lambert », *Le Blog documentaire* : <http://leblogdocumentaire.fr/webdocu-entretien-avec-o-lambert-et-t-salva> [consulté le 19 juillet 2016].

Mandelbaum, Jacques, « *Octobre à Paris* et *Ici on noie les Algériens* : le 17 octobre 1961, la justice se noya dans la Seine », *Le Monde*, 14 oct. 2011 : <http://www.lemonde.fr/cinema/article/2011/10/14/

octobre-a-paris-et-ici-on-noie-les-algeriens-le-17-octobre-1961-la-justice-se-noya-dans-la-seine_1587857_3476.html> [consulté le 19 juillet 2016].

MANCERON, Gilles, « 17 octobre 1961 : "ce massacre a été occulté de la mémoire collective" », *Le Monde*, 17 oct. 2011 : <http://www.lemonde.fr/societe/article/2011/10/17/17-octobre-1961-ce-massacre-a-ete-occulte-de-la-memoire-collective_1586418_3224.html> [consulté le 19 juillet 2016].

MARKER, Chris, « L'objectivité passionnée », *Jeune Cinéma* 15, mai 1966, extrait reproduit dans le dossier de presse du DVD *Le Joli Mai* (1962/2013), ARTE.

MARKER, Cynthia, « Self-censorship and Chris Marker's *Joli Mai* », *French Cultural Studies* 12, 2001, p. 23-41.

MARTINI, Lucienne, « Amours en abyme. L'image du couple mixte dans quelques romans de la guerre d'Algérie », in *La Guerre d'Algérie dans la mémoire et l'imaginaire*, édit. Anny Dayan-Rosenman et Lucette Valensi, Saint Denis, Éd. Bouchène, 2004, p. 277-293.

MATAR, Nabil, *Turks, Moors and Englishmen in the Age of Discovery*, New York, Columbia University Press, 1999.

MAUSS-COPEAUX, Claire, *À travers le viseur : Images d'appelés en Algérie. 1955-1962*, Aedelsa, 2003.

MBEMBE, Achille, *Sortir de la grande nuit – essai sur l'Afrique décolonisée*, Paris, la Découverte, 2013.

MCCORMACK, Jo, *Collective Memory: France and the Algerian War (1954-1962)*, Lanham, MD, Lexington Books, 2007.

MCDOUGALL, James, *History and the Culture of Nationalism in Algeria*, Cambridge, Cambridge University Press, 2006.

MCILVANNEY, Siobhán, « Fictionalising the Father in Maïssa Bey's *Entendez-vous dans les montagnes…* », *Hawwa : Journal of Women of the Middle East and the Islamic World* 12/2-3, 2014, p. 195-220.

MERTZ-BAUMGARTNER, Birgit, « Les Écrivains algériens contemporains face à la guerre d'Algérie (1954-1962) : contre-narrations et/ou métahistoires ? », in *Histoires inventées : la représentation du passé et de l'histoire dans les littératures française et francophones*, édit. Elisabeth AREND, REICHARDT Dagmar, RICHTER, Elke, Oxford, Peter Lang, 2008.

MEMMI, Albert, *Portrait du colonisé précédé du portrait du colonisateur*, Paris, Gallimard, 1985.

MESSAOUDI, Khalida, SCHEMLA, Elisabeth, *Unbowed: An Algerian Woman Confronts Islamic Fundamentalism*, trans. Vila, Anne C. Philadelphia, University of Pennsylvania Press, 1998.

MEYNIER, Gilbert, *Histoire intérieure du FLN : 1954-1962*, Paris, Fayard, 2002.

Ministère de l'Intérieur et des Collectivités Locales, *Charte pour la paix et la réconciliation nationale*, Alger, MICL, 2006.

MILKOVITCH-RIOUX, Catherine, *Mémoire vive d'Algérie : littératures de la guerre d'indépendance*, Paris, Buchet-Chastel, 2012.

MOHANTY, Chandra Talpade, *Feminism Without Borders: Decolonizing Theory, Practicing Solidarity*, Durham, Duke University Press, 2003.

MORTIMER, Mildred, « Filling in the Blanks: Leïla Sebbar's *La Seine était rouge / The Seine was Red* », *French Review* 83, 2010, p. 1246-1256.

NICHOLS, Bill, *Representing Reality : Issues and Concepts in Documentary*, Bloomington & Indianapolis, Indiana University Press, 1991.

NORA, Pierre, « Histoire et roman : où passent les frontières ? », *Le Débat* 3/165, 2011, p. 6-12.

NORA, Pierre (édit.), *Les Lieux de mémoire*, Paris, Gallimard, 1997.

NÜNNING, Ansgar, *Von historischer Fiktion zu historiographischer Metafiktion*, t. 1 : *Theorie, Typologie und Poetik des historischen Romans*, Wiesbaden, WVT, 1995.

Oxford English Dictionary Online, Oxford, Oxford University Press, June 2014.

OLIVIER, Laurent, *Le Sombre abîme du temps : mémoire et archéologie*, Paris, Seuil, 2008.

OZICK, Cynthia, « The Rights of History and the Rights of Imagination », *Commentary* 107/3, 1999, p. 22-27.

PIERRET, Régis, *Les Filles et fils de Harkis : entre double rejet et triple appartenance*, Paris, L'Harmattan, 2008.

PORCH, Douglas, « The Algerian War (1954-1962): The Inversion of the *Levée en Masse* », in *The People in Arms – Military Myth and National Mobilization since the French Revolution*, édit. D. Moran and A. Waldron, Cambridge, Cambridge University Press, 2003, p. 234-255.

REYNOLDS, Daniel, « A Portrait of Misreading: Bernhard Schlink's *Der Vorleser* », *Seminar* 39/3, 2003, p. 238-256.

RICŒUR, Paul, *La Mémoire, l'histoire, l'oubli*, Paris, Seuil, 2003.

RIOUX, Jean-Pierre, « La flamme et les bûchers », in *La Guerre d'Algérie et les Français*, édit. Jean-Pierre Rioux, Paris, Fayard, 1990, p. 497-508.

ROBERTS, Hugh, *The Battlefield: Algeria 1988-2002 – Studies in a Broken Polity*, London, Verso, 2003.

ROBIN, Marie-Monique, *Escadrons de la mort, l'école française*, Paris, la Découverte, 2008.

ROSELLO, Mireille, « Guerre des mémoires ou "parallèles dangereux" dans *Le Village de L'Allemand* de Boualem Sansal », *Modern & Contemporary France* 18/2, 2010, p. 193-211.

ROSENMAN, Anny Dayan, VALENSI, Lucette, *La Guerre d'Algérie dans la mémoire et l'imaginaire*, Saint-Denis, Bouchène, 2004.

ROSS, Kristin, *Fast Cars, Clean Bodies – Decolonization and the Reordering of French Culture*, Cambridge, MIT Press, 1995.

ROUSSO, Henry, *La Dernière catastrophe*, Paris, Gallimard, 2012.
ROUSSO, Henry, « Les Raisins verts de la guerre d'Algérie », *La Guerre d'Algérie (1954-1962)*, édit. Yves Michaud, Paris, Odile Jacob, 2005, p. 127-151.
ROUSSO, Henry, *Le Syndrome de Vichy 1944-198...*, Paris, Seuil, 1987.
ROTHBERG, Michael, *Multidirectional Memory: Remembering the Holocaust in the Age of Decolonization*, Stanford, Stanford University Press, 2009.
ROTHBERG, Michael, « Introduction: Between Memory and Memory », *Yale French Studies* 118/119, 2010, p. 3-12.
ROTHBERG, Michael, SANYAL Debarati, Max SILVERMAN, *Nœuds de mémoire: Multidirectional Memory in Postwar French and Francophone Culture, Yale French Studies* 118 & 119, 2010, p. 1-238.
RUTA, Suzanne, « The Rebel's Daughter: Algerian Novelist Maïssa Bey », *Women's Review of Books* 23/4, 2006, p. 16-17.
SAID, Edward W., *Orientalism*, London, Penguin, 2003.
SANSOM, Ian, « Doubts about *The Reader* », *Salmagundi* 124-5, 1999-2000, p. 3-16.
SAVARESE, Éric, *L'Invention des Pieds-noirs*, Paris, Séguier, 2002.
SAVARESE, Éric, *L'Algérie dépassionnée : au-delà du tumulte des mémoires*, Paris, Syllepse, 2008.
SAVARESE, Éric, « À propos de la guerre des mémoires : les vertus de la médiation scientifique ? », in *L'Algérie dépassionnée. Au-delà du tumulte des mémoires*, Paris, Syllepse, 2008, p. 7-21.
SAVARESE, Éric, « Des récits à l'histoire. Penser la relation coloniale », in *L'Algérie dépassionnée. Au-delà du tumulte des mémoires*, Paris, Syllepse, 2008, p. 55-66.
SAVARESE, Éric, « En finir avec les guerres de mémoires algériennes en France », in *L'Algérie dépassionnée. Au-delà du tumulte des mémoires*, Paris, Syllepse, 2008, p. 175-199.
SCHILLER, Friedrich, *On the Aesthetic Education of Man*, traduction Elizabeth Wilkinson and L.A. Willoughby, Oxford, Oxford University Press, 1967.
SERNA, Jean-Christian, « Caïd », *L'Algérie et la France*, dictionnaire coordonné Jeannine Verdès-Leroux, Paris, Robert Laffont, 2009.
SLAMA, Alain, « La Guerre d'Algérie en littérature ou la Comédie des Masques », in *La Guerre d'Algérie et les Français*, édits. Jean-Pierre Rioux, Paris, Fayard, 1990, p. 582-602.
STOLER, Ann Laura, « Colonial Aphasia: Race and Disabled Histories in France », *Public Culture* 23/1, 2011, p. 121-156.
STORA, Benjamin, *Le Dictionnaire des livres de la guerre d'Algérie : Romans, nouvelles, poésies, photos, histoires, essais récits historiques, témoignages, biographies, mémoires, autobiographies*, Paris, l'Harmattan, 1996.
STORA, Benjamin, *Appelés en guerre d'Algérie*, Paris, Gallimard, 1997.

STORA, Benjamin, *Imaginaires de la guerre, Algérie-Vietnam, en France et aux États-Unis*, Paris, la Découverte, 1997.

STORA, Benjamin, *La Gangrène et l'oubli : La mémoire de la guerre d'Algérie*, Paris, la Découverte, 1998.

STORA, Benjamin, « La Mémoire retrouvée de la guerre d'Algérie », in *Devoir de mémoire, droit à l'oubli ?*, édit. Thomas Ferenczi, Bruxelles, Éditions Complexe, 2002, p. 73-83.

STORA, Benjamin, « Cicatriser l'Algérie, entretien avec Benjamin Stora », in *Oublier nos crimes, l'amnésie nationale : une spécificité française*, édit. Dimitri Nicolaïdis, Paris, les Éditions Autrement, 2002.

STORA, Benjamin, « Repères sur l'historiographie algérienne de la guerre », in *Apprendre à enseigner la guerre d'Algérie et le Maghreb contemporain*, édit. D. Borne, J.-L. Nembrini, et J.-P. Rioux, Buc, CRDP de l'Académie de Versailles, 2002, p. 16-20.

STORA, Benjamin, « 1999-2003, guerre d'Algérie, les accélérations de la mémoire. », in *La Guerre d'Algérie : 1954-2004, la fin de l'amnésie*, édit. M. Harbi et B. Stora, Paris, Robert Laffont, 2004, p. 501-514.

STORA, Benjamin, *Histoire de l'Algérie coloniale (1830-1954)*, Paris, la Découverte, 2004.

STORA, Benjamin, GERVEREAU, Laurent, *Photographier la guerre d'Algérie*, Marval, 2004.

STORA, Benjamin, *Histoire de la guerre d'Algérie (1954-1962)*, Paris, la Découverte, 2004.

STORA, Benjamin, *Le Livre, mémoire de l'histoire : Réflexions sur le livre et la guerre d'Algérie*, Paris, Le Préau des collines, 2005.

STORA, Benjamin, *Les Trois exils : Juifs d'Algérie*, Paris, Stock, 2006.

STORA, Benjamin, entretiens avec LECLÈRE, Thierry, *La Guerre des mémoires : La France face à son passé colonial*, La Tour-d'Aigues, Aube, 2007.

STORA, Benjamin, « Questions historiques autour d'un projet mémoriel », in *L'Algérie dépassionnée : au-delà du tumulte des mémoires*, édit. Éric Savarese, Paris, Syllepse, 2008, p. 67-71.

STORA, Benjamin, « Préface : Charonne ou l'oubli impossible », in *Dans l'ombre de Charonne*, D. et A. Frappier, Paris, Mauconduit, 2012, p. 7-9.

STORA, Benjamin, « L'amnésie algérienne » : <http://ldh-toulon.net/l-amnesie-algerienne-par-Benjamin.html> [consulté le 19 juillet 2016].

TAILLEUR, Roger, « Parisiennes », *Artsept* n°2, avril-juin 1963.

TAHON, Marie-Blanche, « The Anti-Heroine in the Algerian Revolution », in *Women and Counter Power*, edit. Yolande Cohen, New York, Black Rose Books, 1989, p. 86-92.

TAMALET, Edwige, *Modernity in Question: Retrieving Imaginaries of the*

Transcontinental Mediterranean (thèse), San Diego, University of California Press, 2009.

Thénault, Sylvie, *Une Drôle de justice : Les magistrats dans la guerre d'Algérie*, Paris, La Découverte, 2001.

Thénault, Sylvie, *Histoire de la guerre d'indépendance algérienne*, Paris, Flammarion, 2005.

Venaille, Franck, *Algeria*, Melville, Éditions Léo Scheer, 2004.

Venaille, Franck, entretien avec Thierry Guichard, *Le Matricule des anges* 37, 15, décembre 2001-15 février 2002.

Venaille, Franck, *Pierre Jean Jouve : L'Homme grave*, Éditions Jean-Michel Place, Paris, 2004.

Venaille, Franck, « Temps de parole », Entretien avec Jean-Baptiste Para et Pierre Vilar, *Franck Venaille, Europe* 938-939, 2007.

Verdès-Leroux, Jeannine, *L'Algérie et la France*, Paris, Robert Laffont, 2009.

Vergès, Françoise, *Monsters and Revolutionaries: Colonial Family Romance and Métissage*, Durham, Duke University Press, 1999.

Viart, Dominique, « Le Silence des pères au principe du "récit de filiation" », *Études françaises* 45/3, p. 95-112.

Vidal-Naquet, Pierre A., *La Torture dans la République : Essai d'histoire et de politique contemporaines, 1954-1962*, Paris, Minuit, 1972.

Vigna, Anne, « Un tortionnaire français dans la dictature brésilienne », *A publica*, 1er avril 2014.

Vigner, Christian, « L'accord franco-algérien du 26 juin 1963 en matière d'arbitrage pétrolier pour le respect des droits acquis au Sahara », *Annuaire français de droit international*, 10, 1964. p. 383-395 : <www.persee.fr/web/revues/home/prescript/article/afdi_0066-3085_1964_num_10_1_1764> [consulté le 29 juin 2014].

Wieviorka, Annette, *L'ère du témoin*, Paris, Plon, 1998.

Wieviorka, Annette, *The Era of the Witness*, trans. John Stark, Ithaca, Cornell University Press, 2006.

Winock, Michel, *Chronique des années soixante*, Paris, Seuil, 1987.

Xavier, Ismail, *Alegorias do Subdesenvolvimento – cinema novo, tropicalismo, cinema marginal*, São Paulo, Cosac Naify, 2012.

FILMOGRAPHIE

Abnā' al-Qaṣaba (*Les enfants de la Casbah*), [1963] Version télévisée (ENTV). Film réalisé par Hadj Rahim. Non datée. En ligne sur YouTube : <www.youtube.com/watch?v=EEA856SWR1M>.

ADI, Yasmina (réal.), *Ici on noie les Algériens*, Paris, AGAT Films et Cie en coproduction avec l'Ina, DVD, 90 min, 2011.

Anonyme, « Octobre à Paris », fiche culturelle éditée par l'union française des œuvres laïques d'éducation par l'image et par le son, *Image et son* 160, Paris, mars 1963.

BOUCHAREB, Rachid (réal.), *Indigènes*, Issy-les-Moulineaux, TF1, DVD, 120 min, 2007.

BOUCHAREB, Rachid et BRÉHAT, Jean (réal.), *London river*, Issy-les-Moulineaux, TF1, DVD, 88 min, 2010.

BOUCHAREB, Rachid (réal.), *Hors-la-loi*, Issy-les-Moulineaux, StudioCanal, DVD, 2h12 min, 2011.

CLARKE, Isabelle (réal.), *La blessure : La tragédie des harkis*, Paris, Francetélévisions distribution, DVD, 1h30 min, 2010.

DUBELL, Béatrice (réal.), *El Bi'r, Le puits*, Z'Azimut films et Télé Lyon métropole, distribué par Grand ensemble, 83 min, v. f., 2008.

EMILIO-SIRI, Florent (réal.), *L'ennemi intime*, France, les Films du Kiosque, 2007.

FERROUKHI, Ismaël (réal.), *Les hommes libres*, France, Pyramide Productions, France 3 Cinéma, Solaire Production, VMP, 99 min, 2011.

GASQUET, Manuel (réal.), *Amère patrie*, Paris, Image et Compagnie, DVD, 53 min, 2006.

GODARD, Jean-Luc (réal.), *Le petit soldat* [1962], Issy-les-Moulineaux, StudioCanal, DVD, 1h 24 min, 2008.

GODARD, Jean-Luc (réal.), *La chinoise* [1967], Neuilly-sur-Seine, Gaumont vidéo, DVD, 1h 32 min, 2012.

LAKHDAR-HAMINA, Mohammed (réal.), *Le vent des Aurès*, Algérie, 95 min, 1966.

LE MASSON, Yann (réal.), *J'ai huit ans*, Comité Maurice Audin, Les Films du grain de sable, SVHS, 10 min, 1961.

LLEDO Jean-Paul (réal.), *Un rêve algérien*, Maha Productions, Tarantula, Naouel Films, France 2 Cinéma (co-production), 1h50 min, 2003.

LLEDO Jean-Paul (réal.), *Algérie, mes fantômes*, Iskra, Naouel Films, Images plus, les Films du soleil, 1h26 min, 2003.

LLEDO Jean-Paul (réal.), *Algérie, histoires à ne pas dire*, Naouel Films, Mille et une productions, ENTV, 2h40 min, 2007.

MEURICE, Jean-Michel et STORA, Benjamin (réal.), *Algérie, notre histoire*, Zadig Production, Arte France, INA, DVD, 52 min, 2011.

MARKER, Chris, LHOMME, Pierre (réal.), *Le Joli Mai* [1962], propos recueillis par Jean-Michel Frodon, Issy-les-Moulineaux, Arte France développement, DVD, 2 h 26 min et 1h01 min, 2013.

MARKER, Chris, RESNAIS, Alain, CLOQUET, Ghislain (réal.), *Les Statues meurent aussi*, France, Présence africaine, 30 min, 1953.

MARKER, Chris (réal.), *La Jetée* [1963], Neuilly, Film office, VHS, 29 min, 1998.

MARKER, Chris, RESNAIS, Alain (et al.) (réal.), *Loin du Vietnam*, France, Sofracima, Slon, 116 min, 1967.

MARKER, Chris (réal.), *Le Mystère Koumiko*, France, A.P.E.C., Joudioux, ORTF, Sofracima, 54 min, 1967.

PANIJEL, Jacques (réal.), *Octobre à Paris*, Paris, Éditions Montparnasse, Arcadès (distrib.), DVD, 68 min, 2013.

PASCOT, Sébastien (réal.), *17 octobre 1961*, BFC Productions, DVD, 51 min, 2011.

RESNAIS, Alain (réal.), *Muriel ou le temps d'un retour* [1963], Neuilly-sur-Scène, Argos films, Film office, VHS, 1 h 56 min, 1997.

TASMA, Alain (réal.), *Harkis*, France, Image et Compagnie, 90 min, 2006.

TÉCHINÉ, André (réal.), *Les roseaux sauvages* [1993], Issy-les-Moulineaux, StudioCanal, DVD, 1h50 min, 2008.

VARDA, Agnès (réal.), *Cléo de 5 à* 7 [1961], Gaillon, Fil à Film, VHS, 1 h 30 min, 1994.

VAUTIER, René (réal.), *Avoir vingt ans dans les Aurès*, France, Unité de production cinématographique Bretagne, 1972.

SITOGRAPHIE

17.10.61 : <http://raspouteam.org/1961/home.html> [consulté le 18 juillet 2016].

ACHAC (Association pour la connaissance de l'histoire de l'Afrique contemporaine). <http://www.achac.com> [consulté le 21 juillet 2016].

D*ans les murs de la Casbah* : <http://casbah.france24.com> [consulté le 18 juillet 2016].

La nuit oubliée : <http://s1.lemde.fr/webdocs_contenu/fichiers/la-nuit-oubliee/67.sequence.html> [consulté le 18 juillet 2016].

127, Rue de la Garenne : <http://bidonville-nanterre.arte.tv> [consulté le 18 juillet 2016].

Le Pari(s) du vivre-ensemble : <http://www.parisduvivreensemble.org> [consulté le 15 juillet 2016].

ARTICLES DE PRESSE

Bernard, Philippe, et Garin, Christine, « Archives du "Monde" (17 octobre 2001) – Le massacre du 17 octobre 1961 obtient un début de reconnaissance officielle », *Le Monde*, 17 October 2011, <http://www.lemonde.fr/societe/article/2011/10/17/archives-du-monde-17-octobre-2001-le-massacre-du-17-octobre-1961-obtient-un-debut-de-reconnaissance-officielle_1588198_3224.html> [consulté le 19 juillet 2016].

Beaugé, Florence, « Le tabou du viol des femmes pendant la guerre d'Algérie commence à être levé. » *Le Monde*, 11 octobre 2001, <http://www.lemonde.fr/imprimer_article/0,6063,233346,00.html> [consulté le 22 octobre 2001, la page n'est plus disponible].

Lebrun, Jean-Claude, « Mathieu Belezi. Déchirer le voile de l'illusion coloniale », in *L'Humanité*, 16. 04.2009, URL : <http://www.humanite.fr/node/415155> [consulté le 18 juillet 2016].

ARTICLES PORTANT SUR LE FILM
ALGÉRIE, HISTOIRES À NE PAS DIRE
DE JEAN-PIERRE LLEDO

<http://lledo2007.skyrock.com/8.html> (dernière consultation le 24/04/2014)

<http://www.lesoirdalgerie.com/articles/2008/01/31/article.php?sid=63941&cid=35> [consulté le 18 juillet 2016].

<http://www.algeria-watch.org/fr/article/hist/colonialisme/senouci_film_lledo.htm> [consulté le 18 juillet 2016].

<http://www.algeria-watch.org/fr/article/hist/colonialisme/reponse_lledo.htm> [consulté le 18 juillet 2016].

Célérier, Laure, « Loïc Artiaga, Matthieu Letourneux, *Fantômas ! Biographie d'un criminel imaginaire* », *Lectures*, Les comptes rendus, 2013, mis en ligne le 07 septembre 2013, consulté le 3 avril 2014. URL : <http://lectures.revues.org/12048> [consulté le 18 juillet 2016].

Chaumont, Stéphanie, *Contribution à l'hôpital de Val de Grâce et de ses pharmaciens chefs – du champ de bataille à la bataille des grandes découvertes.* (thèse) 9 juillet 2013, Université Paris Decartes – Faculté de Sciences Pharmaceutiques et Biologiques, p. 11-19 : <http://www.bium.univ-paris5.fr/histmed/asclepiades/pdf/chaumont_2013.pdf> [consulté le 18 juillet 2016].

<http://www.palais-portedoree.fr/fr/decouvrir-le-palais> [consulté le 18 juillet 2016].

CHENIKI, Ahmed, « La guerre de libération en scène » : <www.lesoirdalgerie.com/articles/2012/11/01/article.php?sid=140953&cid=16> [consulté le 18 juillet 2016].

Grand ensemble, <http://www.grandensemble.fr> (dernière consultation le 02/07/2016).

Sang d'encre, « Leïla Marouane *La Jeune Fille et la mère* et Sophie Dubreuil *Sous le voile*, » (2005) : <http://www.tsr.ch/video/emissions/archives/sang-encre/440294-leila-marouane-la-jeune-fille-et-la-mere-et-sophie-dubreuil-sous-le-voile.html#id=440294;nav=> [consulté le 18 juillet 2016].

Collectif 20 ans barakat : <http://20ansbarakat.free.fr/codedelafamille.htm> [consulté le 18 juillet 2016].

Autres Brésils – URL : <http://www.autresbresils.net/Un-tortionnaire-francais-dans-la-dictature-bresilienne> [consulté le 18 juillet 2016].

AU SUJET DU *JOLI MAI* DE CHRIS MARKER

<http://www.chrismarker.ch/co-realisation/le-joli-mai-version-finale.pdf> [consulté le 18 juillet 2016].

Artsept n.2, 1963, p. 88-92 et dans *Miroir du Cinéma*, n.4, jan-fév-mars 1963, p. 12-15.

INDEX NOMINUM

INDEX DES NOTIONS

RÉSUMÉS

Souria GRANDI, « Histoire et mémoire de la guerre de libération dans le théâtre algérien »

De nombreux auteurs algériens sont connus pour leurs romans plus que pour les autres genres qui composent leur œuvre. La guerre d'Algérie est souvent le thème commun de ces récits. Dans sa conception intime et solitaire, le roman déconstruit l'histoire officielle, aide à nommer l'innommable et à relayer la parole post-traumatique de ceux restés sans voix. Pour autant le roman est-il la seule forme capable de questionner l'histoire ? Nous verrons comment le théâtre algérien s'empare de ce thème.

Marion KÜHN, « Écrire contre le silence ? Représentations de la guerre d'Algérie dans le roman français au XXIe siècle »

À la fin de la première décennie des années 2000, on détecte en France une volonté de briser le silence et d'affronter ce chapitre violent de l'histoire par la fiction romanesque. Certains romans publiés récemment se distancient, dès lors, de la perspective totalisante et de la trame narrative cohérente. Plusieurs romans se penchent sur un groupe concerné ou alors ils mettent en scène les enjeux d'une telle restitution du passé sur le plan tant épistémologique que psychologique.

Elisabetta BEVILACQUA, « Du retour du refoulé au conflit des mémoires. L'héritage de la guerre d'indépendance algérienne entre cinéma et littérature dans les années 2000 »

L'ouverture des archives militaires, les témoignages des victimes de la torture et les aveux des tortionnaires, la création d'une journée nationale consacrée aux Harkis et l'année de l'Algérie en France en 2003 exemplifient le bouillonnement autour de la question algérienne au tout début des années 2000. Dès les années 2000, la littérature et le cinéma commencent à inscrire les mémoires de groupes différents qui ne parviennent pas encore à se concilier.

Pascale PERRAUDIN, « Histoire, mémoire, image. À rebours du cliché de la guerre d'Algérie dans *Des Hommes* de Laurent Mauvignier »

Des hommes (2009) de Laurent Mauvignier confronte le paysage mémoriel français dans son rapport à la guerre d'Algérie. Ce texte circulaire, à la tonalité personnelle et introspective met en exergue les ambiguïtés et les contradictions qui colorent le rapport à ce conflit longtemps resté tabou en France, mais dont les traces refusent de s'effacer. L'étude examine le recours à la photographie pour dépasser le cadre de la mémoire nationale qui a façonné la perception de la guerre d'Algérie.

Lia BROZGAL, « Gros plan sur le 17 octobre 1961. Violence coloniale, cinéma documentaire et le sujet algérien »

Au moment des faits et pendant des décennies, le 17 octobre 1961 se retrouvera exclu des rapports officiels et du discours public, relégué au statut d'événement oublié. À l'occasion du cinquantenaire des événements en 2011, deux documentaires – *Octobre à Paris* de Jacques Panijel et *Ici on noie les Algériens* de Yasmina Adi – sortent en salles. Ces documentaires se prêtent à une analyse en fonction de leurs stratégies de représentation. Nous proposons d'y saisir la représentation du sujet algérien.

Emi KOIDE, « Le fantôme de la guerre d'Algérie à Paris dans *Le Joli Mai* (1962) de Chris Marker »

Le Joli Mai (1962) de Chris Marker présente un portrait de Paris et de ses habitants, juste après la signature des accords d'Évian. Il s'agit d'un documentaire où l'affaire algérienne ne se montre pas comme sujet central, mais elle hante le film entier. L'article propose d'analyser le film à partir de cette perspective d'une mise en scène du souvenir-écran et de la projection des récits refoulés sur le conflit entre Algérie et France, notamment dans les parties du film moins citées.

Philippe BRAND, « A Tangled Web. Commemorating 17 October, 1961 in the Age of the Internet »

Le massacre des manifestants algériens à Paris le 17 octobre 1961 sert de métonymie pour représenter les pires atrocités de la guerre d'indépendance.

Ce chapitre interroge les stratégies esthétiques et narratives développées dans deux web-documentaires sortis en 2011 – *La Nuit oubliée* et *17.10.61* – et explore les implications théoriques de ces approches narratives et comment ces web-documentaires peuvent aider à démêler les fils complexes de l'Histoire qui entourent ces événements.

Martine CRÉAC'H, « Franck Venaille. La guerre d'Algérie pour mémoire »

Franck Venaille n'a pas écrit sur la guerre d'Algérie mais « autour d'elle, dans son ombre, ses marges, dans ce qu'elle cachait à elle-même ». Il écrira d'abord trois ouvrages, *Caballero Hôtel*, *La Guerre d'Algérie* et *Jack-to-Jack*, entre 1974 à 1981, puis *Algeria*, en 2004, portant sur la mémoire de la guerre d'Algérie. *Algeria* ne tente pas d'élucider l'expérience de la « génération du Djebel » par un regard mieux informé mais, au contraire, de lui donner, par l'écriture, ambivalence et opacité.

Corbin TREACY, « Memory in the Aftermath. Maïssa Bey's *Entendez-vous dans les montagnes…* »

Entendez-vous dans les montagnes… de Maïssa Bey exprime la force prismique de la mémoire par le retour vers un passé douloureux partagé par deux protagonistes. Le mot « Holocauste » n'apparaît pas dans le texte alors que le personnage principal lit *Le Liseur* de Schlink durant un voyage en train. Le récit de Michael Berg pousse le personnage à confronter l'homme assis en face d'elle. Sans ce troisième terme, le dialogue significatif ne se serait pas produit et le voyage se serait déroulé en silence.

Jenny KOSNIOWSKI, « Heroism between history and fiction. Maïssa Bey's *Entendez-vous dans les montagnes…* and Leïla Marouane's *La Jeune Fille et la mère* »

Dans *Entendez-vous dans les montagnes…* (2002), Maïssa Bey explore, sur un mode fictionnel, les aspects obscurs de la mort de son père. Dans *La Jeune Fille et la mère* (2005), Leïla Marouane utilise la fiction pour réduire les failles du récit historique en fictionalisant un personnage historique pour raviver la présence des femmes dans la guerre. La fictionalisation rappelle la distance inhérente au rapport entre la réalité historique du personnage et toute forme de représentation.

TABLE DES MATIÈRES

DEUXIÈME PARTIE

LE CADRAGE ET LA FABRIQUE DE LA MÉMOIRE

TROISIÈME PARTIE

« LES NŒUDS DE MÉMOIRES »

Achevé d'imprimer par Corlet Numéric,
Z.A. Charles Tellier, Condé-en-Normandie (Calvados). N° d'impression : 156318
Imprimé en France